HUBERT F...

La Guerre navale

Mer du Nord - Mers lointaines

PAYOT & Cie

3 fr. 5o

LA GUERRE NAVALE

A LA MÊME LIBRAIRIE

L.-E. FAVRE

Les Forces navales en présence. Plaquette de 64 pages
avec de nombreuses illustrations . . . . Fr. 1,25

C'est une excellente introduction à l'étude de la guerre navale. L'auteur
définit les divers types de bâtiments, dreadnoughts, cuirassés, croiseurs de
bataille, etc. Puis il établit la liste des flottes en présence en indiquant les carac-
téristiques des grosses unités. Quelques pages consacrées aux torpilleurs et sous-
marins déterminent le rôle exact de ces petits bâtiments. Nous voyons enfin un
épisode de la guerre navale montrant les bâtiments en action. Des silhouettes,
graphiques, plans et photographies fort bien venus agrémentent cette captivante
étude basée sur les données les plus récentes.

EN PRÉPARATION

La Guerre navale, par HUBERT F... Méditerranée et Adriatique. Les corsaires sous-marins. Baltique.

HUBERT F...

LA
GUERRE NAVALE

Mer du Nord - Mers lointaines

LIBRAIRIE PAYOT ET Cie

LAUSANNE | PARIS
1, Rue de Bourg, 1 | 106, Bd Saint-Germain, 106

1916

INTRODUCTION

Ecrire l'histoire d'une guerre navale en plein développement, alors que ni l'un ni l'autre des adversaires n'a encore risqué ses flottes de combat dans une bataille rangée, alors qu'on ne sait pas encore quelle sera la fin de cette guerre, peut sembler, à première vue, une entreprise téméraire. Aussi bien, ce volume n'est-il pas à proprement parler, une histoire, mais plutôt un recueil de documents encadrés de commentaires.

Dans cette guerre vraiment « mondiale », les faits les plus intéressants ne sont connus que partiellement, les nouvelles sont mesurées au compte-goutte, et ne sont publiées souvent que longtemps après l'événement [1].

Les nouvelles officielles sur la marine, communiqués des amirautés, rapports d'officiers, sont rares et intermittents. A les lire, on n'éprouve pas l'impression d'une action coordonnée, logique. Une série de faits sans liens apparents se présentent comme un texte vu à travers les ouvertures d'une *grille*, dont le profane ne possède pas la clef.

En se basant sur les seuls documents officiels, on n'arriverait pas à rétablir le processus des faits, leur enchaînement

---

[1] Par exemple, on ne connut en Europe la présence de deux croiseurs de bataille, au combat des îles Falkland (8 décembre 1914), que vers la fin de décembre 1914, par les journaux américains. Le rapport de l'amiral Sturdee ne fut publié par l'Amirauté que le 3 mars 1915, soit trois mois après l'événement. Le rapport du vice-amiral von Spee sur le combat de Coronel n'a été connu du public que huit mois plus tard.

logique. Ces communiqués sont d'ailleurs très brefs. Les rapports détaillés, complets, sur les opérations navales ne seront peut-être jamais publiés. Ils reposent dans les archives des Amirautés, secrets et inaccessibles. Il ne saurait en être autrement. Il serait dangereux de livrer au premier venu les observations des officiers dans tel combat naval. De ces observations, naîtront peut-être des méthodes nouvelles de tir, de manœuvre, voire même des modifications importantes dans la construction du navire de guerre. Il ne faut pas en perdre le bénéfice.

Dans ces conditions, il apparaît nécessaire de se tourner vers une autre source de documentation. J'ai donc cherché ailleurs, tout en conservant les bases officielles, seule assise solide. J'ai lu de nombreuses lettres de témoins, parues dans cent journaux divers, en France, en Allemagne, en Angleterre, en Australie, en Amérique, etc., et ces mêmes événements qui, racontés officiellement, m'étaient apparus banals, séparés et secs, je les vis, rapportés par les témoins, reprendre vie, revêtir pour un temps les couleurs variées de la réalité. Les pièces de l'immense jeu de *puzzle* s'ordonnaient, tout ce passé récent surgissait, causes et conséquences, dans sa tragique grandeur, comme dans ses futiles à côtés.

Cette méthode ne va cependant pas sans inconvénients. Les récits de témoins n'ont pas la précision des rapports officiels. Le marin voit l'événement de son poste, hune, tourelle ou casemate. Son regard ne s'étend que dans une seule direction. Que vienne à virer son bâtiment, il ne voit plus l'ennemi et doit, pour la suite du combat, s'en rapporter aux dires des camarades du bord opposé.

Le commandant, au contraire, de la passerelle ou du blockhaus de combat, embrasse du regard tout l'horizon. Seul, il sait le pourquoi de telle manœuvre, dont le sens échappe au simple matelot. Seul, il domine le combat.

Mais, alors que le récit du matelot sera pittoresque, coloré, vécu, le rapport du commandant sera précis, logique. Il s'appliquera non à décrire l'aspect extérieur du combat, mais à rétablir la suite des ordres donnés qui ont fait agir son navire et réagir le navire ennemi. Loin donc de s'exclure, rapports officiels et récits de témoins se complètent, les uns formant membrure et quille, les autres bordé et superstructures, et tous liés et assemblés, cloués et rivés, le navire.

Je me suis efforcé d'être impartial, estimant qu'un fait militaire doit être envisagé sans passion, même en temps de guerre. Ma tâche a été d'autant plus facile, à cet égard, que les opérations étudiées dans ce volume relèvent essentiellement du domaine militaire et ont été conduites par la marine allemande en conformité des usages établis[1]. Certes, la marine allemande nous a habitués, depuis lors, à d'autres exploits, qui l'ont marquée à jamais du sceau de l'infamie. Mais il serait à la fois injuste et maladroit de méconnaître les qualités qu'elle a déployées dans d'autres circonstances. Avoir été capable de combattre selon les règles du droit vous rend d'autant plus criminel d'agir ensuite en marge du droit et de l'humanité.

Dans la première partie de ce volume, je passe en revue les opérations des flottes dans la mer du Nord. Je les ai classées principalement en trois groupes : la petite guerre, qui a été menée avec des chances diverses par l'un et l'autre adversaire ; les raids et les contre-raids qui n'ont pas abouti à de grands résultats ; enfin, les combats d'Héligoland et du Doggerbank. Dans ces deux affaires, les bâtiments anglais ont pris l'avantage sur l'adversaire.

Les escadres de ligne, dreadnoughts et cuirassés, ne se sont pas encore affrontées. Dès les premiers jours de la guerre, les escadres austro-allemandes ont été bloquées sous la pression silencieuse et continue des flottes alliées. Aucun bâtiment de haute mer, j'excepte les sous-marins, n'a réussi à rompre la digue de fer qui barre la mer du Nord et l'Adriatique. Maîtres des mers, les alliés ont été mis au bénéfice des avantages du *sea power*.

---

[1] A l'exception des raids contre la côte anglaise.

1° *Avantages commerciaux.* — Les navires marchands des alliés poursuivent, en tout esécurité, leurs opérations sur toutes les mers du globe, sauf la mer du Nord et ses annexes Baltique et Manche, où s'exerce l'action sournoise, cruelle et hors la loi des submersibles allemands.

Les 20 947[1] vapeurs et voiliers anglais, français et russes, jaugeant au total 25 505 253 tonnes représentant le 51 % de toutes les marines marchandes réunies, suivent les chemins innombrables et variés des océans, promenant d'un continent à l'autre les trois pavillons, l'Union-jack, le tricolore français, le tricolore russe.

Les flottes commerciales des Austro-Allemands... qu'on me permette d'évoquer ici un souvenir : c'était il y a quelques mois, en avril 1915. Fraîchement débarqué à Gênes, je faisais le tour du port. La tramontane soulevait des rides rapides sur l'eau verte, profonde. Les hautes coques grises, rouges, noires, des vapeurs à l'ancre, s'alignaient le long des jetées. Les agiles remorqueurs allaient et venaient, tirant les gabarres chargées de charbon. Les grues, tournant leurs bras obliques, déchargeaient les marchandises. Les longs tuyaux des aspirateurs, plongés dans les cales, transbordaient dans les silos les céréales accumulées. Tout était vie, mouvement, cris et bruits. Seuls trois grands paquebots noirs, ancrés à se toucher, demeuraient silencieux. Comme nous en demandions, au batelier qui nous conduisait, la cause, il nous répondit qu'ils étaient allemands. Nous approchâmes ; c'était le *Prinz Regent Luitpold*, de Brême, le *Moltke*, de Hambourg, et le *König Albert*, de Brême. Leurs coques étaient couvertes de rouille et d'algues. Nous montâmes à bord du *König Albert*. Le superbe bâtiment, naguère si animé, tout flambant de cuivres, qui transportait la foule bariolée des voyageurs sur les eaux lumineuses de la Méditerranée, n'était plus que l'ombre de lui-même. Les peintures écaillées, le pont sali, l'eau séjournant au creux des bâches, témoignaient de l'état

---

[1] J'emprunte ces chiffres au *Temps*, 3 août 1915.

d'abandon du navire. Passant par la longue coursive qui va d'un bout à l'autre du paquebot, nous arrivâmes aux machines. Une grande salle blanche ; un jour gris tombe d'en haut sur les aciers immobiles. Aucun bruit. Le silence d'un temple millénaire...

Je songeai alors que, pareils à celui-ci, des centaines de navires allemands et autrichiens étaient retenus dans les ports, à Hambourg, à Brême, à Lübeck, à Trieste, comme à New-York, à Montevideo, à Pernambuco, à Valparaiso, en Chine, en France, en Angleterre, dans toutes les mers du globe, prisonniers des alliés ou maintenus inactifs par la crainte des croiseurs anglais ou français, quelques-uns coulés. Des 3984 navires allemands et autrichiens, jaugeant au total 6 700 960 tonnes et représentant le 13 % du tonnage total des marines marchandes, aucun ne tenait plus la mer [1]. Inemployés, vides et inutiles, paquebots, cargos, voiliers, charbonniers, pétroliers, tous ces bâtiments qui, en transportant des voyageurs ou des marchandises diverses, contribuaient pour une très large part à la richesse économique de l'Empire [2].

2° *Avantages militaires.* Étant maîtres des mers, les alliés ont effectué, sans être inquiétés, des transports de troupes : Dans les premiers jours de la guerre, le 19e corps d'armée fut transporté d'Algérie en France et remplacé par des territoriaux amenés de France en Algérie et au Maroc. Le *Gœben* et le *Breslau*, après une vaine tentative de troubler ces opérations, durent fuir, sous la menace des croiseurs anglais et français. Toute une armée anglaise fut débarquée en France, sans dommage. Mais l'opération la plus remarquable et qui est nouvelle dans l'histoire, c'est le transport

---

[1] Dans le seul port de Hambourg, 1200 navires de toutes sortes sont bloqués.

[2] L'Allemagne n'ayant pu conquérir la liberté des mers, sa marine de commerce s'anéantit. La perte n'atteint pas seulement les compagnies de navigation, c'est un malheur redoutable pour le pays tout entier. *Temps* du 3 août 1915.

en Europe des troupes australiennes, canadiennes, hindoues, et celles du sud de l'Afrique.

D'innombrables vapeurs y participèrent et y participent encore, escortés par des croiseurs anglais et français. Il est impossible de fixer le chiffre précis des troupes transportées par mer. Je l'ignore. Ce qui importe c'est de savoir que cette gigantesque opération s'est, jusqu'aujourd'hui, effectuée avec le maximum de sécurité. Un seul navire a été coulé [1].

Les Austro-Allemands, au contraire, n'ont pu effectuer des opérations analogues, sauf dans la Baltique, où ils dominent la flotte russe, inférieure en puissance. Plus de 200 000 Allemands. en âge de servir, n'ont pu rejoindre la mère-patrie, la voie maritime leur étant fermée. Les débarquements de troupes projetés sur les côtes normandes n'ont pas eu lieu, ni le débarquement de 100 000 soldats allemands en Angleterre [2].

Enfin, les alliés ont transporté par voie de mer d'énormes quantités de munitions et d'armes.

Le second résultat militaire du *sea power* a été la poursuite et l'anéantissement des navires ennemis hors des eaux européennes. La plus forte division allemande, celle du vice-amiral von Spee, a été détruite aux îles Falkland. Les quelques autres croiseurs allemands, traqués, ont succombé à leur tour. Moins d'une année après la déclaration de guerre, le pavillon allemand avait disparu des mers.

Le troisième résultat a été la conquête des colonies allemandes. Abandonnées à elles-mêmes, privées des secours de la métropole, elles sont tombées en grande partie au pouvoir des alliés. A l'heure où j'écris ces lignes, il ne reste plus aux Allemands. avec quelques lambeaux du Caméroun, que leur colonie d'Afrique orientale. Elle subira tôt ou tard le sort des autres.

---

[1] Sur l'histoire de ces transports, mal connue, les documents manquent. Il y aura plus tard une étude bien curieuse à faire sur ce sujet.

[2] Ce second projet de débarquement a été révélé par l'éminent critique naval Fred.-T. Jane. *The Standard*, 5 août 1915.

Le quatrième résultat a été la disparition des corsaires allemands. Malgré leur habileté, leur hardiesse, ils ont terminé, privés de combustibles, de vivres, leur carrière éphémère[1].

Enfin, résultat qui résume tous les autres, la maîtrise de la mer assure, à qui l'exerce, un indéniable avantage moral vis-à-vis des neutres.

Que l'on imagine, par exemple, ce que doivent penser de la puissance allemande les peuples de l'Amérique du Sud qui, au printemps de 1914, avaient admiré dans leurs ports les deux dreadnoughts *Kaiser* et *König-Albert*, lorsque, la guerre déclarée, ils savent ces cuirassés, de même que toute la flotte allemande, bloqués par la crainte des escadres anglaises. Cette Allemagne, que l'on représentait volontiers sous la figure d'une pieuvre, ils la voient maintenant isolée, réduite à vivre de sa propre substance[2].

Désormais, les tentacules sont repliés, les suçoirs n'agissent plus, la pieuvre reste aux aguets. Elle est rusée et agile. Tant qu'elle y sera contrainte par la force, elle demeurera inerte et cachée. Mais qu'on redoute l'heure où, saisissant

[1] Sur la guerre de course pratiquée par les alliés, les documents sont rares. Elle offre d'ailleurs un moindre intérêt, les alliés ayant la maîtrise de la mer. Ce qui rend si attachante l'histoire des corsaires allemands, c'est qu'ils ont agi d'après un plan dès longtemps établi. On en trouvera plus d'une preuve dans ce volume.

[2] « C'est une véritable pieuvre, dont les tentacules se glissent par toute porte ouverte, pour y sucer le fret. » RENÉ MAUZAISE.

« Les yeux et le suçoir de la pieuvre sont à Brême, à Dusseldorf, à Berlin ; les tentacules, armés d'innombrables ventouses, s'allongent vers l'Asie-Mineure, par Constantinople et Salonique, vers Petrograd, vers Paris et Barcelone, menacent Londres par Rotterdam et Anvers, fouillent l'Italie à travers la Suisse, traversent l'Atlantique et le continent sud-américain, enserrent le Chili, se déploient sur le Brésil, sur l'Argentine, jusqu'au Mexique, se retournent vers l'océan Indien et la mer de Chine, et vont s'accrocher aux rivages de l'Extrême-Orient. » MAURICE MILLIOUD.

« L'empire n'est plus aujourd'hui un corps politique, enfermé dans des limites territoriales ; il est une puissance vivante, agissant dans l'univers ; il est partout où les intérêts économiques allemands étendent leurs tentacules ; il est tentaculaire. » KARL LAMPRECHT.

l'occasion propice, elle cherchera à déployer de nouveau sur le monde ses longs tentacules, quêteurs de profit.

Qu'on ne s'y trompe pas. Le terrain sur quoi se joue l'empire du monde, ce n'est ni les plaines des Flandres, ni l'Argonne, ni les Vosges, ni les plaines de la Pologne, ni aucune terre ferme ; c'est le terrain mouvant de la mer du Nord, la grande plaine grise et verte où se rencontrent quotidiennement les escadrilles où, un jour, s'affronteront les escadres formidables de l'Angleterre, reine des mers, et de l'Allemagne, nouvelle Carthage [1]. Envisagée sous cet aspect, la guerre navale revêt une singulière grandeur. Egal en héroïsme au fusilier terré au creux des tranchées, le marin ballotté sur les lames, maintient, infrangible, la maîtrise des mers, gage et condition de la Victoire, espérée, voulue, virtuellement réalisée.

Sans doute, serait-il téméraire, à propos d'opérations en cours, de chercher à conclure. Je ne le ferai pas, laissant aux critiques navals le soin de situer dans l'histoire, de comparer aux guerres du passé cette guerre formidable, dont les actions se déroulent sur tous les océans, sur les côtes du Chili comme sur les rivages africains, dans les eaux de la mer du Nord, comme sur les flots de l'océan Indien.

Au reste, je n'ai eu d'autre intention, en écrivant ce volume, que de concourir au but poursuivi avec une énergie inlassée par la *Ligue maritime française* : l'éducation maritime de l'opinion.

Janvier 1916.

HUBERT F.

---

[1] Je dis bien l'*empire du monde*, c'est-à-dire la suprématie maritime et coloniale. La décision qui interviendra sur terre ferme règlera le sort de l'*Europe*, principalement.

PREMIÈRE PARTIE

Opérations dans la mer du Nord.

Du 2 août 1914 au 24 janvier 1915.

CHAPITRE PREMIER

La mer du Nord.

L'Allemagne, comme la France, occupe une situation stratégiquement défavorable, à cheval sur deux mers, Mer du Nord et Baltique. Pour passer de l'une à l'autre ses flottes doivent emprunter les détroits danois où elles sont exposées aux attaques des sous-marins ennemis. Dans sa partie étroite, le Langelands Belt n'a pas même quinze kilomètres de large. Le commandant audacieux qui risquerait le passage aurait dix chances contre une d'y perdre ses bâtiments. Une solution rationnelle serait de diviser les forces allemandes ; une flotte affectée à la Mer du Nord, face à l'Angleterre, une flotte affectée à la Mer Baltique, face à la Russie.

Les Allemands, qui ne reculent devant aucun sacrifice lorsque leur puissance militaire est en jeu, ont trouvé une autre solution,. Ils ont établi entre les deux mers, séparées par les plaines basses du Danemark, une large voie d'eau, le canal Empereur-Guillaume. A vrai dire, du jour où la construction d'une marine puissante fut décidée, le percement de l'isthme du Jutland devenait une nécessité stratégique absolue [1]. En juin 1885 l'élargissement et l'approfondissement du canal commercial existant furent votés. « Pour l'honneur de l'Allemagne, pour le bien de l'empire, pour sa grandeur et sa force » dit l'empereur Guillaume, en donnant le premier coup de pioche dans le terrain mou et vaseux où allait être creusée la nouvelle voie stratégique. En 1896 le canal fut inauguré avec tout l'apparat que l'empereur Guillaume II aime à donner aux fêtes officielles : large à la surface de 62 mètres, au « plafond » de 22 mètres, profond de 9 mètres, il s'étendait de Kiel, sur la Baltique, à Brunsbüttel, à l'embouchure de l'Elbe. Huit bassins et lacs d'évitement, disposés de distance en distance, facilitaient les évolutions et les croisements des bâtiments de guerre. De grandes écluses avaient été disposées à chaque extrémité, non pour obvier à une différence de niveau, mais pour éviter la naissance de courants par suite de la différence de hauteur des marées entre les deux mers.

Les dimensions adoptées étaient largement suffisantes pour les navires de l'époque. (Les cuirassés du type *Wörth* mesuraient 114 mètres de longueur, 19 m. 5 au maître-bau et calaient 7 m. 5.)

En 1906, l'amirauté anglaise lançait le cuirassé *Dreadnought*, en 1907 les croiseurs de bataille du type *Invincible*. L'Allemagne y répondit par ses 4 *Nassau* et le *Blücher*, suivi du *von der Thann*. Il parut un moment qu'on ne s'arrêterait plus dans la recherche des gros tonnages.

---

[1] De Kiel à Wilhelmshaven par le Grand-Belt la distance est de 530 milles marins, par le canal, de 80 milles.

Le canal devenait trop exigu pour les nouveaux bâtiments. Leurs quilles râclaient le fond, les courbes à rayon trop court gênaient les évolutions.

L'Amirauté prit une résolution énergique : le canal serait entièrement refait et adapté non seulement aux dimensions des dreadnoughts et croiseurs en chantier, mais aussi aux bâtiments à venir, plus largement dimensionnés. Les travaux, menés énergiquement, devaient être terminés en 1915. En prévision de la guerre désormais virtuellement décidée ils furent poussés avec une hâte telle que le 24 juin 1914 l'empereur inaugurait le canal transformé, revu et corrigé, à bord de son yacht *Hohenzollern*. Quelques semaines après, l'Allemagne, en possession de la voie stratégique qui allait permettre à sa flotte d'agir efficacement, déclarait la guerre à la Russie. « Si la guerre n'a pas éclaté plus tôt [1], c'est seulement parce que les travaux d'élargissement et de fortification du canal de Kiel n'étaient pas encore terminés. »

Le nouveau canal est large à la surface de 102 mètres, au fond de 44 mètres, et profond de 11 mètres. Ses courbes ont été adoucies. Les grands croiseurs de bataille calant 8m.5, longs de 200 mètres et larges de 28m.5, comme le *Seydlitz*, s'y meuvent avec aisance. Les bassins d'évitement ont été agrandis. De forme arrondie, ils mesurent 1100 mètres de long sur 340 de large à la surface. Leur nombre est de onze. Les écluses des extrémités ont été considérablement élargies et allongées.

Le canal a été établi non seulement pour permettre le passage de la Baltique à la Mer du Nord [2], mais aussi et

---

[1] Prince Kropotkine.

[2] La longueur totale du canal étant de 98 km. 65, les grands bâtiments mettent une dizaine d'heures à passer de Kiel à Brunsbüttel ou vice-versa. Les bâtiments légers effectuent le trajet en sept heures.

peut-être principalement pour servir d'abri à la flotte allemande. Les onze bassins peuvent admettre chacun huit ou neuf grands bâtiments. Ils sont suffisamment vastes pour qu'un bâtiment puisse y virer cap pour cap et rebrousser chemin. Toute la flotte allemande y peut tenir à l'aise, protégée des attaques des sous-marins et des torpilleurs par les parois des écluses et les fortifications des extrémités. Des travaux, élevés pendant cette guerre même, arrêteraient un débarquement de l'ennemi sur les côtes basses du Schleswig. L'abri est sûr et la flotte allemande de haute-mer y demeure, attendant le moment où des circonstances favorables lui permettront d'affronter les escadres anglaises. Un canal de moindre impoitance va de la Jade à l'Ems; il est utilisé par les seuls submersibles.

Les côtes allemandes de la Mer du Nord sont bordées d'une barrière d'îles. Les estuaires de l'Elbe, du Weser, de la Jade et de l'Ems y découpent de larges échancrures encombrées de bancs de sable et de vase qui se déplacent sous l'action des marées et des courants, et constituent une défense naturelle de cette côte. « Les ports de la Mer du Nord [1] se défendent eux-mêmes. Si on enlève les balises des bancs de sable innombrables qui changent tous les ans de forme, les pilotes les plus habiles n'oseraient pas risquer un navire dans ces chenaux tortueux. »

Chacun des estuaires est défendu par des ouvrages spéciaux. L'estuaire de l'Elbe par les forts de Cuxhaven, port militaire avec station de zeppelins et avions. L'estuaire du Weser par les forts de Lehe. L'estuaire de la Jade par les ouvrages de l'île de Wangeroog et du port militaire de Wilhemshaven. Enfin l'estuaire de l'Ems par les

---

[1] Amiral de Stosch, 1888.

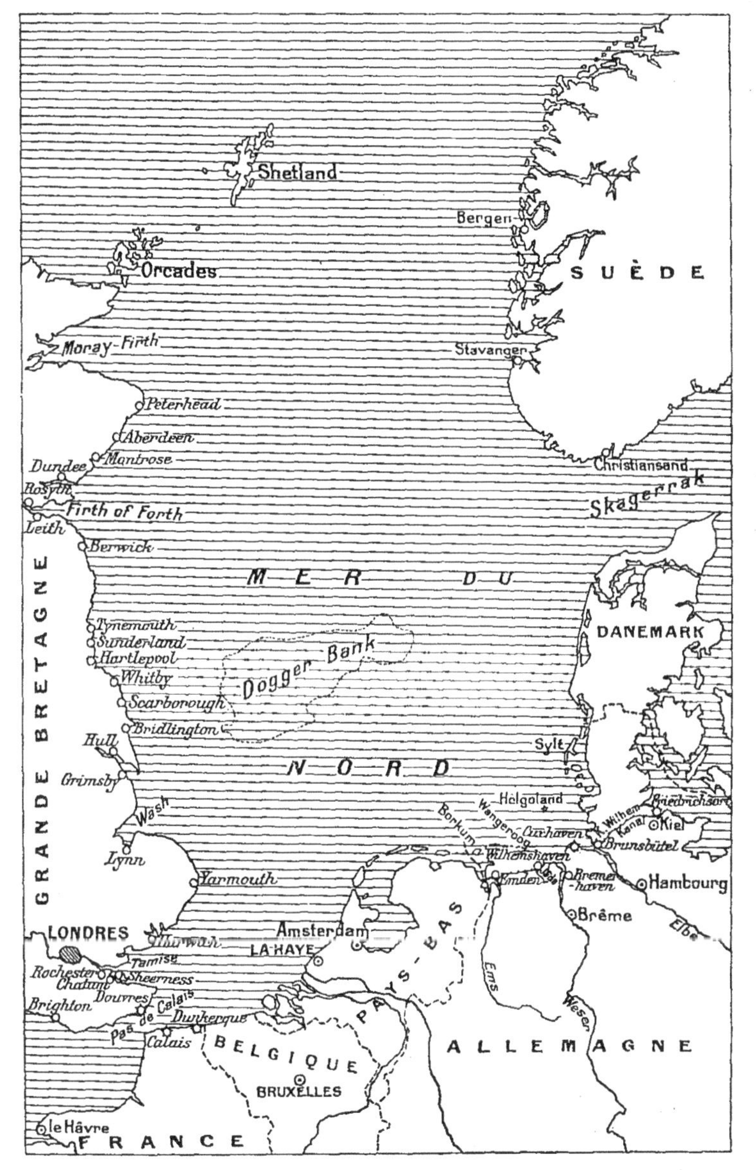

Shetland
Bergen
SUÈDE
Orcades
Moray-Firth
Stavanger
Peterhead
Aberdeen
Montrose
Dundee
Christiansand
Rosyth
Firth of Forth
Skagerrak
Leith
Berwick
MER
DU
DANEMARK
Tynemouth
Sunderland
Hartlepool
Dogger Bank
Whitby
Scarborough
Bridlington
Hull
Sylt
NORD
Grimsby
Helgoland
Wangeroog
Friedrichsort
Wash
Borkum
Cuxhaven
R. Wilhelm
Kiel
Kanal
Lynn
Wilhemshaven
Brunsbütel
Yarmouth
Emden
Bremer
-haven
Hambourg
PAYS-BAS
Brême
LONDRES
Amsterdam
Ems
Tamise
LA-HAYE
Rochester
Sheerness
Wesen
Elbe
Chatam
Douvres
Brighton
Calais
de Calais
Dunkerque
pas
Calais
BELGIQUE
ALLEMAGNE
BRUXELLES
le Hâvre
FRANCE
GRANDE BRETAGNE

fortifications de l'île de Borkum, en face du port militaire d'Emden.

Des ports allemands de la Mer du Nord, Wilhelmshaven est le plus important. Il tend même, placé en face de l'Angleterre, à prendre le pas sur Kiel, décidément trop éloigné. Il est commandé par l'île fortifiée d'Helgoland. Battue des vents d'Ouest, rongée par les lames qui diminuent peu à peu la minime surface de son territoire, Helgoland paraissait, il y a quelques années, appelée à disparaître. Les Anglais, qui l'avaient occupée en 1807, pensèrent conclure une bonne affaire en la remettant à l'Allemagne en échange de l'île africaine de Zanzibar [1]. C'était en 1890. La flotte était alors au berceau, objet des plaisanteries des Anglais. Depuis lors elle a atteint sa majorité. De l'île crayeuse érodée sur tout son pourtour de om.90 par année, et dont la durée était estimée à 1000 ans, les Allemands ont fait une forteresse redoutable. Les falaises de l'Ouest, exposées particulièrement à l'action érosive de la mer, ont été protégées par des ouvrages en béton. Une fois l'existence même de l'île assurée, l'amirauté s'occupa d'y créer un port. Il ne pouvait être question, à cause du peu de profondeur, d'y abriter de grosses unités. Le rôle d'Helgoland, c'est d'être en avant-garde dans la mer du Nord et d'avertir la flotte de combat abritée dans le canal de Kiel des mouvements des escadres anglaises. Le port créé est donc un port de bâtiments légers, torpilleurs et sous-marins. Entre les bras de ses jetées, il embrasse une surface de mer et de terre presque égale à celle de l'île proprement dite. L'îlot de Sandy, à 1000 mètres à l'Ouest, consolidé et fortifié, porte de vastes ateliers de réparations. Helgoland

---

[1] Stanley disait alors que « c'était troquer un bouton de culotte contre un vêtement ». Il serait d'un autre avis aujourd'hui.

est fortement défendue par une artillerie puissante..
« L'île est très changée depuis la guerre [1] ; à la place de la
station de bains des anciens jours, est une forteresse terriblement armée. Tous les habitants ont dû quitter l'île ;
on ne rencontre plus que marins et officiers de marine.
Quelques ouvriers et des ingénieurs sont les seuls civils et
cinq « nurses » sont les seules femmes dans l'île. La partie
de l'île la plus changée est l'Oberland (partie élevée de
l'île, à 60 mètres au-dessus du niveau de la mer ; l'Unter-
land, partie basse et abritée, au Sud-Ouest). Beaucoup de
maisons ont été détruites, bien des arbres abattus pour
faire l'espace libre devant les canons. »

Helgoland est reliée à Cuxhaven et à Wilhelmshaven
par des câbles télégraphiques sous-marins. Ajoutons qu'il
s'y trouve un hangar tournant de zeppelins.

En face de cette côte de la Deutsche Bucht, puissamment organisée pour la défensive aussi bien que pour l'offensive l'Amirauté anglaise a créé récemment le port de
Rosyth sur le Firth of Forth (à quelques kilomètres
d'Edimburg). Chatam-Sheerness, à l'embouchure de la
Tamise, constitue une base de croiseurs. Enfin Douvres
abrite une escadrille de torpilleurs et sous-marins. A remarquer que les grands ports militaires anglais, Plymouth
et Portsmouth, sont tournés contre la France. Ce n'est
qu'à partir du moment où la flotte allemande prit soudain
un essor inattendu que les Anglais se préoccupèrent
d'outiller les ports de la Mer du Nord.

A part les grands estuaires, les côtes anglaises occidentales sont « saines », c'est-à-dire non bordées d'écueils,
bancs de sable ou autres. Les grands bâtiments peuvent
s'en approcher de très près sans risque d'échouage. Il

---

[1] Lettre de Kiel au *Times*.

serait difficile et somme toute superflu, militairement parlant, de protéger ces côtes contre une attaque de l'ennemi. L'amirauté préfère aux batteries côtières les grosses pièces de ses cuirassés, aux canons immobiles les canons mouvants, et certes tant que subsistera la menace d'une flotte puissante, la défense des côtes sera le problème secondaire et accessoire.

* * *

Les opérations navales dans la Mer du Nord se présentent sous les espèces d'un *blocus à distance* des côtes allemandes par la flotte anglaise.

« L'escadre de blocus [1] prend comme base un mouillage défendu contre l'accès des torpilleurs, à proximité des côtes ennemies. Elle détache une flottille de destroyers, qui s'établit en croisière dans le voisinage immédiat du port bloqué, en la faisant soutenir par quelques croiseurs. Enfin une ligne de communications relie le corps de bataille aux grand'gardes, et le tient au courant des mouvements de l'ennemi.

» Ainsi les bâtiments isolés qui rentreront au port viendront buter contre les croiseurs, et si les forces bloquées font une sortie en masse, elles seront suivies par les éclaireurs, qui amèneront leur escadre jusqu'au contact. »

La tâche du bloqueur est facilitée par l'emploi de la télégraphie sans fil, mais elle est compliquée par les sousmarins ennemis, très dangereux pour les grosses unités, presque inoffensifs contre les torpilleurs qui n'offrent à leurs coups que des cibles de faible surface et se déplaçant rapidement. Dans les premiers mois de la guerre, les Anglais affectèrent au dur service de surveillance de la Mer

---

[1] R. DAVELUY, *L'esprit de la guerre navale* ; I. *Stratégie.*

du Nord des croiseurs et cuirassés d'ancien modèle. A la suite de quelques torpillages retentissants, ils paraissent avoir ménagé davantage même ces vieux bâtiments, qui allaient trouver un meilleur emploi aux Dardanelles.

* * *

Les hostilités.— Le 2 août 1914 fut affiché en France l'ordre de mobilisation. L'attitude de l'Angleterre était encore incertaine. Allait-elle observer la neutralité dans le conflit désormais déchaîné, ou bien, se plaçant résolument aux côtés de la France, allait-elle jeter dans la balance le poids redoutable de ses escadres ? Nul ne le savait.

Aussi, en attendant les imminentes décisions, le gouvernement français jugea-t-il nécessaire d'envoyer dans le Pas de Calais la division de l'Atlantique. « Il y avait lieu de croire [1] que la flotte ennemie ferait route vers la Manche, et nous n'avions à opposer à cette flotte, qui groupe l'ensemble des escadres allemandes, que deux divisions de croiseurs et nos flottilles du Nord. Pourtant l'ordre suivant fut aussitôt adressé au contre-amiral Rouyer : « Portez-vous immédiatement sur le Pas de Calais, et opposez-vous par la force au passage de l'ennemi. »

Quelques heures après, en pleine nuit, l'escadre légère appareillait, prête au combat, pendant que les torpilleurs et les sous-marins prenaient leurs postes de surveillance pour courir sus à l'ennemi .

Mais l'ennemi ne vint pas. Il était retenu dans ses ports par la menace des escadres anglaises mobilisées. Le 4 août à 11 heures du soir, l'état de guerre existait entre la Grande Bretagne et l'Allemagne. Il n'était plus question pour la flotte allemande d'aller attaquer la flotte française : elle avait désormais à penser à sa propre défense.

[1] Communiqué officiel de la marine.

CHAPITRE II

Ephémérides de la petite guerre.

Le premier fait de guerre dans la Mer du Nord date du 7 août :

« A 9 heures du matin [1] l'*Amphion* (croiseur léger, 3400 tonnes, 26 nœuds, 10 pièces de 102 millim.) avec la 3e flottille, procédait à certaines recherches pour préparer un chenal. Une heure après, un chalutier l'informa qu'il avait vu un navire suspect lançant des objets par-dessus bord. Le mouilleur de mines *Königin Luise* [2] fut alors signalé, faisant route vers l'est. Quatre destroyers lui donnèrent la chasse, l'entourèrent et le coulèrent. » (près de l'estuaire de la Tamise).

« Après avoir recueilli les survivants, la recherche du chenal préparé se poursuivit. On marchait ainsi heureusement, et il était 6 h. 30 quand l'*Amphion* heurta une mine ». Un rideau de flammes enveloppa instantanément la passerelle, et le commandant tomba sans connaissance. Dès qu'il revint à lui, il courut à la chambre des machines pour faire stopper. Comme tout l'avant était en feu, il était impossible d'atteindre la passerelle ou de noyer la soute d'avant. L'arrière paraissait brisé et le navire s'enfonçait déjà par l'avant. Tous les efforts furent alors faits pour mettre les blessés en sûreté dans le cas d'une explosion et faire remorquer le navire par l'arrière.

« Au moment où les destroyers s'approchaient, il parut

---

[1] Rapport officiel.

[2] Paquebot de 2160 tonnes, de la *Hamburg America*, transformé en mouilleur de mines.

nettement qu'il était temps d'abandonner le navire ; les hommes de l'équipage descendirent dans ce but avec le même calme qui avait partout marqué leur conduite. Tout se fit sans tumulte ni confusion, et vingt minutes après la rencontre de la mine, les officiers, les hommes et le commandant quittaient le navire. »

« Trois minutes après le débarquement du commandant, une autre explosion survenait, enveloppant l'avant du navire et le faisant sauter tout entier. L'effet produit montre que le navire avait touché une seconde mine, qui avait fait exploser la soute à munitions de l'avant. Des débris vinrent tomber d'une grande hauteur sur les bateaux de secours et les destroyers, et un projectile de l'*Amphion* éclata sur le pont d'un de ces derniers, tuant deux hommes et un prisonnier allemand qui avait été sauvé de l'*Amphion*.

L'arrière du croiseur commença alors à s'enfoncer rapidement. Un quart d'heure après, le navire avait disparu.

Le capitaine de vaisseau *Fox*, commandant de l'*Amphion*, parle en termes élevés de la conduite des officiers et des hommes de l'équipage en cette circonstance. Les ordres furent exécutés promptement, sans trouble ni confusion. »

* * *

18 *août* 1914 — Le submersible *U 15* est coulé par le croiseur léger *Birmingham*.

« Nous allions à la découverte[1] à quelque 160 milles des côtes allemandes, lorsqu'un matelot expérimenté placé en vigie aperçut un périscope au-dessus de l'eau. Immédiatement nous ouvrîmes le feu. Le capitaine changea de

---

[1] *Times*, 9 septembre 1914. Lettre d'un marin du croiseur anglais.

direction et fonça sur le sous-marin qui ne pouvait tirer, étant de flanc. Imagine-toi la chose : je dormais, lorsque tout à coup je fus réveillé par une demi-douzaine de coups de canon et la sonnerie du clairon. Je fus sur pied plus vite que je ne l'ai jamais été dans ma vie. Je ris encore de penser que je m'élançai sur le pont, une jambe dans mon pantalon et l'autre en dehors. Presque tous étaient dans le même costume ; des lieutenants arrivaient en pyjamas. Dès les premiers coups,le périscope fut arraché et le sous-marin vint à la surface. Tous les canons étaient pointés sur lui,et juste avant qu'il fût touché pour la seconde fois une petite lumière y fut allumée et un lieutenant émergea du kiosque de commandement. Au moment précis où sa tête sortit,un obus frappa le kiosque et le réduisit en miettes avec le lieutenant. Ensuite le sous-marin coula. J'étais bien un peu peiné pour son équipage, mais si nous avions hésité une seconde, nous aurions nous-mêmes sauté en l'air... »

* * *

20 *août* 1914. — Les croiseurs allemands *Strassburg* et *Stralsund* poussent une pointe vers les côtes anglaises. Au cours de leur raid, ils remarquent deux sous-marins ennemis et quelques contre-torpilleurs. La canonnade s'engage, à grande distance et sans résultat tangible [1]. Après quoi les croiseurs virent de bord et reviennent à leur point d'attache.

* * *

3 *septembre* 1914.— Le vieux torpilleur anglais *Speedy*

---

[1] Le communiqué allemand prétend qu'un sous-marin anglais aurait été coulé en quelques coups de canon tirés à grande distance. A ma connaissance, l'amirauté anglaise n'a pas confirmé cette perte, qui n'a probablement jamais existé que dans l'imagination des marins des croiseurs.

(1890), affecté au service de surveillance de la pêche, saute sur une mine, près des côtes anglaises.

* * *

5 *septembre* 1914.— Le sous-marin allemand U 21, sous les ordres du lieut. de vaisseau Hersing, torpille devant le Firth of Forth le croiseur léger anglais *Pathfinder* (2900 tonnes, 25 nœuds, 1904). « J'étais sur le pont [1]. Presque tout l'équipage était descendu pour prendre le thé, et j'allais le rejoindre ; une chance que je n'y sois pas allé, car tous furent réduits en miettes. Il y eut un éclair. Le navire parut sauter hors de l'eau. Je m'accroupis, craignant d'être tué par les débris projetés en l'air, dont plusieurs étaient très lourds. En rampant vers l'arrière, je vis des cadavres déchiquetés. Le mât et la cheminée avant vinrent en bas. Nous nous mîmes à jeter par dessus bord tous les objets lourds. « Aux canots ! » fut-il ordonné ; mais les deux canots qui restaient étaient en morceaux, les autres, ainsi que toutes les autres pièces de bois, étaient restés à la côte. Le capitaine donna l'ordre :

« Parer les pièces et faire feu en signal de détresse », puis « Sauve qui peut ! » Alors adieu souliers, vestes et pantalons. Je sautai à la mer. Je crois que je battis tous les records de natation en essayant de mettre le plus grand espace possible entre le bateau et moi, car je craignais d'être entraîné au fond. En me retournant, je vis l'arrière du navire dressé perpendiculairement hors de l'eau. Peu à peu il s'abaissa. Je continuai à nager, car il me paraissait que le navire me retomberait dessus au moment où il coulerait. Mais fort heureusement il passa à côté de moi Puis je ne vis plus rien... »

[1] Récit d'un matelot du *Pathfinder*.

Sur 268 hommes d'équipage il y eut 4 morts, 13 blessés et 243 disparus.

* * *

13 *septembre* 1914. — Le sous-marin anglais *E* 9, croisant [1] au sud d'Helgoland, aperçut en remontant à la surface le croiseur léger allemand *Hela* (1895 ; 2040 tonnes ; vitesse 19,5 nœuds). Il replongea immédiatement et lança deux torpilles à un intervalle de 15 secondes entre la première et la seconde. Trente-cinq secondes après avoir lancé la seconde torpille, l'équipage entendit une détonation qui indiquait que l'ennemi avait été touché.

Le sous-marin resta sous l'eau pendant 15 minutes, puis il remonta. Le *Hela* était gravement avarié et incliné fortement à tribord ; des bateaux marchands s'approchaient. Prudemment, le sous-marin s'immergea de nouveau et après un certain temps réapparut à la surface. Le croiseur avait disparu.

L'équipage fut sauvé par les bateaux marchands qui étaient accourus...

* * *

6 *octobre* 1914. — Dans l'après-midi, le sous-marin anglais *E* 9 coule le torpilleur allemand *S* 116 (420 tonnes, 1902) au large de l'embouchure de l'Ems.

« Le contre-torpilleur allemand[2] croisait à 4 ou 5 milles au Nord-Est de l'île Schiermonnikoog, près de l'estuaire de l'Ems.

Le temps était clair et la mer très calme. Les mouvements du torpilleur étaient observés par les garde-côtes hollandais. Tout à coup, ceux-ci virent une colonne d'eau

---

[1] D'après le *Daily Telegraph*.

[2] D'après un correspondant du *Daily Mail*.

s'élever à l'avant du navire. Aussitôt après ils entendirent une explosion ; le torpilleur donna de la bande et coula en trois minutes.Quelques instants après, deux périscopes de sous-marins se montrèrent à la surface, près de l'endroit où avait coulé le torpilleur, mais ils disparurent vite.

Des débris du navire coulé furent vus flottant à la surface et parmi eux de nombreuses personnes à la nage. Les hommes, pour la plupart, furent sauvés par un croiseur allemand qui arriva à toute vitesse. Pendant l'après-midi, plusieurs torpilleurs ont croisé sur l'endroit où le bateau a coulé.

* * *

15 *octobre* 1914.- Le sous-marin allemand *U* 9 coule le croiseur anglais *Hawke*.

« Jeudi matin, vers 11 heures [1], le *Hawke* aperçut un charbonnier battant pavillon norvégien. Il changea légèrement sa route afin d'aller l'araisonner. Le croiseur avançait à petite allure ; soudain, une explosion terrifiante. Le bateau se cabra sous le choc. Une partie de son flanc fut arrachée. Il venait d'être torpillé. L'explosion eut lieu exactement à 11 heures. L'équipage était occupé à différents exercices, et le capitaine se tenait sur la passerelle. Immédiatement le signal « Cessez tout ! » fut donné et chaque homme demeura à son poste sur le pont. Pendant ce temps, un chaos effroyable dans la chaufferie. « Avalanches » de charbon, énormes blocs en ignition pesant demi-tonne, pièces de rechange de la machine, outils innombrables étaient projetés dans les ténèbres, tandis que le navire donnait de la bande. Du haut de la passerelle, le capitaine donnait l'ordre de larguer les canots. Officiers

---

[1] Récit d'un survivant (*Times*, 19 octobre 1914).

et marins se mirent à leurs postes, mais la vapeur n'arrivait plus aux machines à hisser les canots. Pendant ce temps, le croiseur se couchait sur le flanc et le capitaine ordonna : « Chacun pour soi ! » Jetant leurs vêtements, les hommes sautèrent à la mer et se cramponnèrent aux débris qui flottaient. Dix minutes après l'explosion, le *Hawke* coula à fond.

Au prix des plus grands efforts, on était parvenu cependant à mettre à l'eau un des canots, un cutter de 28 pieds de long. On le descendit des daviers ; l'angle d'inclinaison du croiseur était alors tel que le cutter ne put être descendu dégagé du bateau, mais glissa le long du flanc. En plus, les poulies de bossoir ne fonctionnaient pas bien. Le cutter resta accroché au croiseur par un des garants, et comme le croiseur continuait à courir sur son erre et avançait lentement, le cutter risquait d'être submergé. Saisissant rapidement une hache, le sous-officier Terry coupa le câble et le canot fut sauvé.

Libéré du lien mortel, l'équipage du canot rama autour des débris et s'efforça de sauver ceux qu'il voyait surnager. En tout, 46 matelots et 3 officiers furent sauvés de cette façon.

Le *Hawke* était bien pourvu d'engins de sauvetage. Il portait des radeaux en planches de sapin liées ensemble et flottant sur des outres huilées et des barils vides. Une quantité de matelots se cramponnèrent à ces radeaux. La mer n'était pas agitée, mais le froid très vif, et l'on put voir retomber des hommes à la mer.

Lorsque le *Hawke* fut torpillé, le charbonnier prit la fuite [1]. L'équipage du cutter, après avoir fait tout son

---

[1] Ce navire, battant pavillon norvégien, était probablement un vapeur allemand servant d'*appât* au sous-marin qui guettait l'instant où le croi-

possible pour sauver les hommes à la mer, fit force de rames vers la terre. Soudain, à 200 mètres environ de distance, il aperçut le périscope d'un sous-marin : c'était la première fois qu'il entrevoyait l'ennemi. Le sous-marin plongea ; quelques minutes après, il reparut à quelques yards du cutter. Quoique gelés et à demi-nus, les hommes du canot décidèrent d'attaquer l'ennemi. Un des hommes saisit une barre de fer, prêt « à casser la tête du bougre », comme il criait, tandis que les autres ramaient ferme dans l'espoir de fracasser le périscope avec leurs avirons. Ce plan hardi ne leur réussit pas, car le sous-marin disparut.

Se dirigeant d'après le soleil, l'équipage rama vers la côte. Le froid était glacial, les hommes se relayèrent aux rames pour se réchauffer. Ceux qui avaient deux vêtements les partagèrent avec ceux qui n'en avaient pas. Deux vieux journaux furent trouvés dans le canot, dont on enveloppa un des gars.

Toute la journée, ils ramèrent ; au bout de six heures, ils furent aperçus par un vapeur norvégien qui les prit à bord. »

Au moment de l'attaque, le *Hawke* naviguait de conserve avec le *Theseus* qui fut d'abord attaqué. La torpille manqua le but. Le *Theseus*, se conformant aux instructions de l'amirauté, accéléra sa vitesse et réussit à échapper au sous-marin.

. Sur les 550 hommes d'équipage environ 400 périrent.

Le *Hawke* était un vieux croiseur protégé déclassé, datant de 1891. Déplacement, 7800 tonnes ; II 234 millim. X 152 millimètres.

seur anglais s'approcherait, pour lui envoyer sa torpille. Cette ruse a été plus d'une fois pratiquée par les sous-marins allemands.

* * *

18 *octobre* 1914. — Le sous-marin anglais *E* 3 a été coulé cet après-midi dans les eaux de la Deutsche Bucht [1]. (Communiqué de l'Amirauté allemande.)

* * *

25 *octobre* 1914. — Le contre-torpilleur *Badger*, convoyant un croiseur léger dans la mer du Nord, au large de la côte hollandaise, aperçut soudain le sillage d'une torpille. Il fonça à toute vitesse sur un sous-marin allemand dont émergeait le périscope. Le choc fut si violent que l'avant du *Badger* fut endommagé. Le sous-marin défoncé coula.

* * *

27 *octobre* 1914. — Ici se place le torpillage d'un des bâtiments les plus récents de la marine anglaise. Cette perte fut tenue secrète par l'Amirauté; ce n'est que le 14 novembre 1914 qu'elle fut révélée par les journaux américains.

Un passager du paquebot *Olympic*, témoin oculaire de la catastrophe, en a donné le récit suivant [1] :

» Le 27 octobre, à 11 heures du matin, par gros temps, nous aperçûmes deux cuirassés près de Tery-Island, dans les eaux irlandaises. Le plus gros des deux bâtiments donnait de la bande par tribord et plongeait de l'arrière. C'était l'*Audacious*.

» Tout d'abord, nous ne crûmes pas que sa situation était critique, mais bientôt nous pûmes distinguer les signaux de détresse, et l'autre vaisseau, le croiseur *Liver-*

---

[1] Confirmé par l'Amirauté anglaise, le 22 octobre 1914.

[1] *New York Times.*

pool, vint nous prier de nous arrêter et de prêter aide. Nous stoppâmes à 500 mètres du cuirassé et lançâmes 14 chaloupes à la mer. Entre temps, l'*Audacious* avait mis à l'eau une de ses chaloupes, mais celle-ci chavira presque aussitôt et un homme de l'équipage se noya. La mer était si houleuse qu'il fallut une demi-heure à nos bateaux pour arriver jusqu'à l'*Audacious*. Tout l'équipage du cuirassé se tenait sur le pont, les hommes nus jusqu'à la ceinture. L'embarquement se fit par appel dans le plus grand ordre, grâce à une splendide discipline. Nous pûmes prendre 180 marins à bord de nos chaloupes.

» Pendant ce temps d'autres bateaux étaient arrivés sur les lieux, appelés par la T. S. F. Ces bâtiments sauvèrent tout le reste de l'équipage, à part 250 hommes demeurés à bord pour tâcher de sauver le cuirassé.

» Le pauvre *Audacious* était en un piètre état. C'était à 8 heures, ce matin-là, qu'il avait touché une mine et il y avait cinq ou six heures que l'eau entrait à flots par une ouverture béante à la poupe. L'arrière du vaisseau était balayé par les lames. On passa alors un énorme câble d'acier de l'*Olympic* à l'*Audacious* pour tenter une remorque jusqu'au port le plus proche, Lough Swilly, à 20 milles de là [1]. Mais le câble se brisa. Une seconde, puis une troisième tentative ne furent pas plus heureuses. Le vent soufflait en tempête et la mer était de plus en plus démontée. Vers 9 heures du soir, le capitaine de l'*Audacious* reçut de l'Amirauté, de Londres, par T. S. F., l'ordre de sauver les hommes qui restaient encore à bord, d'abandonner le vaisseau et de le faire sauter. Ce qui fut fait. L'explosion fut effroyable et l'*Audacious* disparut dans les flots.

[1] Lough Swilly est un mouillage utilisé par la marine anglaise sur la côte nord de l'Irlande.

» L'*Olympic* fut alors conduit au port militaire de Lough Swilly par ordre des autorités anglaises et retenu pendant huit jours pour éviter que la nouvelle de la catastrophe se répandît dans le public. On traita les passagers avec beaucoup de courtoisie, mais toute communication avec le dehors leur fut interdite. Ce n'est que plus tard, et après que tous eurent promis de ne rien dire, que l'*Olympic* put reprendre son voyage. »

Ce récit paraît véridique ; il n'a reçu aucun démenti de l'Amirauté, qui a probablement tenu cachée la perte du cuirassé afin de ne pas causer une émotion trop vive dans le pays. L'*Audacious* était en effet un des plus récents dreadnoughts de la marine anglaise. Il avait été lancé en 1912 et déplaçait 23 400 tonnes. Il portait 10 pièces de 343 millimètres et 16 de 102 millimètres. La mine qui le frappa avait probablement été posée par un chalutier allemand arborant un faux pavillon.

Malheureusement, la mer était très grosse au moment de l'accident, les essais de remorquage échouèrent, et le cuirassé avarié qui, par temps calme, aurait pu être amené au mouillage tout proche de Lough Swilly, dut être abandonné et coulé. Il n'est pourtant pas très sûr que l'*Audacious* ait été totalement perdu. Suivant certains, on aurait réussi à le remorquer à Belfast et à le réparer. Quoi qu'il en soit, il demeure aujourd'hui encore un certain mystère sur cette affaire.

* * *

31 *octobre* 1914. — Le submersible allemand *U* 27 torpille le vieux croiseur protégé *Hermes* (1898 ; 5700 tonnes), qui revenait de Dunkerque et naviguait dans le Pas-de-Calais. Le croiseur anglais avait coopéré à l'action des

armées de terre, en canonnant les troupes allemandes sur la côte belge.

L'*Hermes* mit longtemps à couler et fut immédiatement secouru par deux torpilleurs français et des destroyers anglais ; 40 hommes seulement sur un équipage de 430 marins trouvèrent la mort dans ce naufrage.

* * *

4 *novembre* 1914. — «Le croiseur allemand *Yorck* [1], heurtant dans le golfe de la Jade un barrage de mines sous-marines, coule avec la moitié de son équipage. Le brouillard était très épais et gêna les opérations du sauvetage». On crut d'abord, à cause de la coïncidence des dates, que le *Yorck* avait heurté les mines en revenant du raid contre Yarmouth. Il semble plutôt que ce croiseur, pas très rapide (21,5 nœuds), ne prit aucune part à cette opération. Cette coïncidence est fortuite. En sortant de Wilhelmshaven pour opérer une reconnaissance, le *Yorck*, par suite de l'épais brouillard, s'écarta du chenal de sécurité et donna sur les champs de mines. Son commandant, traduit en conseil de guerre, fut condamné à deux ans de forteresse pour impéritie [2].

Le *Yorck* avait été lancé en 1904. Déplacement, 9500 tonnes ; vitesse, 21,5 nœuds. Armement : IV 210 millim., X 150 millim., XIV 88 millim.

* * *

12 *novembre* 1914. — La canonnière-torpilleur *Niger* [3]

---

[1] Communiqué de l'Amirauté allemande.

[2] *Où en sont les opérations navales*, p. 282. *Cahiers de la guerre Deslandre.*

[3] Datant de 1892 (810 tonnes). Communiqué anglais.

est torpillée par un sous-marin allemand, au large de Deal (12 kilom. au nord de Douvres).

Le *Niger* surveillait le chenal de sécurité utilisé par les navires marchands le long de la côte. Sur 85 hommes d'équipage, 77, y compris le commandant et les officiers, furent sauvés.

* * *

18 *novembre* 1914. — Le croiseur auxiliaire allemand *Berlin* est interné à Drontheim (Norvège).

Parti de Wilhelmshaven, il se proposait de pratiquer la guerre de course. Peut-être même devait-il établir un dépôt de ravitaillement pour les sous-marins, sur un îlot inhabité [1].

Avec une audace incroyable, le *Berlin* avait réussi à passer devant les forts d'Agdenes et devant les postes d'observation situés à la partie la plus étroite du fjord de Trondhjem, à minuit, pendant une tempête de neige. Il n'avait pas de pilote norvégien, mais un pilote privé allemand [2]. La tempête, qui était assez forte, ne permettait pas l'emploi des projecteurs des forts.

* * *

23 *novembre* 1914. — Le sous-marin allemand *U 18*, éperonné par un navire de guerre anglais, coule sur le littoral septentrional de l'Ecosse. A 12 h. 20, il était abordé par le navire anglais. A 1 h. 20, après avoir été canonné par le contre-torpilleur *Garry*, il remontait à la surface et arborait le drapeau blanc. Tout l'équipage fut sauvé sauf un homme qui ouvrit les prises d'eau et disparut avec le bâtiment.

[1] *Temps* du 24 novembre 1914.
[2] *Temps* du 25 novembre 1914.

* * *

27 novembre 1914. — A 7 h. 53 du matin, le cuirassé anglais *Bulwark*, ancré dans le port de Sherness, sur la rivière Medway (à l'embouchure de la Tamise), fait explosion.

« J'étais à déjeuner [1] lorsque j'entendis une explosion. Je montai sur le pont. Ma première impression fut qu'elle était produite par le tir d'un salut fait par un des navires (au mouillage), mais le bruit en était absolument exceptionnel. Je vis vite que quelque chose de terrible se passait. L'eau et le ciel étaient obscurcis par un volume très dense de fumée. Nous reçûmes tous l'ordre de porter secours comme nous pourrions. D'abord nous ne pouvions rien voir, mais quand la fumée se dissipa un peu, nous fûmes terrifiés de constater que le cuirassé avait disparu. Il semblait s'être évanoui complètement à notre vue ; mais un peu plus tard nous en découvrîmes un fragment à environ quatre pieds au-dessous de l'eau. Nous surveillions de près l'équipage, mais nous ne vîmes que deux hommes, dont l'un était mort. »

Le cuirassé était littéralement déchiqueté, coupé en trois parties, tordues et déchirées. Il repose au fond de la Medway. A basse mer, on distingue l'endroit où gît l'épave.

Sur les 750 hommes d'équipage, 12 seulement furent sauvés.

Quelle fut la cause de la catastrophe ? L'idée d'un torpillage doit être écartée. Si le *Bulwark* avait été coulé par

---

[1] Récit d'un témoin qui se trouvait sur un navire à peu de distance du *Bulwark*. (*Temps* du 29 novembre 1914.)

un sous-marin, les Allemands l'auraient dit. Or, ils reconnaissent qu'il n'en est rien.

La cause doit être plutôt recherchée dans une explosion des soutes, provoquée par l'éclatement fortuit d'une fusée ou quelque accident de fulminate. Comme dans tous les cas analogues, il est extrêmement difficile d'établir avec précision le processus des événements. Les témoins ont péri dans la catastrophe, le navire lui-même a disparu.

« Le vice-amiral et les contre-amiraux présents annoncent qu'ils ont la conviction que le *Bulwark* a coulé par suite de l'explosion interne d'une soute [1]. Il n'y eut pas de soulèvement apparent d'eau (ce qui eût été le cas s'il y avait eu torpillage) et le vaisseau avait entièrement disparu lorsque la fumée se dissipa. »

» La perte du cuirassé n'affecte pas sensiblement notre position militaire, mais j'ai le regret d'annoncer que la perte en vies humaines est très forte. »

Le *Bulwark* était un cuirassé déjà ancien (1899) de 15 250 tonnes ; vitesse, 18 nœuds ; armement, IV 305 millimètres, XII 150 millim., XVIII 76 millim.

* * *

11 *décembre* 1914. — *Attaque de Douvres.* — Vers 4 h. 30 du matin, favorisés par le brouillard, des sous-marins allemands tentèrent de pénétrer dans le port de Douvres, pour y torpiller les navires anglais au mouillage dans le bassin. Ils furent canonnés par les forts et disparurent. Vers 6 h. 30, ils exécutèrent une seconde tentative, faisant de grands efforts pour franchir l'entrée orientale. Découverts par les projecteurs et canonnés, ils dis-

---

[1] Communication de Lord Churchill à la Chambre des Communes, 26 novembre 1914.

parurent. Des torpilleurs lancés à leur poursuite perdirent leur trace. Les canonniers anglais affirment avoir coulé un sous-marin.

Le 13 décembre, vers 5 heures, profitant du brouillard, six sous-marins allemands renouvelèrent leur tentative. Découverts et canonnés, ils prirent la fuite. Là encore les Anglais affirment avoir coulé un sous-marin [1].

* * *

1er *janvier* 1915. — *Torpillage du « Formidable »*. Dans la nuit du 31 décembre au 1er janvier, le cuirassé anglais *Formidable*, capitaine Arthur N. Loxley, faisait route de l'Est à l'Ouest [2] en compagnie des autres bâtiments de la 5e escadre de ligne, à laquelle il était affecté. L'escadre était à la hauteur de Torbay (à l'Ouest de Plymouth), disposée en ligne de file. Le *Formidable* marchait en queue. La lune brillait, le temps était clair, la mer houleuse, mais non très grosse. Les cuirassés marchaient à vitesse réduite et n'étaient pas accompagnés par des contre-torpilleurs. Imprudence d'autant plus grave que la présence de sous-marins ennemis dans le canal avait été signalée.

Tout à coup, vers 2 h. 20, un choc suivi d'une violente explosion à bord du *Formidable* [3]. Il venait d'être torpillé par un sous-marin allemand. Le coup avait porté à l'arrière, vers la soute à munitions, dans la chambre des dynamos. Aussitôt toutes les lumières s'éteignirent. Les

---

[1] Ces nouvelles n'ont pas été, à ma connaissance, confirmées officiellement. Il est possible que les deux sous-marins aient été coulés par les forts de Douvres. Mais ce n'est pas certain, et il est prudent de poser ici un point d'interrogation et d'attendre confirmation.

[2] Venant de Sherness et se rendant probablement à Plymouth.

[3] D'après divers récits de survivants.

appareils de T. S. F. avaient été également mis hors d'usage. L'ordre fut donné : « Tous les hommes sur le pont ! » Les hommes arrivèrent sur le pont, les uns en pyjamas, les autres complètement dévêtus, comme ils se trouvaient en quittant leurs hamacs. Quelques-uns avaient emporté leurs uniformes et les donnaient à ceux qui n'avaient rien sur le corps, particulièrement aux jeunes *midshipmen*, autour desquels les matelots s'empressaient. Deux minutes après l'ordre, la machine informa qu'elle ne pouvait plus produire de vapeur. C'était une mauvaise nouvelle, car sans cela il aurait été probablement possible de gagner le plus prochain port. Le manque de vapeur se répercuta sur la mise à l'eau des embarcations. Les machines à hisser les canots ne fonctionnaient plus et les palans durent être manœuvrés à la force des bras. Ce fut un dur travail. Les garants (câbles) furent affalés ; tous, même les officiers et les aspirants, les saisirent et élevèrent les lourds canots de bossoir. La mise à l'eau des canots présentait des difficultés presque insurmontables, car le vent, qui avait fraîchi, soufflait maintenant en tempête et les lames s'élevaient furieuses.

Le premier canot coula ; 12 hommes se noyèrent. Le navire s'inclinait de plus en plus sur le flanc. Il n'était presque plus possible de se tenir sur le pont. Les charpentiers arrivèrent avec des haches, arrachèrent des planches et les jetèrent par-dessus bord. Des tables, des bancs et des hamacs furent lancés à l'eau. Une partie de l'équipage restait en observation dans l'entrepont et discutait des chances de sauvetage. Un matelot apporta une boîte de cigarettes. Tous se mirent à fumer avec le même calme que s'il s'agissait d'une pièce de théâtre. Enfin, l'on réussit à amener quelques canots le long du bord. Vint d'abord

une pinasse. « Cinquante hommes seulement ! » fut-il
ordonné. « Et maintenant, en avant, garçons, et bonne
chance ! » Il y avait 25 pieds de distance entre le navire
et le canot. Arrivé au bas du câble, il fallait gagner à la
nage le canot de sauvetage. Plus d'un fut happé par la
mer, plus d'un, lancé contre le navire, eut les membres
brisés et coula dans l'abîme. Lorsque l'autre pinasse fut
parée, il se produisit une deuxième explosion ; chose
extraordinaire, elle prolongea l'existence du bâtiment. Un
instant auparavant, le *Formidable* avait une telle brèche
à tribord que l'on s'attendait à le voir chavirer d'une minute à l'autre. La deuxième torpille avait frappé à bâbord,
et l'eau qui pénétra par cette nouvelle brèche rétablit
l'équilibre. Le navire se redressa. Sans doute enfonça-t-il
en même temps un peu plus dans l'eau. Mais cela ne lui
fit point de mal. Néanmoins, 45 minutes après la seconde
explosion, le *Formidable* alla par le fond.

Les sirènes n'avaient pas cessé de retentir. Le capitaine,
impassible, resta à son poste jusqu'à la fin, et lorsque le
vaisseau disparut, les survivants aperçurent un dernier
signal qu'un marin du bord leur faisait avec un fanal.
Cent cinquante marins réussirent à s'affranchir de la
succion du navire et atteignirent à la nage les nombreux
bateaux qui étaient accourus pour coopérer au sauvetage.
Quelques-uns de ces bateaux — pour la plupart bateaux de pêche, — mirent 20 heures et plus pour amener
à terre les naufragés, à cause de la tempête. Beaucoup de
marins du *Formidable* moururent dans ces bateaux, d'épuisement pour la plupart. Un des survivants raconte :

« La tempête devenait de plus en plus violente, les
lames s'élevaient toujours plus haut, et comme nos forces
diminuaient constamment, nous avancions très peu à tra-

vers les vagues. En quittant le *Formidable*, nous étions 80 ; lorsque nous abordâmes enfin à Lyme Regis, après 22 heures et demie de navigation, 51 seulement étaient encore en vie. Nous ramions aussi bien que nous le permettaient nos forces faiblissantes. Les lames entraient constamment dans le canot, et nous devions puiser l'eau. Nous nous servions de nos souliers pour puiser. Nous nous encouragions en chantant de vieilles chansons de marins. Plusieurs fois nous aperçûmes des navires, mais aucun ne s'approcha de nous. Lorsque la nuit revint, la terre n'était pas encore en vue. Nous étions découragés. Alors quelqu'un entonna la chanson de *Tipperary* et nous nous mîmes à ramer de toutes nos forces. Nous jetâmes les morts par-dessus bord pour alléger le canot. Enfin, enfin, nous vîmes luire le feu d'un port. Je crois bien que nous n'aurions pas tenu une demi-heure de plus. C'est à peine si six d'entre nous eurent la force de sortir du bateau et de se traîner à terre. Ce soir, nous irons tous à l'église. Nous avons certes de quoi rendre grâces. »

Le torpillage du *Formidable* avait coûté la vie de 34 officiers et 514 hommes d'équipage, sur 750. Quant à la perte matérielle, elle n'était pas très sensible, puisqu'il s'agissait d'un cuirassé de second rang, de même type que le *Bulwark*.

Cette catastrophe souleva des critiques justifiées. Pourquoi l'escadre n'était-elle pas escortée par des contre-torpilleurs ? pourquoi la vitesse était-elle réduite ? pourquoi, enfin, naviguait-elle de nuit dans des parages où des sous-marins ennemis avaient été signalés ? On rappela que la perte des croiseurs *Aboukir*, *Hogue* et *Cressy* était due en partie aux mêmes causes, et qu'il était incompréhensible que l'Amirauté n'eût pas pris ses précautions [1].

La catastrophe aurait pu être évitée d'autant plus facilement que le sous-marin allemand naviguait *en surface* au moment de l'attaque. A cause de la houle assez forte, il ne pouvait pas, en effet, se servir de son périscope; le kiosque du commandant émergeait avec la cheminée d'échappement du moteur. Un contre-torpilleur aurait eu beau jeu contre un tel adversaire.

C'est la première fois, dans une guerre navale, que réussit une attaque de sous-marin naviguant en émersion.

On s'était imaginé jusqu'alors que l'attaque de nuit était réservée au torpilleur, alors que le sous-marin attaquerait de jour. Le torpillage du *Formidable* a montré que, lorsque les circonstances de mer sont propices, le sous-marin peut, de nuit, remplacer le torpilleur.

[1] Cf. lettre de l'amiral Ch. Beresford. (*Morning Post*, 13 janvier 1915 ; également *Times*, 12 janvier 1915.)

CHAPITRE III

Le combat d'Helgoland (28 août 1914).

> » Le plan de cette opération peut être désigné comme un modèle pour l'utilisation tactique des différents types de bâtiments et fait le plus grand honneur au premier lord de l'Amirauté, prince Louis de Battenberg. »
>
> Contre-amiral KALAU VON HOFE.
> *(Unsere Flotte im Weltkriege.)*

« Ce fut une reconnaissance [1] en force dans la baie d'Helgoland avec objectif d'attaquer les croiseurs légers et les contre-torpilleurs de l'ennemi. » Elle fut favorisée par les conditions atmosphériques, brumes et temps calme, qui ne permirent cependant pas aux sous-marins d'agir avec efficacité.

La préparation. — Le 26 août, à minuit, le commodore Roger Keyes, à bord du contre-torpilleur *Lurcher*, conduit en compagnie du contre-torpilleur *Firedrake* les sous-marins $D\,2$, $D\,8$, $E\,4$, $E\,5$, $E\,6$, $E\,7$, $E\,8$ et $E\,9$ de la 8e flottille sous-marine, sur le lieu du combat. Le 27 au soir, les sous-marins, laissés à eux-mêmes, se portent au large des estuaires du Weser et de la Jade, avec mission de torpiller les navires ennemis qui tenteraient de gagner la haute mer pour soutenir les unités d'avant-poste aux prises avec les croiseurs anglais.

Le 27 août, la 1re et la 3e flottilles de contre-torpilleurs, conduites par les croiseurs légers *Arethusa* (battant pavil-

---

[1] Rapport du contre-amiral A. M. Christian, pavillon sur l'*Euryalus*, croiseur cuirassé.

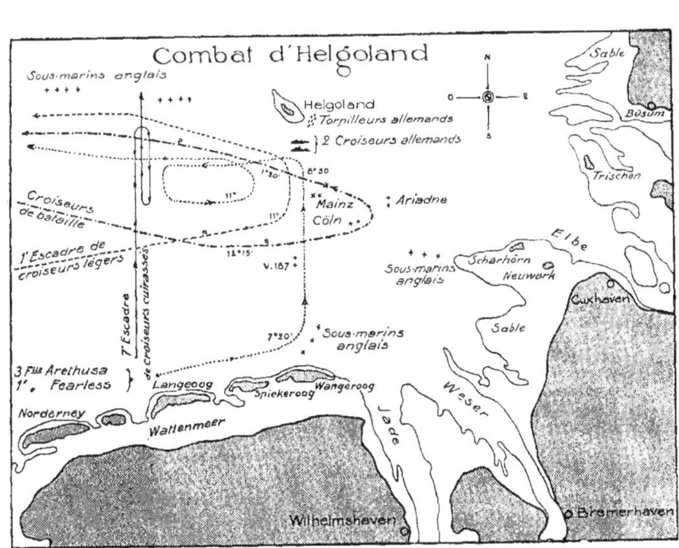

Combat d'Helgoland
Sous-marins anglais
Helgoland
Torpilleurs allemands
2 Croiseurs allemands
N
O
E
S
Sable
Büsum
Trischen
Croiseurs de bataille
1ʳᵉ Escadre de croiseurs légers
7ᵉ Escadre de croiseurs cuirassés
Mainz
Cöln
Ariadne
Elbe
Scharhörn
Neuwork
Sous-marins anglais
Cuxhaven
Sable
Sous-marins anglais
V. 187
3 Fˡˡˢ Arethusa
1ʳᵉ Fearless
Langeoog
Spiekeroog
Wangeroog
Jade
Weser
Norderney
Wattenmeer
Wilhelmshaven
Bremerhaven

lon du commodore R. Y. Tyrwhitt) et *Fearless*, prennent position près de l'île Langeoog. Un peu en arrière, se tient la première escadre de croiseurs légers, composée des croiseurs *Birmingham*, *Lowestoft*, *Southampton*, *Falmouth*, *Liverpool*, qui appuieront au besoin les flottilles.

Contre-torpilleurs et croiseurs légers ont été choisis parmi les bâtiments les plus rapides. L'*Arethusa* et le *Fearless*, conducteurs des flottilles, peuvent fournir 30 nœuds et plus.

Une escadre de cinq croiseurs cuirassés [1], sous les ordres du contre-amiral Christian, vient se poster au large de Wangeroog. Elle est renforcée du croiseur léger *Amethyst*. Enfin, la première escadre de croiseurs de bataille, formée du *Lion*, du *Tiger* et du *Princess Royal*, sous le commandement du vice-amiral Sir David Beatty, vient se placer à l'Ouest d'Helgoland. Les croiseurs de bataille *Invincible* et *New-Zealand*, de la 2ᵉ escadre de croiseurs de bataille, l'ont rejointe. Quatre contre-torpilleurs sont affectés au service d'éclairage des croiseurs de bataille.

Toutes les pièces étant disposées sur l'échiquier, le plan tactique se révèle. Les contre-torpilleurs, partant de Langeoog, longeront la côte jusqu'à Wangeroog. De là, marchant à grande allure vers Helgoland, ils rabattront l'aile Sud des avant-postes allemands sur les croiseurs du contre-amiral Christian, qui croiseront vers l'Ouest.

L'escadre de croiseurs légers effectuera un mouvement analogue, plus au Nord, enfin les croiseurs du vice-amiral Beatty, intervenant au moment où la partie est engagée à fond, donneront le coup de massue décisif.

Le combat. — Les opérations préliminaires, favorisées

---

[1] *Euryalus*, *Cressy*, *Hogue*, *Aboukir* et *Bacchante* (déplacement 12 000 tonnes, vitesse 22 nœuds).

par le temps brumeux[1], étaient demeurées ignorées de l'ennemi.

Le 28 août, à l'aube, les contre-torpilleurs, guidés par le *Fearless* et l'*Arethusa*, se mettent en marche.

« A 6 h. 53[2] un contre-torpilleur ennemi est aperçu et pris en chasse par la 4e division de la Ire flottille.

» De 7 h. 20 à 7 h. 57, l'*Arethusa* et la 3e flottille engagent le combat avec de nombreux destroyers et torpilleurs faisant route vers Helgoland ; les Anglais viennent sur bâbord, pour couper l'ennemi d'Helgoland.

» Deux croiseurs, l'un à quatre cheminées[3] et l'autre à deux cheminées[4] sont aperçus par bâbord à 7 h. 57 ; le plus proche ouvre le feu. L'*Arethusa* sert de cible au feu nourri des deux croiseurs et de plusieurs destroyers jusqu'à 8 h. 15. A ce moment, le croiseur à quatre cheminées dirige son feu sur le *Fearless*. Cet engagement serré continue avec le croiseur à deux cheminées, qui se rapproche. A 8 h. 25, un projectile de six pouces de l'*Arethusa* démolit le pont avant de l'ennemi, qui vire aussitôt de bord et se dirige vers Helgoland en donnant de la bande par tribord. Tous les bâtiments reçoivent alors l'ordre de virer à l'Ouest, et un peu après, la vitesse est réduite à 20 nœuds. »

« Pendant l'action, l'*Arethusa* avait été touché plusieurs fois et avait subi de graves avaries ; une seule pièce de 15 centimètres peut encore tirer, toutes les autres, ainsi

---

[1] Pendant cette journée, le temps fut beau, la mer calme, mais la visibilité mauvaise ; à aucun moment elle ne fut supérieure à 3 milles. Dans ces conditions, il était difficile de maintenir les alignements et de se reconnaître. » (Commodore Tyrwitt.)

[2] Rapport du commodore Tyrwitt.

[3] Probablement le *Yorck*, croiseur cuirassé (9500 tonnes).

[4] Probablement le *Köln*, croiseur léger (4350 tonnes).

que les tubes lance-torpilles, sont momentanément hors d'usage. Le lieutenant Eric Wescott a été tué, un incendie, allumé par un obus et qui a fait exploser la soute à munitions de la pièce n° 2 bâbord, est enfin éteint.

» Les flottilles se reforment en divisions et avancent à 20 nœuds. L'*Arethusa* marche à vitesse réduite. »

Tandis que l'*Arethusa* et le *Fearless* étaient engagés avec les croiseurs ennemis, les contre-torpilleurs avaient attaqué le contre-torpilleur allemand *V* 187.

« Dans la matinée du 28 août [1], le *V* 187 se trouvait aux avant-postes, à quelque distance d'Helgoland. Il reçut d'un autre torpilleur le signal qu'il était poursuivi, mais ignorait dans quelle direction il devait porter secours au camarade serré de près, à cause du brouillard qui s'était soudain épaissi. Deux destroyers et quatre navires ennemis, difficilement reconnaissables, émergèrent alors du brouillard. Le *V* 187 chercha à se retirer vers Helgoland; la route était barrée par quatre autres destroyers qui arrivaient. Ils ouvrirent le feu à courte distance. Le *V* 187 chercha à échapper en fuyant de côté, mais il trouva la route barrée par un croiseur ennemi, qui ouvrit un feu violent à courte portée. Entouré de tous côtés par des forces supérieures, le commandant résolut de se lancer contre les destroyers qui le poursuivaient, et si possible, de se frayer un passage.

Les destroyers ennemis furent d'abord surpris par cette manœuvre inattendue ; ensuite, ils ouvrirent tous ensemble un feu concentré sur le torpilleur allemand. Il subit de graves avaries, l'une après l'autre ses pièces furent mises hors de combat ; il était enveloppé de vapeur et de fumée. Le chef de la flottille, capitaine de corvette Wallis,

---

[1] Récit d'un officier du *V* 187.

était mort, une grande partie de l'équipage avait péri. Le commandant du *V 187* décida de faire couler son bâtiment, désormais inutilisable. »

« Lorsque le destroyer allemand[1] coula, le *Goshawk* (contre-torpilleur anglais) ordonna aux destroyers anglais de cesser le feu, et à ceux qui étaient dans le voisinage de mettre leurs chaloupes à l'eau pour recueillir les survivants, dont un grand nombre avaient sauté par-dessus bord quelques instants auparavant ; un officier du *V 187* pointa un canon d'arrière contre le *Goshawk* à une distance d'environ 200 yards. Le carré des officiers fut atteint par un projectile. L'officier allemand croyait que les équipages des chaloupes avaient l'intention d'abord de capturer le navire, dont le pavillon flottait encore. Il fallut détruire le canon d'arrière du *V 187* et on obtint ce résultat par quelques coups de canon bien placés[2]. »

« A 10 heures[3], apprenant que le commodore (Keyes) avec le *Lurcher* et le *Firedrake* sont chassés par des croiseurs légers, je me porte à leur secours avec le *Fearless* et la 1re flottille, jusqu'à 10 h. 37. N'ayant pas reçu d'autres nouvelles et me trouvant dans le voisinage d'Helgoland, j'ordonnai aux autres bâtiments de virer à l'Ouest. »

» Toutes les pièces de l'*Arethusa*, à l'exception de deux pièces de 4 pouces (102 millim.), avaient été de nouveau remises en état de tirer et les provisions de munitions du pont supérieur avaient été renouvelées.

« A 10 h. 55, un croiseur allemand à quatre cheminées

---

[1] Communiqué de l'Amirauté anglaise.

[2] Le contre-torpilleur *V 187* était de construction récente, lancé en 1911 ; déplacement, 650 tonnes ; vitesse, 35 nœuds ; II 88 millim ; 4 tubes lance-torpilles ; équipage, 83 hommes.

[3] Rapport du commodore Tyrwitt.

(le *Yorck*) est aperçu. Vers 11 heures, il ouvre un feu très vif.

» Notre position étant quelque peu critique, je donnai l'ordre au *Fearless* d'attaquer et à la 1re flottille d'attaquer avec des torpilles, ce qu'ils firent avec grande ardeur. Le croiseur vira aussitôt, disparut dans la brume et esquiva l'attaque. Dix minutes plus tard, le croiseur réapparaît à tribord. J'ouvre le feu contre lui avec deux pièces de 15 centimètres (6 pouces). Le *Fearless* prend part à l'action, et une division de destroyers essaie sans succès de le torpiller...

» Nous essuyâmes le feu très violent et presque précis du croiseur : salves sur salves portaient 10 à 30 yards trop court ; aucun coup ne porta. Deux torpilles bien dirigées portèrent trop court.

» Le croiseur fut bientôt endommagé par les pièces de 15 de l'*Arethusa* et le feu splendidement dirigé du *Fearless*. Peu de temps après, il vira de bord et se dirigea vers Helgo and.

» J'avançai ; quatre minutes plus tard, aperçu le croiseur à trois cheminées *Mainz*[1], qui essuie un feu très vif de l'*Arethusa*, du *Fearless* et de plusieurs destroyers. Après un combat de 25 minutes environ, il coule par l'avant, ses machines s'arrêtent, enfin il est en feu. »

» A ce moment apparaît l'escadre de croiseurs légers, qui achève rapidement le *Mainz*, qui est dans un état indescriptible.

» Je rappelle le *Fearless* et les destroyers et donne l'ordre de cesser le feu.

» Nous échangeons des bordées avec un grand croiseur à quatre cheminées, à grande distance par tribord, sans effet apparent. »

---

[1] Croiseur protégé, 4350 tonnes, 27 nœuds (1909), XII 105 millim.

L'escadre de croiseurs de bataille arrive alors sur les lieux.

L'action de l'*Arethusa*, du *Fearless* et des contre-torpilleurs (1re et 3e flottilles) était virtuellement terminée. Ces vaillants bâtiments avaient combattu presque sans arrêt pendant cinq heures, attaqué plusieurs croiseurs, coulé un contre-torpilleur (*V 187*) et un croiseur léger (*Mainz*).

L'*Arethusa*, sérieusement touché, ne donnait plus que six nœuds, toutes ses chaudières sauf deux étaient hors d'usage.

Nous entrons ici dans la seconde phase du combat. Il est nécessaire, pour en saisir le développement, de reprendre l'action des croiseurs de bataille dès le début :

Rapport du vice-amiral Beatty.

« Le jeudi 27 août, à 5 heures du matin, je me rendis au rendez-vous fixé au vaisseau vice-amiral *Invincible* avec la première escadre de croiseurs de bataille et la première escadre de croiseurs légers.

Le 28 août, à 4 heures du matin, les mouvements des flottilles commencèrent, comme arrangé à l'avance, l'escadre de croiseurs de bataille et l'escadre de croiseurs légers appuyant les flottilles. Le vice-amiral *Invincible* avec le *New-Zealand* et quatre destroyers, ayant rallié mon pavillon, l'escadre passa au rendez-vous fixé à l'avance.

» A 8 h. 10 du matin, je reçus un signal du commodore (T.) m'informant que la flottille était engagée avec l'ennemi. Je présumai que ceci se passait dans le voisinage du lieu de rendez-vous fixé. A partir de ce moment et jusqu'à 11 heures du matin, je restai dans le voisinage, prêt à soutenir la flottille si c'était nécessaire, tout en interceptant divers signaux qui ne contenaient aucune information sur laquelle je pusse me baser.

» A 11 heures du matin, l'escadre fut attaquée par trois sous-marins. L'attaque fut déjouée par une rapide manœuvre et les quatre destroyers reçurent l'ordre d'attaquer les sous-marins. Peu après 11 heures du matin, ayant reçu divers signaux disant que le commodore (Tyrwhitt) et le commodore (Keyes) avaient besoin d'assistance, je donnai l'ordre à l'escadre de croiseurs légers de soutenir la flottille des torpilleurs.

» Plus tard, je reçus un signal du commodore (T) disant qu'il était attaqué par un grand croiseur ; un second signal m'informa qu'il était serré de près et qu'il demandait de l'aide. Le capitaine (D.) de la 1re flottille (de contre-torpilleurs) me signalait aussi qu'il avait besoin de secours. D'après ce qui précède, la situation m'apparut critique. Depuis 8 heures du matin, les flottilles n'avaient avancé que de 10 milles et n'étaient encore qu'à environ 25 milles des deux bases de l'ennemi[1]., sur leur flanc et sur leurs derrières. Le commodore Goodenough avait détaché deux de ses croiseurs légers au début de la journée, pour assister quelques destroyers, et ceux-ci n'avaient pas encore rallié (ils rallièrent à 2 h. 30 après-midi). Comme les rapports signalaient la présence d'un grand nombre de bâtiments ennemis, dont un grand croiseur, je jugeai que ces forces n'étaient pas suffisantes pour agir avec la rapidité que comportait la situation, et à 11 h. 30, les croiseurs de bataille firent route vers l'Est-Sud-Est, marchant à toute vitesse. Il était évident que, pour être efficace, le secours devait être très important et être apporté le plus rapidement possible.

[1] Helgoland et Wilhelmshaven.

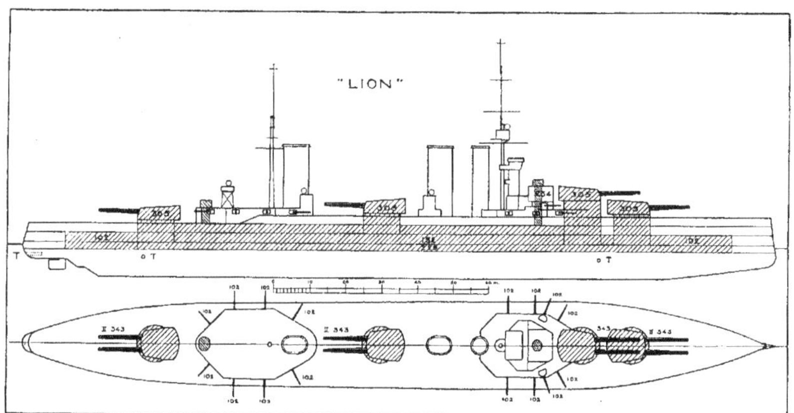

Croiseur de bataille « Lion » (1910).

Déplacement 27 500 tonnes. Turbines de 75 700 HP. Vitesse 28 nœuds 5. Armement VIII-343 millim. XVI-102 millim. V tubes lance-torpilles de 533 millim. Poids d'une bordée (non compris les 102 millim.) 4536 kilogrammes. Ceinture cuirassée de 229 millim. au centre, de 102 millim. vers les extrémités.

De même type : *Princess-Royal*, *Queen-Mary* et *Tiger*, ce dernier avec artillerie moyenne plus puissante.

» Je n'avais perdu de vue ni le danger des sous-marins, ni la possibilité d'une sortie en force de la base ennemie [1], qui aurait été facilitée par la brume qui régnait au Sud-Est. Cependant, notre grande vitesse rendait malaisée une attaque de sous-marins, et le calme de la mer permettait de découvrir assez facilement l'ennemi.

» Je jugeai que nous étions assez puissants pour repousser n'importe quelle sortie, sauf celle d'une escadre de combat, et celle-ci n'arriverait probablement pas à temps, si notre coup était frappé avec la rapidité suffisante.

» A 12 h. 15 du soir, le *Fearless* et la 1re flottille furent signalés, se retirant vers l'Ouest. En même temps, on observa que l'escadre de croiseurs légers était engagée en avant avec un bâtiment ennemi. Elle paraissait l'emporter sur lui.

» Je me dirigeai alors au Nord-Est, d'où nous venait le son du canon par l'avant, et, à 12 h. 30, on signala par bâbord avant l'*Arethusa* et la 3e flottille se retirant vers l'Ouest, aux prises avec un croiseur de la classe *Kolberg* [2]. Je manœuvrai de façon à le couper d'Helgoland et, à 12 h. 37, j'ouvris le feu. A 12 h. 42, l'ennemi vira au Nord-Est et nous lui donnâmes la chasse à 27 nœuds. A 12 h. 56, aperçu par l'avant un croiseur à deux cheminées [3]. J'engage le combat. Le *Lion* tire deux salves qui portent bien, et le navire disparaît dans la brume, tout en feu et près de couler.

» Ce tir du *Lion* était très honorable, étant donnée la brume, la position de l'ennemi, qui marchait à toute vitesse

---

[1] Wilhelmshaven.

[2] Le croiseur protégé *Köln*, 4350 tonnes, 27 nœuds (1909), même type que le *Mainz*. XII 105 millim.

[3] Le croiseur protégé *Ariadne*, 2650 tonnes, 22 nœuds (1900). X 105 millimètres.

perpendiculairement au *Lion*, qui marchait lui-même à 28 nœuds. »

« C'était un beau spectacle [1] de voir le *Lion* démolir le croiseur ennemi. Nous pûmes voir les coups du croiseur allemand frapper trop court, le *Lion* impassible n'y répondait pas. Pendant plus de 10 minutes, l'*Ariadne* continua de tirer sans atteindre le but. Alors le *Lion*, qui était en tête de ligne, hissa le signal « Ouvrez le feu ! » tourna lentement et majestueusement et lâcha — une seule fois — sa bordée. Cela suffit. Un nuage de fumée et de vapeur s'éleva du « but » et, lorsqu'il se fut éclairci, on vit la cheminée d'arrière inclinée d'une façon inquiétante et une énorme déchirure sur toute la longueur du flanc du croiseur. Après avoir tiré encore quelques salves, il coula rapidement par l'arrière. Peu après, il amena à mi-mât son pavillon et comme nous approchions pour sauver les survivants, il le hissa de nouveau et rouvrit le feu. Le *Lion* vira de nouveau, et cette fois-ci ne tira que cinq coups de ses énormes tourelles. L'*Ariadne* disparut dans un nuage de débris, de fumée et de feu. Nous croisâmes sur les lieux, mais bien que la mer fût couverte d'épaves, nous n'aperçûmes aucun être vivant. Cet épisode n'avait duré que 45 minutes. »

« Nos destroyers [2] ayant signalé la présence de mines flottantes vers l'Est, je considérai qu'il ne convenait pas de poursuivre l'ennemi. Il était également essentiel de garder les escadres concentrées et en conséquence j'ordonnai la retraite. Les croiseurs de bataille virèrent vers le Nord et abattirent sur bâbord pour achever de détruire le premier navire engagé. Il fut aperçu à 1 h.25, faisant

---

[1] Récit d'un marin du *Lion*. (*Times*, 9 septembre 1914.)
[2] Rapport du vice-amiral Beatty.

route au S.-E., ses couleurs encore flottantes. Le *Lion* ouvrit le feu avec deux de ses tourelles; à 1 h. 35, après avoir reçu deux salves, le navire ennemi coula.

Les 4 destroyers attachés (à notre escadre) furent envoyés recueillir les survivants, mais je regrette vivement qu'ils m'aient rapporté ensuite qu'après avoir exploré les lieux ils n'en avaient retrouvé aucun. A 1 h. 40, les croiseurs de bataille firent route au Nord et la *Queen Mary* fut encore attaquée par un sous-marin. Un coup de barre déjoua l'attaque. Le *Lowestoft* fut également attaqué sans succès. Les croiseurs de bataille couvrirent la retraite jusqu'à la tombée de la nuit. A 6 heures du soir, la retraite était heureusement terminée, tous les destroyers étaient présents.

Je changeai de route, fis déployer les croiseurs légers et me dirigeai vers le Nord, selon les ordres du commandant en chef. A 7 h. 45 du soir je détachai le *Liverpool* et l'envoyai à Rosyth, avec des prisonniers allemands: 7 officiers et 79 hommes, survivants du *Mainz*. Il n'y eut pas d'autre incident.

DAVID BEATTY, vice-amiral.

CHAPITRE IV

Le torpillage des croiseurs anglais « Hogue », « Aboukir » et « Cressy ».

Le 22 septembre 1914 [1], au petit jour, les croiseurs cuirassés *Hogue*, *Aboukir* et *Cressy*, de la 3ᵉ flotte de réserve, croisaient au large des côtes hollandaises. La flottille de destroyers qui les accompagnait, les quitta vers 6 heures ; elle allait être relevée par une autre flottille. Vers 7 heures, un groupe de bateaux de pêche fut en vue par l'avant. L'un d'eux, battant pavillon hollandais, attirait l'attention ; avec des jumelles, on distinguait qu'il mouillait des mines. A 5000 ou 6000 mètres, les croiseurs ouvrirent le feu et le coulèrent.

Ils se rapprochèrent ensuite des autres bâtiments de pêche, quand une explosion souleva l'avant de l'*Aboukir*. On crut d'abord qu'il avait touché une mine. Les croiseurs étaient alors à 20 milles au Nord de Hœk van Holland.

Le temps était clair, la mer calme.

Récit de l'aumônier du Cressy. (22 septembre.) — Il était 6 h. 15 lorsque des matelots m'éveillèrent. « Levez-vous, l'*Aboukir* coule. » Je sautai à bas de mon hamac, enfilai mes souliers, jetai un manteau sur mon vêtement de nuit et me précipitai sur le pont. Les croiseurs avaient marché en ligne de file, le *Hogue* en tête et le *Cressy*, notre bâtiment, en queue. Nous faisions de 6 à 9 nœuds et les bâti-

---

[1] Récit du *Daily Mail*.

ments étaient à environ un mille l'un de l'autre. Lorsque j'arrivai sur le pont, la ligne venait d'être rompue, et le *Hogue* se trouvait arrêté à tribord de l'*Aboukir*, tandis que nous stoppions sur l'autre bord, à quelque distance. L'*Aboukir* demandait par signaux des canots de sauvetage, que nous lui envoyâmes aussitôt. Le croiseur commença à se renverser lentement. C'était un spectacle singulier : l'équipage se pressait de plus en plus sur l'un des

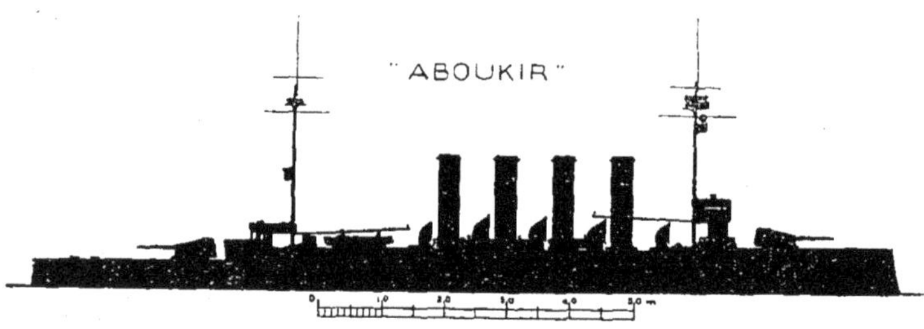

côtés du pont jusqu'au moment où retentit le cri : « Sauve qui peut ». Je redescendis et aidai à jeter par-dessus bord des planches et des ceintures de sauvetage.

Pendant ce temps le *Hogue*, à son tour, fut atteint par la torpille d'un sous-marin allemand et se mit à couler très rapidement. Quelques secondes seulement après l'explosion, son pont arrière était sous l'eau. Il s'inclina ensuite sur le côté, finalement coula ; dix minutes après l'explosion, il avait complètement disparu.

Notre capitaine m'avait dit de prendre quelques vues photographiques. J'étais précisément à la cinquième lorsque je vis venir une torpille par tribord. Plusieurs hommes crièrent, mais nous ne pouvions éviter le coup, car les hélices étaient immobiles.

Il nous frappa par le travers. Le coup ne fut pas aussi violent que je l'attendais ; il y eut seulement un choc sourd et je demeurai ferme sur mes jambes. Nos compartiments étanches avaient été fermés peu de temps auparavant, si bien que la torpille ne pouvait causer que peu de dégâts. Nous nous inclinâmes peu à peu sur tribord, d'environ 40 degrés ; le navire se redressa ensuite légèrement. Le *Cressy* ouvrit un feu ininterrompu contre les innombrables débris qui flottaient sur la mer et dans lesquels chacun croyait voir un périscope de sous-marin...

Une deuxième torpille arriva et passa à quelques mètres à l'arrière du navire. Un grand nombre de matelots, qui se débattaient dans la mer, furent alors pris à bord. Nous les frictionnâmes, les séchâmes et leur fîmes prendre des vêtements secs et du thé chaud. L'un d'eux était un jeune élève de l'école navale. « Pourquoi n'allons-nous pas dans la cabine ? » dit-il, lorsqu'il revint à lui. « Entrez-y donc » lui fut-il répondu. Nous avions à peine tourné le dos qu'il en sortit, s'écria : « Me voici de nouveau » et sauta par-dessus bord. Le navire venait d'être atteint par une deuxième torpille. Quelques marins l'avaient vue à 400 mètres de distance ; elle pénétra dans la coque, derrière la passerelle avant de commandement, et fit explosion dans la chambre de chauffe n° 5. Naturellement, un grand nombre de chauffeurs furent tués. Le navire se cabra comme s'il avait voulu sauter hors de l'eau. Il retomba, se mit sur le flanc et commença à couler lentement. A bord, le calme était presque complet. Les officiers donnaient l'ordre de jeter à l'eau autant d'objets de bois que possible, afin que les matelots pussent s'y cramponner. Ensuite on cria « Sauve qui peut ! » Le médecin du bord, Dr Sawdy, m'apporta une bouée de sauvetage et me demanda « Puis-je venir avec vous, Monsieur le pasteur ? » Je lui répondis en riant « Mais certainement ! »

Je dus alors me mettre à genoux, car le pont s'inclinait

de plus en plus, jusqu'à former un angle de 75 à 80 degrés. Nous nous cramponnions à la main-courante de bâbord et finîmes par nous suspendre aux chaînes rivées en grand nombre à cet endroit. Une lame nous jeta contre la paroi du navire, sans aucun dommage pour nous. Une nouvelle lame vint et le navire coula. Je fermai les yeux et la bouche et me tins encore plus ferme à la chaîne. Lorsque je sentis que le navire ne coulait plus je me dégageai et remontai lentement à la surface avec la bouée au bras. Au même instant le Dr Sawdy émergea à côté de moi et, si bizarre que cela paraisse, nous éclatâmes de rire en nous revoyant. D'autres nageaient autour de nous, et, à six, nous fîmes avec les canots de sauvetage et une planche de bois un radeau rudimentaire. Dix minutes après je me mis à frissonner ; la fièvre me secouait et mes dents claquaient. A part cela, les scènes qui se déroulaient près de nous n'étaient nullement tragiques. Là quelques-uns chantaient « It is a long way to Tipperary », ici d'autres entonnaient : « We all go the same way home ». Des espars et des débris flottants nous mirent plusieurs fois en danger et blessèrent quelques hommes. Quelques camarades nageaient tout habillés, avec la casquette sur la tête, d'autres étaient tout nus, ou portaient seulement leurs vêtements de nuit. J'avais moi-même depuis longtemps ôté mes souliers et rejeté mon pardessus. Lorsque le *Cressy* coula, j'avais regardé ma montre ; elle marquait 8 heures moins dix.

A 9 h. 15 elle s'arrêta. A 9 h. 45 nous vîmes quelques remorqueurs s'approcher, mais ils ne venaient pas du côté où nous trois, le docteur, un matelot et moi, étions les seuls à rester sur la planche. A 10 h. 20 un remorqueur s'approcha de nous ; à sa vue je m'évanouis. »

Le sous-marin qui venait de couler coup sur coup les trois croiseurs anglais était le U 9, commandé par le lieutenant de vaisseau Otto Weddigen.

Un marin du *U 9* donne de curieuses indications sur le raid du 22 septembre [1] :

« Le dimanche 20 septembre, de très bonne heure, nous partîmes d'Helgoland et arrivâmes le mardi 22 septembre à 6 heures en vue de la côte hollandaise. Nous vîmes s'élever dans le lointain des nuages de fumée. Notre bâtiment plongea et nous nous dirigeâmes vers ces fumées.

» En nous approchant, nous reconnûmes qu'il s'agissait de trois croiseurs cuirassés anglais. Sans être remarqués, nous laissâmes passer le premier bâtiment, et lançâmes contre le deuxième une torpille qui frappa juste ; en un quart d'heure il coula. Le premier bâtiment se hâta de lui porter secours et nous pûmes lui envoyer une torpille qui le frappa en plein, si bien qu'en trois ou quatre minutes le navire avait disparu de la surface de la mer. Pendant ce temps, le troisième bâtiment vint aussi, à l'aide et nous pûmes lui envoyer une torpille ; comme il ne voulait pas couler, il reçut une deuxième torpille, après laquelle il se mit aussitôt sur le côté et coula, quille dressée.

» Dans le voisinage se trouvaient deux bateaux de pêche hollandais, qui se partagèrent les travaux de sauvetage. Nous partîmes, naturellement toujours sous l'eau. Un quart d'heure après, nous émergeâmes, et fîmes route en surface vers le port.

» Vers 11h. nous remarquâmes que nous étions poursuivis par des destroyers anglais, qui nous arrivèrent bientôt dessus, si bien que nous dûmes naviguer de nouveau sous l'eau. Lorsque nous revînmes à la surface, l'ennemi

---

[1] *Unsere Flotte im Weltkriege*, p. 97.

était hors de vue. Quelques heures après, nous fûmes accueillis avec des hourras par des torpilleurs allemands, qui nous accompagnèrent jusqu'à Helgoland. »

Le torpillage des trois croiseurs souleva une vive émotion. Le sous-marin révélait une puissance insoupçonnée, bâtiment de 300 tonnes détruisant trois croiseurs cuirassés de 12 000 tonnes en l'espace de quelques quarts d'heure, à bonne distance de son point de départ.

L'amirauté fut amenée à publier le communiqué suivant :

« Dans cette affaire, des sentiments d'humanité ont causé des pertes sérieuses, qui auraient pu être évitées par une application plus stricte des principes militaires.

» La perte de l'*Aboukir* était un événement ordinaire de guerre ; mais celle du *Hogue* et du *Cressy* résulta du fait que ces navires stoppèrent pour secourir l'*Aboukir* [1].

» Dans les conditions où se fait la guerre moderne, on peut pardonner cette erreur de jugement ; mais l'amirauté considère comme nécessaire de faire savoir aux navires anglais que, dans les opérations futures, lorsqu'un navire d'escadre se trouvera endommagé par une mine ou exposé aux attaques des sous-marins, on devra le laisser se défendre par ses propres moyens.

» On ne doit, dans aucun cas, nuire à la situation militaire dans le but de sauver des survivants. L'amirauté constate avec éloge le sang-froid dont ont fait preuve les équipages des trois croiseurs et déclare que, n'était la perte de vies humaines, l'affaire serait sans importance au point de vue naval. »

Les croiseurs coulés appartenaient, en effet, au type

---

[1] Ils auraient dû au contraire s'éloigner à toute vapeur et en faisant de brusques zig-zags.

du croiseur cuirassé, destiné à disparaître, remplacé par le croiseur de bataille. Lancés en 1899 et 1900, ils déplaçaient 12 200 tonnes, étaient armés de II 234 millimètres, XII 152 millimètres et XII 76 millimètres. Leurs machines de 21 000 HP leur donnaient une vitesse de 22 nœuds.

Sur les 2265 hommes que comptaient leurs équipages, le tiers environ fut sauvé.

CHAPITRE V

Engagement du 17 octobre 1914.

Le 17 octobre 1914, le croiseur léger *Undaunted*, qui venait de terminer ses essais, accompagné des contre-torpilleurs *Lance*, *Lennox*, *Loyal* et *Legion*, avait quitté le port d'Harwich, entre 4 et 5 heures du matin, pour son service ordinaire de patrouille le long de la côte allemande.

Vers 2 heures après-midi, par mer calme et brise légère, une fumée parut sur l'horizon et bientôt quatre contre-torpilleurs allemands furent signalés [1]. Le commandant de l'*Undaunted*, capitaine Cecil H. Fox, se prépara à l'action et signala de leur donner la chasse. Le croiseur allait à toute vitesse, les destroyers qui l'accompagnaient le flanquant de chaque bord. La mer et les embruns couvraient les navires de l'avant à l'arrière. Les contre-torpilleurs allemands changèrent de route, essayant de gagner un port allemand. Mais les anglais, plus rapides, leur coupèrent la route et les obligèrent à combattre.

La partie était très inégale : du côté anglais, un croiseur léger de 3600 tonnes, avec une ceinture cuirassée de 76 millimètres, armé de II 152 millimètres, VI 102 millimètres, 4 tubes lance-torpilles ; vitesse 30 nœuds ; quatre contre-torpilleurs type L, tout neufs (1914), 980 tonnes, vitesse 31 à 32 nœuds, armés de III 102 millimètres et quatre tubes lance-torpilles conjugués de 533 millimètres.

---

[1] D'après le récit d'un officier de l'*Undaunted* et les récits de divers témoins.

Du côté allemand : quatre contre-torpilleurs type *S* (nos 115, 117, 118 et 119), de 420 tonnes, lancés en 1902, donc déjà anciens, armés de III 50 millimètres, 2 mitrailleuses, 3 tubes de 450 millimètres, vitesse 27 nœuds.

En résumé, les Anglais étaient très supérieurs en vitesse et en puissance de feu.

L'*Undaunted* ouvrit le feu avec ses pièces de 152 millimètres, à une portée de 5 milles (9260 mètres).

CONTRE-TORPILLEUR TYPE L.

Déplacement 980 tonnes. Turbines 24 500 HP. Vitesse 33 nœuds.
Armement : III-102 millim. IV tubes lance-torpilles de 533 millim. conjugués.

Les canons de 102 millimètres semi-automatiques entrèrent en action à leur tour. Les navires allemands prirent une autre direction pour obtenir une position stratégique meilleure et ouvrirent le feu surtout contre les destroyers. Tandis que l'*Undaunted*, protégé des torpilles possibles par les destroyers, dirigeait spécialement son tir contre deux des ennemis, les destroyers attaquaient les deux autres. Le *Loyal* détruisit rapidement une des cheminées et le gouvernail d'un des contre-torpilleurs. Bientôt un obus de 152 de l'*Undaunted* frappa un destroyer allemand qui se dressa et coula en deux minutes ; on s'était rapproché et les contre-torpilleurs allemands commencèrent à lancer leurs torpilles ; autant qu'on en put juger, ils en tirèrent huit, une passant à quelques mètres de l'arrière de l'*Undaunted*. A 2 h. 55, le second destroyer était hors de combat ; comme chaque obus portait, les cheminées, la passerelle, les tubes lance-torpilles disparaissaient comme par magie ; le contre-torpilleur, tout en flammes, coula bientôt à son tour. Les deux autres tiraient encore ; un seul de leurs obus atteignit l'ennemi et toucha le *Loyal* à l'avant, au-dessus de la flottaison, faisant un trou de petite dimension. Le *Lennox* et le *Loyal* se rapprochèrent et coulèrent le troisième destroyer. Peu après, le dernier subissait le même sort, après avoir tiré sa dernière torpille, qui manqua le but. A 3 h. 30, le combat avait pris fin. Ordre fut donné de mettre les embarcations à la mer et de procéder au sauvetage. Deux officiers et 29 marins allemands furent recueillis. Les Anglais n'avaient eu en tout qu'un officier et quatre marins blessés ; les pertes matérielles étaient insignifiantes.

Le capitaine Fox qui, on s'en souvient, avait eu précédemment le commandement de l'*Amphion*, avait mené l'action avec sûreté et décision. Au moment où il rencontra l'ennemi, il lança à l'amiral le radiotélégramme : « Je poursuis quatre contre-torpilleurs allemands ; » une heure et demie après, un second disait : « Je les ai tous coulés. »

Les Anglais rendirent un juste hommage à leurs adversaires : « Les Allemands ont combattu comme des héros [1], mais ils furent dominés par la manœuvre de l'ennemi, dont l'artillerie se montra supérieure. En moins de deux heures, le dernier des quatre, démoli et vaincu, était envoyé par le fond... Les marins allemands se battirent jusqu'au bout et le plus grand nombre périrent avec leurs bâtiments. »

----

[1] *Times* du 20 octobre 1914. Récit d'un témoin oculaire.

CHAPITRE VI

Raids contre la côte anglaise.

Les deux raids contre la côte anglaise furent menés par
l'escadre d'éclairage du contre-amiral Hipper. Les communiqués allemands indiquent : « huit grands et petits
croiseurs ». C'est vague. Une lettre d'un marin allemand
de Sarrebruck nous donnera de plus précises indications [1] :
« L'escadre comprenait quatre « Panzerkreuzer » [2], dont
le *Seydlitz*, qui battait pavillon amiral, et quatre petits
croiseurs. »

Les quatre « Panzerkreuzer » étaient le *Seydlitz*, le
Moltke, le *von der Thann*, enfin le *Derfflinger*, qui venait
d'entrer en service, et avait pris la place du *Goeben*, réfugié à Constantinople. Quant aux quatre petits croiseurs,
il s'agissait probablement des bâtiments les plus récents
de la série, *Regensburg*, *Graudenz*, *Rostock* et *Stralsund*.
Ces deux divisions de croiseurs rapides, pouvant fournir
des vitesses de 28 nœuds, forment l'escadre d'éclairage
du contre-amiral Hipper.

Raid du 3 novembre 1914.

« Le 2 novembre, à 4 heures après-midi [3], le signal
« Tous les hommes à l'œuvre ! » fut sifflé dans tous les

[1] *Strassburger Post*, novembre 1914.

[2] *Panzerkreuzer* désigne aussi bien le croiseur cuirassé que le croiseur
de bataille.

[3] Récit d'un marin de l'escadre allemande.

ponts. En quelques minutes, tous, jusqu'aux hommes de veille, furent rassemblés sur l'arrière-pont autour du commandant. Lorsqu'il nous dit que le lendemain matin de bonne heure nous ferions une visite aux Anglais, un hourra formidable de tout l'équipage lui répondit.

» Nous devions donc aller cette fois-ci vers la fière Angleterre, par le chemin le plus court, pour bombarder ses côtes ; l'Angleterre, redoutée depuis des dizaines d'années comme dominatrice des mers. Pour une fois, nous allions faire autre chose que l'éternel service de garde avec ses escarmouches d'avant-postes et la chasse aux torpilleurs et sous-marins ennemis à l'affût. Partout à bord régnait une activité extraordinaire. Chacun inspectait une fois encore son poste et c'est avec la certitude que tout, depuis la plus grosse pièce jusqu'à la dernière petite vis de la pompe d'aspiration était parfaitement en ordre, que l'équipage prit le repas du soir.

» J'étais de veille de huit heures à minuit, dans la centrale électrique de tribord. Lorsqu'après la relève je montai sur le pont, un spectacle magnifique s'offrit à mes yeux. Malgré les circonstances où nous étions, j'eus de la peine à m'arracher à son charme. Sur la mer légèrement agitée, à demi-cachée derrière les nuages, la lune est suspendue et éclaire de son éclat argenté la solitude nocturne des flots. Sur les vagues écumantes, notre navire de guerre glisse à grande allure, toutes lumières éteintes et les ponts prêts au combat. Aux pièces, sur la passerelle, aux projecteurs, se tiennent les hommes de quart, attentifs, prêts, à la moindre observation suspecte, à donner l'alarme. Cependant tout est paisible :

La mer chante sa chanson ancienne
Qui vous pénètre jusqu'au cœur.
Marin prends garde, marin prends garde !

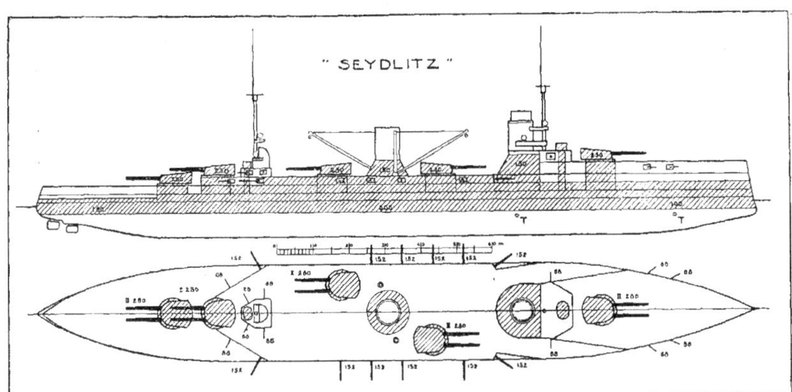

Croiseur de bataille « Seydlitz » (1912).

Déplacement 25 000 tonnes. Turbines 89 700 HP. Vitesse 28 nœuds 5. Armement : X-280 millim. XII-152 millim. XII-88 millim. V tubes lance-torpilles de 450 millim. Poids d'une bordée (y compris les 152 millim.) *3276 kilogrammes*. Ceinture cuirassée de 305 millim. (peut-être seulement 280 millim.) au centre, de 100 millim. aux extrémités.

De même type : *Gœben* et *Moltke*.

Est-ce le silence nocturne qui agit si puissamment sur l'esprit, est-ce le calme avant le combat, ou le silence des événements qui approchent, qui vous remuent si étrangement ? Depuis des siècles [1], aucune nation n'a osé bombarder la côte anglaise et le jour qui vient l'a montré, personne en Angleterre ne tient une telle hardiesse pour possible, car il serait autrement incompréhensible que John Bull gardât si mal ses côtes. Notre navire s'ouvre un chemin, suivi de ses compagnons plus formidables encore. Par bâbord, brillent dans le lointain les lumières de la côte hollandaise, et la clarté de la lune nous aide à maintenir notre direction.

» Les travaux du jour qui vient seront probablement fatigants et il s'agit de trouver de nouvelles forces dans un bref sommeil. Ceux qui, comme moi, sont libres de garde, se couchent sur le pont dans leurs hamacs, tout habillés, prêts, en cas d'alarme, à rejoindre leurs postes. Cependant je pus jouir d'un sommeil profond jusque vers 6 heures du matin. Dès mon réveil, je montai sur le pont supérieur. L'obscurité couvre encore la mer qui se peuple peu à peu de bateaux de pêche hollandais.

» Il fait déjà plus clair. Rouge sang, le soleil, derrière nous, s'élève de la mer et éclaire le but en avant, la côte anglaise. Les Anglais ont enfin remarqué qu'il se passe quelque chose d'anormal et un croiseur ennemi émerge, rapide, de l'horizon. Il est 8 heures, et je descends à la centrale électrique, reprendre mon service de garde. Tout est en ordre. Un instant après, résonnent les sonneries

[1] Il y a là quelque exagération ! La dernière descente en Angleterre eut lieu en 1798. Douze cents soldats français, sous le commandement du général Humbert, débarquèrent alors en Irlande. M. A. Rousseau ne compte pas moins de trente-six débarquements et raids sur les côtes anglaises du XIe à la fin du XVIIIe siècle.

d'alarme. Le combat commence, combat des canons et des techniques adverses. Car notre technique est prête, elle aussi, à se mesurer avec la technique anglaise.

Tout le personnel du bord est à son poste dans les ponts inférieurs. Sa tâche n'est pas de combattre, les armes à la main, mais d'exécuter ponctuellement et minutieusement les ordres du commandant du navire, de manœuvrer soupapes, commutateurs et leviers de telle sorte que le navire soit, dans la main de son chef, un outil obéissant vite et bien. C'est alors seulement qu'un combat naval peut être mené avec succès et que, par exemple, une torpille ennemie peut être évitée par une manœuvre habile et rapide. Chacun se tient, tendu d'attention, auprès de sa machine. Dans ces moments-là, une machine n'est plus un engin inerte, raide, elle vit et l'on vit avec elle, attentif à son bruit et prêt à lui prêter assistance au moindre dérangement. Sang froid et décision sont indispensables pour éviter des bévues, car la faute d'un seul peut être fatale au navire tout entier. Ainsi, à l'intérieur du navire, dans le compartiment étanche et clos, relié au reste de l'équipage seulement par les porte-voix, le télégraphe et le téléphone, privé de la connaissance directe du cours des événements, il faut des nerfs plus solides pour tenir à son poste jusqu'au dernier moment que lorsque l'ardeur au combat entraîne le combattant, qui y participe directement avec ses canons. Mais tous sont pénétrés de ceci : le succès n'est possible que par une complète et intime coopération des deux groupes de combattants et, c'est pourquoi tous, à quelque poste qu'ils soient affectés, font leur devoir jusqu'au bout.

Mais, en attendant, que se passe-t-il sur le pont supérieur ? Une de nos bordées accueille l'adversaire qui s'avance. Il répond, mais il tire trop court et ses obus tombent à 200 mètres et plus derrière nous et soulèvent des colonnes d'eau. Les coups qui suivent ne sont pas meilleurs. Nous revînmes sans la moindre éraflure. Nos coups portaient autrement mieux. Ils obligèrent quelques contre-torpilleurs anglais qui arrivaient à abandonner leur besogne préférée, de nous passer des torpilles à travers le corps, et à se replier en hâte vers le croiseur, pour l'aider à fuir.

» Comme pendant ce temps nos bâtiments étaient arrivés, nous reçûmes l'ordre de virer de bord pour revenir. Derrière nous, nous entendions les grosses pièces de nos bâtiments commencer à bombarder la côte. Des nuages de fumée noire, qui montèrent alors derrière les dunes, nous prouvèrent que le tir était bon... Le temps était clair et beau, le soleil placé derrière nous, si bien que nous étions dans les meilleures conditions de tir et l'on peut être assuré que nous avons su en tirer tout le parti possible. Juste une heure après, tout était terminé. Notre tâche s'était accomplie suivant le programme établi. Nous revînmes alors vers notre patrie, excités et exaltés. Vers le soir, le temps se couvrit et nous approchâmes par brouillard serré d'Helgoland qui, pour notre sécurité, fit tourner ses feux pendant quelques instants.

» Vers 2 heures du matin, nous jetâmes l'ancre, arrivés heureusement. Les premiers obus allemands étaient tombés sur le sol anglais. »

» Les navires allemands [1] avaient d'abord été aperçus par des pêcheurs anglais, qui les avaient pris pour des navires de la flotte britannique; ils n'avaient pas de pavillon. C'était pendant qu'ils étaient parmi les bateaux de

[1] *Temps* du 6 novembre 1914.

pêche que l'*Alcyon*, vieux croiseur sans protection, employé à la surveillance de la pêche, sortit de Lowestoft (à 15 kilom. au Sud de Yarmouth), ignorant la présence de l'ennemi. Arrivés à cinq milles de lui, les navires allemands ouvrirent le feu. L'*Alcyon* ne pouvait songer à se défendre et il s'efforça de faire retour au port le plus vite possible, pour échapper aux ennemis qui tirèrent sur lui pendant environ vingt minutes, puis soudainement, firent route au Nord à toute vitesse. Ils allaient bombarder Yarmouth.

»En se retirant, les croiseurs allemands avaient semé des mines à quelques milles de la côte. A dix heures du matin, les chalutiers à vapeur *Fraternal* et *Copious* heurtaient des mines et sautaient, à 8 milles de la côte, entre Lowestoft et Yarmouth. Le *Fraternal*, touché le premier, coula lentement ; son équipage fut sauvé. Le *Copious* coula presque immédiatement, et tout son équipage, sauf un homme, périt. Quelques minutes après, deux sous-marins, qui poursuivaient les Allemands, se montrèrent ; le *D* 5, averti par un pêcheur de la présence des mines, se dirigeait vers le second pour l'avertir ; à ce moment il en toucha une ; son avant, par suite de l'explosion, se dressa droit en l'air et il coula en deux minutes ; il naviguait à la surface avec le kiosque ouvert. Deux officiers et deux hommes furent sauvés ».

Raid du 16 *décembre* 1914.

Le raid du 3 novembre était une opération préliminaire, une reconnaissance, le raid du 16 décembre est une attaque violente de la côte anglaise.

« Nous partîmes avec plusieurs autres bâtiments [1] et fîmes route vers la côte anglaise. Chacun des navires qui

[1] Récit d'un marin allemand paru dans le *Courrier du Hanovre*.

faisaient partie de l'expédition, reçut une mission spéciale, et tous devaient se retrouver à la même heure, le mercredi de bonne heure, pour bombarder les grands forts anglais de Hartlepool, Scarborough et Whitby, pour y détruire les stations de signaux, les installations des ports et les bâtiments militaires, enfin pour réduire au silence les batteries de côte. Sans incident notable, nous nous approchâmes de notre but commun, la côte orientale de l'Angleterre. Protégés par l'obscurité, nous y arrivâmes, tous feux éteints, afin qu'aucun scintillement lumineux ne trahît notre présence et nous réussîmes à nous glisser à travers la chaîne des patrouilles ennemies sans être aperçus. Pendant une grande partie de la nuit, j'étais de service avec mes hommes aux projecteurs. Il n'était pas question de dormir, personne d'ailleurs n'y songeait, à cause de l'excitation très naturelle qui nous dominait. Vers 7 heures du matin, la côte anglaise fut en vue. Notre joie ne connut plus de bornes lorsque nous approchâmes du but. Il s'agissait maintenant d'ouvrir l'œil et le bon ! Chaque homme à bord était à son poste. J'étais de service aux projecteurs avec un chauffeur qui fut employé aux signaux, pendant le bombardement. De mon poste, je pouvais observe tout très bien avec mes jumelles.

» Favorisés par le brouillard, nous approchions de plus en plus de la côte anglaise. Le commandant donna l'ordre : « préparer le navire au combat, fermer les cloisons étanches et les panneaux de communications ! » Nos pièces étaient depuis longtemps parées. Le premier but désigné fut la station de signaux du port qui était en face de nous. Non loin de la côte, vint l'ordre de hisser nos couleurs, et, aussitôt après, le pavillon de guerre allemand claqua joyeusement dans le vent, saluant la côte proche. Les Anglais apprirent à ce moment à qui ils avaient affaire, que c'étaient des navires de guerre allemands qui croisaient si près de la côte et, qu'une fois encore, ils étaient surpris par l'audace allemande sur leur île, qu'ils tenaient pour être à l'abri des coups de l'ennemi. Ils hissèrent alors, eux aussi, leur pavillon sur leur station de signaux, mais, les couleurs anglaises n'étaient pas arrivées à mi-mât, que la première salve allemande tonnait vers la côte anglaise et que tout le bâtiment avec la station de signaux était anéanti, grâce au tir précis des canonniers allemands. Alors, sur notre bâtiment et sur les autres qui nous accompagnaient, retentirent salve sur salve, toujours de toute la bordée, si bien que chaque fois, toutes les pièces lançaient d'un seul coup la grêle de leurs projectiles sur les batteries côtières des Anglais.

» Les maîtres des mers n'eurent pas le temps de se reconnaître, et en quelques minutes leurs ouvrages de défense ne formaient plus qu'un tas de ruines désolé. Les Anglais avaient été complètement surpris par notre attaque inattendue et ils avaient songé à tout, sauf à ceci : que des navires de guerre allemands eussent le courage, pour ainsi dire sous le nez de la « toute puissante » flotte anglaise, de paraître en face de la côte et de porter l'effroi de la guerre sur leur île même. En cela, Messieurs les Anglais s'étaient lourdement trompés. Pendant le combat, nous nous étions encore rapprochés de la côte et vous pouvez être assuré que chacun de nos coups a porté à fond. Le môle de Scarborough fut complètement détruit; de même de nombreux bâtiments militaires furent réduits en ruines et en cendres par notre feu. Nous avons fait là tout notre travail. Notre feu dura environ 30 minutes. Ensuite nous nous dirigeâmes vers le port de Whitby, où nos grosses pièces de marine rentrèrent en jeu...

» Après avoir détruit les installations militaires de

Whitby, notre tâche était terminée et nous nous mîmes en route pour le retour. Vers deux heures le temps, qui jusque-là avait été clair, changea brusquement, la mer devint grosse, les lames se dressaient à la hauteur d'une maison; bientôt vint l'obscurité, et, protégés par la nuit, nous regagnâmes notre port ordinaire. Pendant cette attaque réussie, nos navires reçurent quelques rares projectiles. Il ne vaut pas la peine d'en parler. Par contre les dommages que nous avons causés aux Anglais doivent être énormes, mais ce qui doit être encore estimé au-dessus, c'est l'effet moral provoqué par notre hardie apparition sur la côte anglaise. »

Les dégâts matériels étaient en effet très grands. « A Scarborough [1], les canonniers germains ont bombardé les églises de Tous-les-Saints et de Sainte-Mary. L'infirmerie des bains de mer a été très endommagée. L'hôtel de ville a reçu des projectiles, ainsi que les grands hôtels en façade sur la mer.

» A Hartlepool, l'ancienne église Sainte-Hilda a été endommagée ; il en a été de même du gazomètre, dont l'explosion a pu être prévenue ; beaucoup de maisons ont été touchées par les projectiles, et quelques-unes sont pratiquement détruites.

» A Whitby, sur lequel on compte que 200 obus ont été tirés, une partie de l'ancienne abbaye a été démolie ; le poste des garde-côtes a été endommagé et les dégâts se sont étendus jusqu'à un demi-mille dans l'intérieur des terres. »

Quant aux établissements militaires, ils étaient en partie détruits, soit les fortifications côtières d'Hartlepool, la redoute, les casernes et la station de T. S. F. de Scarbo-

____
[1] *Temps* du 19 décembre 1914.

rough, la station de signaux et de garde-côtes de Whitby. D'autre part, trois bâtiments de flottille anglais, qui avaient essuyé le feu des croiseurs allemands, éprouvèrent des pertes de personnel. Le petit éclaireur *Patrol* (1904, 3000 tonnes), le contre-torpilleur *Doon* (1904, 550 tonnes) et le contre-torpilleur *Harpy* (1910, 920 tonnes) avaient eu 8 tués et 29 blessés, dont un officier [1].

Mais ce qui était infiniment plus grave, et qui provoqua en Angleterre une émotion mêlée d'indignation, c'est le nombre des victimes civiles. Les canons allemands avaient atteint 671 personnes, dont 122 furent tuées, 175 blessées grièvement et 374 blessées légèrement. Sur les 122 tués, 6 seulement étaient des combattants, des hommes de l'infanterie légère de Durham ; on compte parmi les morts 57 *femmes et enfants*. Il convient d'y ajouter les victimes des vapeurs anglais *Elter-Water* et *Princess-Olga* et du vapeur norvégien *Vaaren*, qui sautèrent sur les mines posées par les croiseurs allemands au large des ports bombardés [2].

Cette opération cruelle doit être envisagée comme visant trois buts différents :

1° *But commercial.* « Scarborough [3] est le port le plus important de la côte orientale anglaise, entre la Tamise et l'Humber. Il est protégé par de fortes batteries. En temps de paix, son commerce est florissant. Il expédie notamment des céréales. Nous voulons espérer que plus d'une cargaison repose maintenant au fond de la mer.

» Hartlepool est également important par son commerce de charbons et de farines. »

[1] Les Anglais n'eurent à déplorer la perte d'aucun bâtiment de guerre.

[2] *Temps* du 21 décembre 1914.

[3] Capitaine L. Persius. (*Berliner Tageblatt*, 17 décembre 1914.)

2º *But militaire*. Destruction de stations de signaux et d'ouvrages fortifiés, à vrai dire peu importants et purement défensifs.

3º *But moral*. Le premier raid contre la côte anglaise n'avait pas produit grand effet. On avait trouvé comique le brusque réveil des habitants de Yarmouth, gens paisibles, au son des canons allemands. Somme toute, effet manqué, opération à reprendre plus énergiquement. D'autre part, les croiseurs allemands d'outre-mer venaient d'essuyer aux îles Falkland une sanglante et définitive défaite. Il s'agissait, par une action d'éclat, de rétablir dans l'opinion allemande ébranlée la gloire de la marine un instant éclipsée. L'action projetée pouvait n'avoir qu'une valeur militaire très relative, peu importait, l'essentiel était de frapper un grand coup, qui donnât l'illusion d'une flotte allemande maîtresse de la Mer du Nord et ne craignant pas d'aller chercher l'adversaire dans ses ports...

« Le but principal [1] que nous voulions atteindre en envoyant nos bateaux vers la côte anglaise, était un but moral. On avait seulement besoin, après le bombardement de Yarmouth, d'obliger la presse neutre à reconnaître combien le respect de la domination anglaise sur les mers avait souffert... Une fois de plus des navires de guerre allemands sont apparus vers la côte anglaise et l'ont bombardée. » Tout cela est parfaitement logique, et a provoqué en Allemagne cet enthousiasme facile, qui s'alimente de succès momentanés et sans influence sur le cours des événements militaires proprement dits. Il est du même ordre que le bombardement de Louvain, de la cathédrale de Reims et tant d'autres. Comme ces derniers faits, le

---

[1] L. Persius. (*Berliner Tageblatt*, 17 décembre 1914.)

bombardement des trois villes anglaises ressortit moins au domaine militaire qu'aux tribunaux de droit commun. Car, pour obtenir un succès facile, les croiseurs allemands ont lancé leurs obus sur des édifices civils, tuant de paisibles citoyens, des femmes et des enfants. Certes, ils avaient le droit de détruire les ouvrages militaires, ils pouvaient même tuer involontairement quelques civils [1], mais, où ils sont sortis du droit, c'est en dirigeant *volontairement* leur tir sur les édifices civils.

La 9e convention de La Haye, signée par les plénipotentiaires de l'Allemagne, de la Belgique, de la France, de la Grande-Bretagne, du Japon, du Monténégro, de la Russie, de la Serbie et de la Turquie, dit :

« Il est interdit de bombarder, par des forces navales, des ports, villes, villages, habitations ou bâtiments qui ne sont pas défendus. » Art. 1er.

Admettons que cet article ne fût pas applicable aux villes de Scarborough, Whitby et Hartlepool, qui étaient, en effet, *défendues*.

« Sans doute l'immunité [2] a des limites ; elle ne s'étend pas aux établissements militaires, aux dépôts d'armes, aux ateliers et installations travaillant pour les armées, ni aux navires de guerre se trouvant dans le port.

« Le commandant de la force navale ennemie n'est pas réduit à les contempler du haut de la dunette, sans rien entreprendre contre eux.

» Il pourra après sommation, avec délai raisonnable, les

---

[1] Le commandant qui détruit, après sommation avec délai raisonnable, des ouvrages militaires, n'encourt aucune responsabilité pour les dommages involontaires qui pourraient être occasionnés par le bombardement. (Art. 2, 9e Convention de La Haye.)

[2] Je me permets de citer ici un fragment d'un article de l'éminent M. Edouard Clunet. (*Temps* du 19 décembre 1914.)

» détruire par le canon si tout autre moyen est impos-
» sible. » Art. 2 *ibidem.* »

« Il invitera l'adversaire à les supprimer par ses propres
moyens, ce qui épargnera les alentours innocents ; il n'opé-
rera lui-même que « lorsque les autorités locales n'auront
» pas procédé à cette destruction dans le délai fixé. » Art.
2 *ibidem* ». Il est des nécessités militaires qui exigent une
action immédiate ; dans ce cas l'observation du délai est
supprimée, mais l'interdiction de bombarder la ville « non
défendue » subsiste, et « le commandant prendra toutes
» les dispositions voulues pour qu'il en résulte pour cette
» ville le moins d'inconvénients possible. Art. 2 *ibidem.* »

En toute circonstance, quand le bombardement par des
forces navales est licite (villes défendues ; ouvrages militaires ou analogues des villes non défendues) le commandant doit prendre des mesures « pour épargner autant que
» possible les édifices consacrés aux cultes, aux arts, aux
» sciences et à la bienfaisance, les monuments historiques,
» les hôpitaux, etc. Art. 2 *ibidem.* »

Une fois de plus, le Germain massif avait *écrasé* le but
qu'il voulait atteindre. La même manière se retrouve dans
la guerre sous-marine faite aux navires marchands. Pour
détruire quelques caisses de cartouches embarquées sur la
Lusitania, on fait périr des centaines d'innocents.

L'épée légère répugne aux lourdes mains de l'Allemand.
Il préfère la massue brutale frappant en aveugle.

« La presque totalité des croiseurs rapides de la marine
allemande [1], comprenant quelques grosses unités indispensables à leur flotte et impossibles à remplacer, ont été ris-
qués pour le plaisir éphémère de tuer autant d'Anglais que
possible, sans tenir compte ni du sexe, ni de l'âge, ni des

---

[1] Lettre de l'Hon. W. S. Churchill au maire de Scarborough.

conditions. C'est la violence de sentiments ne trouvant pas d'autre issue qui les a poussés à cet acte de folie militaire et politique... Leur haine donne la mesure de leur frayeur. Son expression insensée est la preuve de leur impuissance et le sceau de leur déshonneur. Quelles que soient les prouesses de la marine allemande à l'avenir, le stigmate des tueurs d'enfants de Scarborough marquera ses officiers et ses hommes, aussi longtemps que des marins vogueront. »

CHAPITRE VII

Contre-raid de Cuxhaven.

Les raids des croiseurs allemands appelaient une riposte. Elle se produisit le 25 décembre. A l'attaque contre le civil, les Anglais répondirent par l'attaque contre le militaire, opération claire, précise et juste.

Elle fut menée par les croiseurs légers *Arethusa* et *Undaunted*, qui avaient montré au combat d'Helgoland (28 août) de hautes qualités de hardiesse et de décision.

Ces deux bâtiments partirent de la côte anglaise le 24 décembre pour rejoindre en mer des bâtiments porteurs d'hydroplanes, des contre-torpilleurs et des sous-marins.

« Le lendemain matin [1], jour de Noël, dans la baie d'Helgoland, la matinée était très belle et très claire ; il n'y avait pratiquement pas de vent et la mer avait à peine de houle. La flotte fut bientôt près de Cuxhaven, et à l'embouchure de l'Elbe entra dans un banc épais de brume qui s'étendait au-dessus du port et de la ville, en un voile léger. »

Les navires anglais stoppèrent alors et mirent à l'eau les avions qui s'envolèrent, et volant très haut tant qu'ils étaient au-dessus de la mer, descendirent en approchant de la terre, aussi bas qu'il était compatible avec leur sécurité, et lancèrent leurs bombes. En dépit des démentis allemands, il existe d'excellentes raisons de croire que ces bombes ont causé des dégâts considérables, qu'un hangar de Parseval et un dirigeable ont été détruits,

[1] *Temps* du 31 décembre 1914.

et qu'un certain nombre de dirigeables ont été fortement endommagés.

» Le bruit des explosions signala la présence des aviateurs, et bientôt les Allemands découvrirent les navires qui leur faisaient escorte. Deux zeppelins prirent l'air, ainsi que trois ou quatre hydravions. Ils vinrent à toute

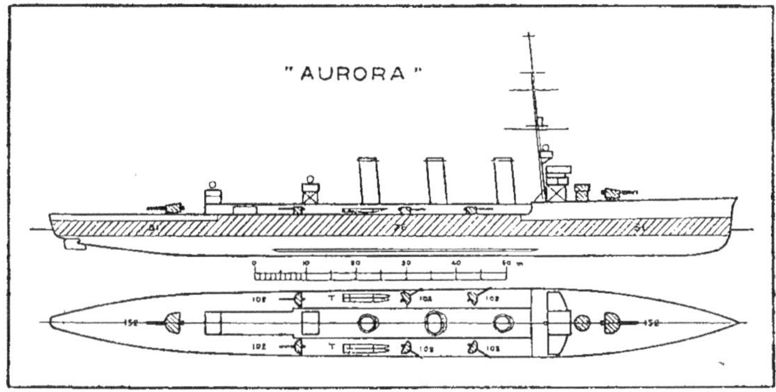

CROISEUR LÉGER « AURORA » (1913).

Déplacement 3600 tonnes. Turbines de 37 000 HP. Vitesse 30 nœuds. Armement : II-152 millim.; VI-102 millim. IV tubes lance-torpilles de 533 millim. conjugués. Ceinture cuirassée de 76 millim. au centre, 51 millim. aux extrémités.

De même type : *Arethusa, Galathea, Inconstant, Undaunted, Phaeton, Penelope* et *Royalist*.

Ces chefs-d'œuvre de la technique anglaise ont pris une part brillante aux combats de la Mer du Nord.

vitesse au-dessus des navires anglais et lancèrent alors leurs bombes très rapidement.

» Les zeppelins entrèrent [1] les premiers en action, mais sans grand succès. Pendant quelques instants, ils lancèrent des bombes sans discontinuer, n'atteignant toutefois aucun de nos navires. Le feu de nos croiseurs ne tarda pas

[1] *Times.*

à les mettre en fuite, et l'un des zeppelins fut, sans aucun doute, touché et bien touché.

» Les sous-marins ennemis firent courir à notre escadre un danger plus sérieux. Ils se livrèrent à des tentatives réitérées pour atteindre nos croiseurs, mais furent tenus en respect par l'habileté de nos contre-torpilleurs, qui manœuvrèrent autour de nos bâtiments, les empêchant ainsi d'être torpillés.

» Les navires anglais [1] restèrent trois heures au large des côtes ennemies, sans être molestés par aucun navire ennemi ; ils rembarquèrent heureusement trois des sept aviateurs avec leurs appareils. Trois autres pilotes, qui rentrèrent plus tard, furent recueillis, selon les arrangements pris, par les sous-marins britanniques restés sur les lieux et les appareils furent coulés. Un seul aviateur manquait à l'appel, le commandant Hewlett.

» J'avais le commandement [2], a dit cet officier, d'une escadrille de neuf hydravions, qui avaient été transportés à bord de trois bâtiments de guerre.

» Huit d'entre nous seulement prirent leur vol, le neuvième appareil ayant une avarie de moteur.

» J'allais en tête de l'escadrille ; je me trouvai, vers les côtes du Slesvig, pris au milieu d'un épais brouillard ; je volai alors plus bas, en arrière de Cuxhaven, où j'atterris, pour reprendre mon vol et planer au-dessus de la grande flotte allemande, qui était sous pression à l'abri de l'île d'Helgoland.

» Une violente fusillade fut ouverte contre moi par les Allemands, mais de mon côté je ne restai pas inactif et je lançai plusieurs bombes sur l'ennemi ; je crois que j'ai

---

[1] Communiqué de l'amirauté anglaise du 26 décembre 1914.

[2] Récit du commandant Hewlett.

réussi à toucher un des bâtiments, car j'ai vu aussitôt une fumée s'élever du navire.

» Ayant vainement cherché à découvrir mon escadrille, et mon moteur commençant à chauffer, je dus descendre ; peu après, j'apercevais la barque de pêche hollandaise qui m'a pris à son bord. Avant de m'embarquer, j'avais naturellement détruit mon moteur et coulé mon appareil.

» Ceci se passait à dix heures du matin, le jour de Noël.

» Pendant sept jours, je suis demeuré à bord de la barque hollandaise, qui fut aux prises, de lundi à mardi dernier, avec une violente tempête. »

» Tous les croiseurs [1], tous les contre-torpilleurs et tous les sous-marins anglais regagnèrent leur base navale sans perte d'homme ni de matériel, » toutes les bombes ennemies tombèrent à la mer, ne causant aucun dégât. Ce fait prouve à l'évidence que le tir des avions et des dirigeables est inoffensif contre des bâtiments de flottille, légers et rapides.

La seule perte éprouvée par les Anglais, fut celle de quatre hydroaéroplanes, volontairement coulés. C'était, du reste, prévu au programme.

Cette opération est absolument remarquable. Elle inaugure une tactique nouvelle, tirant le plus grand parti des engins perfectionnés que la science a mis à la disposition de la marine. Hydroplanes, sous-marins, croiseurs et torpilleurs à grande vitesse ont agi en liaison.

En réponse au coup de massue de Scarborough, le raid de Cuxhaven figure l'habile, légère et brillante riposte de l'épée loyale.

[1] *Times.*

CHAPITRE VIII

Le combat du Doggerbank.

(24 janvier 1915.)

Dans la nuit du 23 au 24 janvier, l'escadre d'éclairage, formée des croiseurs de bataille *Derfflinger*, *Seydlitz*, *Moltke* et *Blücher*, sous les ordres du contre-amiral Hipper, levait l'ancre et faisait route vers la côte anglaise. Elle était renforcée des croiseurs légers *Stralsund*, *Rostock*, *Kolberg* et *Graudenz*, et de deux flottilles de contre-torpilleurs.

« La nuit était sombre, inquiétante[1]. Comme nous marchions avec nos feux éteints, nous ne voyions rien. On entendait seulement le bruit de la mer agitée et le frémissement monotone des machines. Huit heures du matin, le jour se lève. Des nuages sombres, épais et lourds, sont suspendus au ciel, la vue ne s'étend pas loin. Soudain, derrière l'horizon, le projecteur du *Kolberg*, qui marche à quelques milles devant nous, nous avertit que ce croiseur doit avoir aperçu une escadre anglaise. Après avoir tiré un coup de canon, le *Kolberg* vire de bord. Le signal de rassemblement est donné. Tranquillement, comme en manœuvre, nos bâtiments prennent leurs positions de combat. Tous, attentifs, sont au guet ; et mille yeux cherchent à percer l'obscurité presque impénétrable du matin. Près d'une demi-heure se passe avant que nous voyions venir les An-

---

[1] Récit d'un marin allemand.

glais. Bien que marchant à grande allure, leurs silhouettes émergent lentement à l'horizon. Leur propre fumée les cache ; mais lorsqu'enfin les coques des bâtiments se dégagent du brouillard et de la fumée, nous voyons devant nous une escadre anglaise au complet...»

C'était l'escadre du vice-amiral Beatty, comprenant les croiseurs de bataille *Lion*, navire amiral, *Princess Royal*, *Tiger*, *New Zealand* et *Indomitable*. Les croiseurs légers *Southampton*, *Nottingham*, *Birmingham* et *Lowestoft* étaient disposés à bâbord des croiseurs de bataille.

Enfin les croiseurs légers *Arethusa*, *Aurora* et *Undaunted*, conduisant les flottilles de destroyers, éclairaient la marche de l'escadre.

RAPPORT DU VICE-AMIRAL DAVID BEATTY

« A 7 h. 25 du matin, nous perçûmes les éclats de la canonnade dans la direction du Sud-Sud-Est. Peu après, l'*Aurora* m'informait qu'elle avait engagé le combat avec des bâtiments ennemis. Je mis immédiatement le cap au Sud-Sud-Est et portai la vitesse à 22 nœuds, donnant l'ordre aux croiseurs légers et à la flottille des torpilleurs de prendre contact avec l'ennemi dans cette direction, et de faire rapport sur ses mouvements.

Cet ordre fut exécuté avec une grande promptitude ; en fait, les commandants d'unité avaient prévu mes intentions, et, presque aussitôt, j'avais les rapports du *Southampton*, de l'*Arethusa* et de l'*Aurora*, sur la position et la composition des forces ennemies, soit trois croiseurs de bataille et le *Blücher* [1], six croiseurs légers, ainsi qu'un certain nombre de contre-torpilleurs, faisant route au Nord-

---

[1] Remplaçant le *von der Thann*, probablement avarié par les avions anglais lors du contre-raid de Cuxhaven.

Ouest, puis mettant le cap au Sud-Est. A partir de ce moment, les croiseurs légers maintinrent le contact avec l'ennemi et me tinrent au courant de ses mouvements.

A toute vitesse.

Les croiseurs de bataille marchaient à toute vitesse dans la direction du Sud ; le vent, à ce moment-là, soufflait faiblement dans la direction du Nord-Est, la visibilité était extrême. A 7 h. 30, l'ennemi était signalé à bâbord, marchant à toute vapeur dans la direction du Sud, à une distance de 14 milles.

Grâce aux prompts rapports reçus, nous étions maintenant par le travers de l'ennemi et changeâmes notre route au Sud-Est, parallèlement à l'adversaire, augmentant notre vitesse jusqu'à 28 nœuds et demi et le poursuivant vigoureusement. Je dois mentionner particulièrement les mécaniciens du *New-Zealand* et de l'*Indomitable*, ces vaisseaux ayant beaucoup dépassé leur vitesse normale.

A 8 h. 52, nous étant rapprochés de 20000 yards du dernier vaisseau ennemi, les croiseurs de bataille manœuvrèrent de façon à rester en ligne, afin de pouvoir utiliser leurs canons, et le *Lion* tira un coup d'essai, qui fut trop court. En ce moment, l'ennemi était sur une seule ligne, les croiseurs légers en tête, avec un grand nombre de contre-torpilleurs à tribord. Nous continuâmes à tirer à intervalles pour vérifier la distance, et à 9 h. 9, le *Lion* réussit à toucher le *Blücher*, qui se trouvait le quatrième dans la ligne. Le *Tiger* ouvrit le feu à 9 h. 20 sur le dernier vaisseau, le *Lion* passant au numéro 3 de la ligne ennemie, qu'il atteignit par plusieurs bordées. L'ennemi commença à répondre à notre feu à 9 h. 14 ; le *Princess Royal*, en

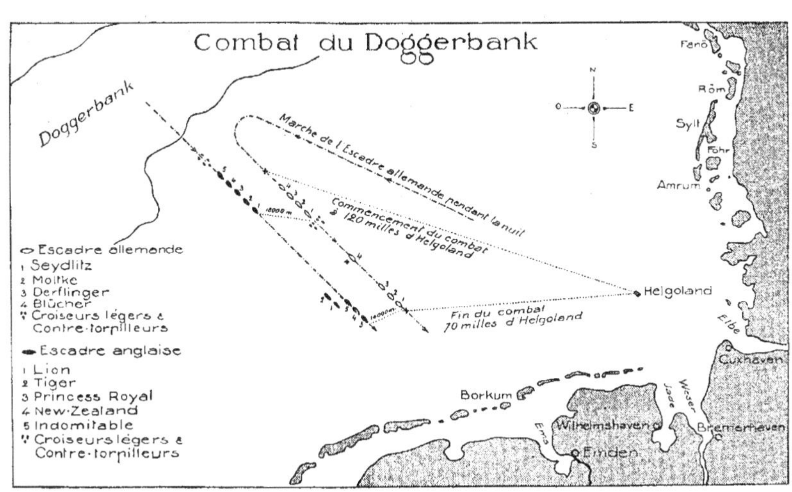

Combat du Doggerbank
Doggerbank
Marche de l'Escadre allemande pendant la nuit
Commencement du combat à 120 milles d'Helgoland
Fin du combat 70 milles d'Helgoland
N
O E
S
Fenö
Röm
Sylt
Föhr
Amrum
Helgoland
Elbe
Cuxhaven
Weser
Jade
Borkum
Wilhelmshaven
Bremerhaven
Ems
Emden
Escadre allemande
1 Seydlitz
2 Moltke
3 Derflinger
4 Blücher
*. Croiseurs légers &
   Contre-torpilleurs
Escadre anglaise
1 Lion
2 Tiger
3 Princess Royal
4 New-Zealand
5 Indomitable
*. Croiseurs légers &
   Contre-torpilleurs

arrivant à bonne portée, fit feu sur le *Blücher* à 9 h. 35,
la distance du vaisseau amiral étant de 17 500 yards. Le
Blücher, étant resté quelque peu en arrière, arriva à portée
du *New-Zealand*, qui concentra son feu sur lui. Le *Princess Royal* engagea le troisième vaisseau de la ligne, lui
causant de grands dommages.

Notre flottille de croiseurs légers et de contre-torpilleurs avait peu à peu passé, de l'avant de notre ligne,
à notre bâbord arrière, de façon à ne pas gêner nos pointeurs par leur fumée ; les contre-torpilleurs ennemis menaçant d'attaquer le *Meteor* et la division M, conduits avec
une habileté remarquable par le capitaine l'honorable
H. Meade, D. S. O., passèrent devant nous.

La situation à 9 h. 45.

Environ vers 9 h. 45, la situation était la suivante : le
Blücher, quatrième de la ligne ennemie, paraissait avoir
sérieusement souffert de notre feu ; le vaisseau de tête et
le n° 3 étaient aussi en feu. Le *Lion* attaquait le n° 1, le
Princess Royal le n°3, le *New-Zealand* le n°4, tandis que le
Tiger, second de notre ligne, tirait sur le n° 1, puis, lorsqu'il était gêné par la fumée, sur le n° 4.

Les contre-torpilleurs ennemis lançaient des colonnes
de fumée pour essayer de masquer leurs croiseurs de bataille, et, profitant de cet écran, ces derniers modifièrent
leur course au nord, afin d'augmenter la distance, et il est
certain que les derniers bâtiments de la ligne étaient en
dehors, à bâbord du vaisseau de tête, s'éloignant ainsi de
nous. Les croiseurs de bataille reçurent donc l'ordre de
se former en ligne, direction Nord-Nord-Ouest et de marcher à leur vitesse maximum.

Leurs contre-torpilleurs parurent alors vouloir attaquer. Le *Lion* et le *Tiger*, faisant feu sur eux, les obligèrent à se retirer et à reprendre leur route primitive.

Les croiseurs légers se maintinrent à bâbord arrière de la ligne ennemie dans une excellente position, qui leur permettait de garder le contact et d'observer, ou d'attaquer tout bâtiment qui s'éloignerait de la ligne.

A 10 h. 48, le *Blücher*, qui était resté très en arrière de la ligne ennemie, s'éloigna à bâbord, faisant route au Nord, en donnant fréquemment de la bande, ayant le feu à bord, et paraissant hors de combat. J'ordonnai donc à l'*Indomitable* d'attaquer l'ennemi se retirant au Nord.

A 10 heures 4, des sous-marins avaient été signalés à tribord avant, et je vis moi-même un périscope à deux points de notre tribord avant. Je fis immédiatement mettre la barre toute à bâbord.

L'Amiral change de bâtiment.

A 11 h. 3, apprenant que le *Lion* a une avarie impossible à réparer tout de suite, j'ordonnai à ce vaisseau de mettre le cap au Nord-Ouest. A 11 h. 20, je fis approcher l'*Attack*[1], transférant mon pavillon sur ce bâtiment à 11 h. 35 environ. Je fis route à toute vapeur pour rejoindre l'escadre, et je l'atteignis à midi, en retraite dans la direction Nord-Nord-Ouest.

A 12 h. 20 environ, je transférai mon pavillon sur le *Princess Royal*, où le Capitaine Brock me fit part de ce qui s'était passé depuis que le *Lion* avait quitté la ligne : le *Blücher* avait été coulé, et les croiseurs de bataille ennemis avaient continué leur route dans la direction de l'Est, fortement endommagés. Il m'apprit en outre qu'un zeppelin et un hydroplane avaient tenté de lancer des bombes

---

[1] Contre-torpilleur de 790 t., vitesse 30 nœuds.

sur les bâtiments allant au secours des survivants du *Blücher*.

L'habileté dont fit preuve le Lieutenant-Commandant Cyril Callaghan de l'*Attack* en amenant son bâtiment le long du *Lion*, puis du *Princess Royal*, me permit d'effectuer le transfert de mon pavillon dans le minimum de temps.

A 2 heures, je rejoignis le *Lion* et fus informé que sa machinerie à tribord avait des avaries, et à 3 h.38 j'ordonnai à l'*Indomitable* de le prendre à la remorque, opération effectuée à 5 heures.

Les plus grands éloges sont dus aux Capitaines de l'*Indomitable* et du *Lion* pour l'habileté avec laquelle cette manœuvre fut exécutée dans des circonstances difficiles.

Un fait à noter, c'est l'excellente marche des navires engagés dans cette opération.

Je joins une annexe portant les noms des officiers et des hommes qui se sont spécialement distingués. Tous s'étant fort bien conduits, il est difficile de faire un choix, et comme le *Lion* et le *Tiger* ont été les seuls vaisseaux touchés par l'ennemi, la plus grande partie de ceux que je signale appartiennent à ces bâtiments. »

DAVID BEATTY, VICE-AMIRAL.

Sur la fin du *Blücher*, un correspondant du *Times* [1] qui s'est entretenu avec plusieurs des blessés du croiseur allemand, a donné de tragiques précisions.

« Quand les croiseurs anglais ouvrirent le feu, au début, les coups étaient espacés. Les projectiles tombaient en avant du croiseur et soulevaient de hautes colonnes d'eau. Celles-ci se rapprochèrent de plus en plus. Les hommes qui se tenaient sur le pont en semblaient fascinés.

[1] 7 février 1915.

Bientôt, l'une d'elles jaillit tout près du navire, formidable, atteignant une centaine de mètres de hauteur. Elle inonda le pont. Désormais, le tir était réglé et la danse commença. Les obus arrivèrent d'abord très nombreux, accompagnés d'un horrible mugissement : ils causèrent immédiatement des dégâts. Le matériel électrique fut détruit, et le navire se trouva plongé dans l'obscurité la plus profonde. On ne pouvait voir « sa main devant son nez ».

En bas, sous le pont, régnaient l'horreur et la confusion, auxquelles s'ajoutaient encore les cris et les gémissements, à mesure que les obus crevaient le pont.

Ce ne fut que plus tard, quand la portée se raccourcit, que les projectiles percèrent de trous les flancs du croiseur ; ils paraissaient tomber du ciel. Ils passaient au travers du pont, arrivaient même jusqu'à la chaufferie. Les soutes à charbon prirent feu. Dans la chambre des machines, un obus éclata dans l'huile, qu'il fit retomber en pluie, et des flammes bleues et vertes jaillirent.

Les hommes se pressaient dans des recoins sombres, mais les obus les en chassaient, et la mort faisait une riche moisson.

Le terrible déplacement d'air, résultant de l'explosion dans un espace restreint, affectait considérablement le moral de l'équipage. L'air, chaque fois qu'il trouvait une issue, semblait rugir, et tout ce qui était détaché se transformait en engin mobile de destruction. Les portes étaient sorties de leurs gonds ; celles qui étaient en fer étaient gondolées comme des plaques d'étain. Au milieu de tout ce chaos, les corps des hommes tourbillonnaient, pareils à des feuilles mortes dans le vent d'hiver et allaient se fracasser contre les parois en fer.

C'était une scène effroyable, dont l'horreur était encore

accrue par l'obscurité. Dans la chambre des machines, des hommes furent cueillis par ce terrible déplacement d'air et projetés pantelants au milieu des machines. Il se produisit aussi d'autres scènes horribles, que la plume se refuse à écrire.

Si c'était terrifiant au-dessous du pont, ce qui se passait au-dessus l'était encore davantage. Le *Blücher* était sous le feu de plusieurs navires, même les petits contre-torpilleurs le criblaient de projectiles. C'était une explosion continuelle. Le navire donnait de la bande quand les bordées de l'ennemi le frappaient, puis il se redressait, oscillant à la manière d'un berceau. Les canonniers avaient subi de si grosses pertes, qu'on réquisitionna les chauffeurs pour apporter les munitions. Les hommes se jetaient à plat ventre pour se mettre en sûreté. Le pont ne présentait plus qu'un enchevêtrement de morceaux de fer. Dans une batterie encore intacte, deux hommes continuaient à servir leur pièce. A mesure que le navire s'inclinait, ils réglaient leur tir en conséquence.

Quelques-uns, malgré tout, n'avaient pas perdu l'espoir de sauver leur vie ; d'autres, au contraire, depuis le début de l'action, s'étaient considérés comme perdus.

Le *Blücher* avait continué sa course, mais il était désemparé ; on voyait qu'il était condamné.

On sonna la cloche qui appelait, le dimanche, les hommes à l'office. Ceux qui le pouvaient encore, se rassemblèrent sur le pont, aidant de leur mieux leurs camarades blessés. Certains ne sortirent qu'avec peine des trous qu'avaient laissés les projectiles.

Réuni sur le pont, l'équipage attendit la fin. Il poussa trois « hoch ! » pour le navire et le Kaiser, chanta la *Wacht am Rhein*, après quoi la permission fut donnée de

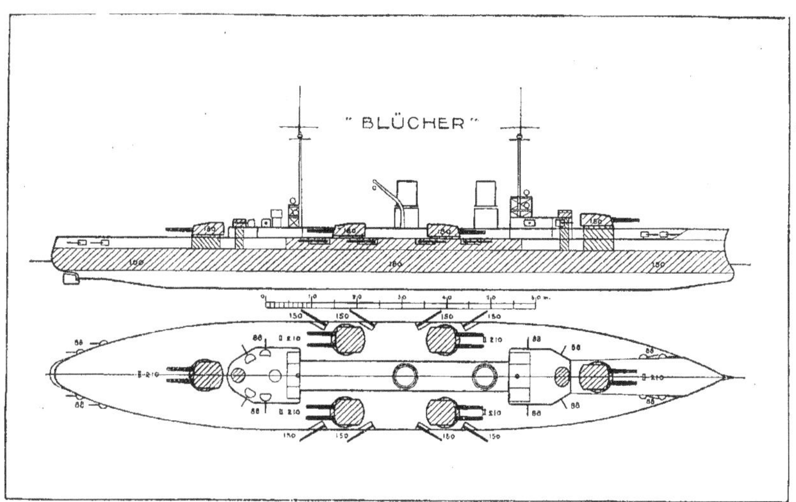

Déplacement 15 800 tonnes. Turbines de 32 000 HP. Vitesse 25 nœuds 8. Armement : XII-210 millim.; VIII-150 millim.; XV-188 millim. IV tubes lance-torpilles. Ceinture cuirassée de 180 millim. au centre, de 150 millim. aux extrémités. Poids d'une bordée : *1184 kilogrammes.*

Type de transition entre le croiseur cuirassé et le croiseur de bataille.

quitter le bateau. Plusieurs avaient devancé l'autorisa-tion. Les navires anglais cessèrent alors le feu : mais leurs torpilles avaient accompli l'œuvre de mort. »

L'*Arethusa* envoya deux torpilles, qui achevèrent le croiseur.

Environ 200 survivants du *Blücher* furent recueillis par les Anglais.

Sur les autres pertes allemandes, les avis diffèrent. Il est certain que le *Seydlitz* fut touché à l'arrière ; il est pro-bable que le *Derfflinger* fut aussi atteint[1] ; enfin, le *Kolberg* fut fortement avarié et incendié, mais probable-ment pas coulé.

Du côté anglais, le *Lion* avait eu ses machines de bâbord avariées et dut être pris à la remorque ; le *Tiger* reçut également des avaries ; enfin, le contre-torpilleur *Meteor* fut touché et remorqué.

Les Anglais avaient eu en tout 14 tués et 29 blessés. Environ 700 marins allemands périrent avec le *Blücher*.

L'Amirauté allemande a prétendu qu'un croiseur de bataille anglais aurait été coulé[2], de telle sorte que la victoire des Anglais aurait été en réalité une victoire à la Pyrrhus. Il vaut la peine d'examiner de près cette affir-mation, contredite par le communiqué anglais[3].

Voici en quels termes le capitaine de vaisseau von Kuhl-wetter décrit la prétendue fin du croiseur anglais, d'après les sources officielles[4] :

---

[1] Les Allemands disent qu'un seul obus aurait touché qui, tombant sur la cuirasse, n'aurait causé aucun dégât. C'est bien invraisemblable.

[2] Communiqué du 25 janvier 1915.

[3] Tous les navires et destroyers anglais sont revenus sains et saufs au port. (Communiqué de l'Amirauté du 25 janvier 1915.)

[4] *Kölnische Zeitung* du 18 juin 1915.

« Le torpilleur, qui avait déjà réussi un premier coup, revient pour la seconde fois sur le *Tiger*, qui était en queue de l'escadre anglaise, faisant route au Nord. Il lance sa torpille, il s'ensuit une forte détonation, tout le navire est enveloppé de nuages de fumée grise et blanche ; on voit encore une partie de l'arrière. A 12 h.23, le navire disparaît. »

La disparition du *Tiger* aurait été observée non seulement par le torpilleur allemand, le V5, mais aussi par le *Moltke* et par un des dirigeables survenus à la fin du combat [1]. Le fait, d'après ces récits, paraît authentique. Une seule chose est étonnante: le communiqué allemand du 25 janvier ne mentionne pas le *nom* du croiseur; le contre-amiral Kalau vom Hofe, écrivant à fin février 1915, dit textuellement : « Le nom du croiseur de bataille coulé n'a pas pu être jusqu'ici déterminé par nous avec sûreté ». Comment se fait-il que le nom du croiseur, soi-disant coulé, inconnu en janvier et février 1915, soit révélé seulement en juin 1915 ? Pourquoi l'Amirauté allemande aurait-elle gardé secret le nom d'un des croiseurs de bataille anglais les plus récents ? Si réellement le *Tiger* avait été coulé, l'Amirauté allemande aurait immédiatement livré son nom aux journaux. Pensez donc quelle aubaine !

Bien que le rapport du vice-amiral Beatty ne soit pas complet, qu'il s'y rencontre des blancs [2], que d'autre part, on ne sache pour quel motif l'Amirauté anglaise n'a pas publié de rapport concernant l'action des croiseurs légers et des contre-torpilleurs, qu'enfin sur toute cette affaire il subsiste un certain mystère, il apparaît que la dispari-

---

[1] Contre-amiral Kalau vom Hofe, *Unsere Flotte im Weltkriege*, p. 115.

[2] « Ce rapport est incomplet et quelque peu désappointant », *Times* 6 mars 1915.

tion du *Tiger* doit être tenue pour inventée de toutes pièces. Lorsque fut répandue la nouvelle du combat, le peuple allemand était encore sous l'impression du raid de Scarborough. Lui dire que l'escadre du contre-amiral Hipper, fuyant devant l'ennemi, avait perdu le *Blücher*, alors que l'ennemi n'avait subi que des avaries facilement réparables, il ne pouvait en être question.

Mais présenter la fuite comme une habile manœuvre et compenser la perte du *Blücher* par le torpillage d'un croiseur de bataille anglais, serait maintenir la confiance dans la force de la marine allemande.

C'est probablement dans cette manœuvre « psychologique » qu'il faut chercher le secret du torpillage du *Tiger*[1].

La victoire du Doggerbank était due à la supériorité de l'artillerie et de la technique anglaises. Chacun des croiseurs de bataille anglais était largement supérieur au croiseur allemand correspondant.

Il est bon de rappeler ici que le croiseur de bataille est essentiellement une création anglaise. Les premiers bâtiments de ce type, mis sur cale en 1907, l'*Indomitable*, l'*Invincible* et l'*Inflexible*, n'ont été égalés par les croiseurs allemands *Moltke* et *Gœben* que trois ans plus tard. Le premier croiseur de bataille construit par l'Amirauté allemande, sur des plans fournis par son service d'es-

---

[1] Au reste, si l'on veut une preuve décisive, qu'on relise les récits qu'ont donnés aux grands quotidiens MM. Stéphen Pichon, René Bazin, Joseph Reinach et Pierre Mille de leur visite à la flotte anglaise. Tous déclarent avoir *vu* le croiseur de bataille soi-disant coulé le 24 janvier.

De Pierre Mille on retiendra ces précisions : « ...deux des principales unités anglaises reçurent, l'une quinze projectiles de gros calibre, l'autre huit. Celle-ci eut l'une de ses cheminées trouée, une de ses chambres, près des machines, percée de part en part, tandis que l'obus conservait assez de force pour traverser de l'autre côté la muraille de tribord... »

(*Temps*, 7 septembre 1915.)

pionnage, et qui étaient faux, fut complètement raté. Il était très inférieur aux *Invincible* en puissance de feu et en vitesse. C'était le *Blücher*, qui servit bientôt de navire-école de canonnage. Pour une cause fortuite, ce croiseur remplaçait au combat du Doggerbank le *von der Thann*. Sa présence rompait l'homogénéité de l'escadre rapide du contre-amiral Hipper. Plus lent, il fut rejoint par les croiseurs anglais qui, l'un après l'autre, lancèrent sur cette large cible leurs bordées formidables.

DEUXIÈME PARTIE

L'escadre du vice-amiral von Spee.

CHAPITRE PREMIER

A travers le Pacifique.

Vers la fin de juin 1914, les croiseurs cuirassés allemands de la station d'Asie orientale, placés sous le commandement du comte von Spee, vice-amiral, quittaient Tsing-Tao. Ils venaient de passer en carène ; leurs coques avaient été grattées et repeintes, leurs soutes garnies. Ils allaient, une fois de plus, accomplir leur service de surveillance des établissements allemands du Pacifique. L'escadre comprenait deux croiseurs cuirassés identiques, portant les noms guerriers de *Scharnhorst* et *Gneisenau*[1]. Le *Scharnhorst* battait pavillon vice-amiral, croix de Malte noire sur fond blanc. Des trois petits croiseurs protégés, presque pareils, rapides et à grand rayon d'action, qui complétaient l'escadre, un seul, l'*Emden*, se trouvait alors

-----

[1] « Deux noms qui sonnent le bruit de poudre sèche », comme dit M. E. Bertin. — Les généraux Scharnhorst et Gneisenau réorganisèrent l'armée prussienne après Iéna.

dans les parages de Tsing-Tao. Les deux autres, le *Nürem-berg* et le *Leipzig*, croisaient dans les eaux du Pacifique oriental. L'ouverture prochaine de l'exposition de San Francisco et les troubles du Mexique avaient nécessité l'envoi de ces bâtiments dans les eaux américaines. Le *Gneisenau*, probablement accompagné du *Scharnhorst*, arriva à Nagasaki le 20 juin. Il en repartit trois jours après.

Les premiers jour d'août, les deux croiseurs cuirassés arrivaient à l'île de Ponape (Carolines). C'est là que leur parvint, transmis par la station de Yape, l'ordre de mobilisation. Le *Nüremberg*, qui avait été rappelé d'urgence, rejoint l'escadre, prête au combat.

« Le 6 août[1], nous quittons Ponape, accompagnés du *Titania*, notre croiseur auxiliaire. Personne ne savait où nous allions, ni où et quand nous atteindrions l'ennemi. Dans l'après-midi, notre amiral, le vice-amiral comte de Spee, adressa à l'équipage une énergique allocution, qui se termina par trois hourras vigoureux à l'Empereur et à l'Empire. A bord, le moral était excellent. Nous fîmes route au nord-est, et abordâmes, le 11 août, une île où arrivèrent, les 11 et 12 août, nos vapeurs charbonniers et ravitailleurs. Tout marcha comme nous l'avions prévu. Le 13 août, nous continuâmes notre route, bien approvisionnés. Le 18 août, nous atteignîmes les îles Marschall. Après y avoir charbonné pendant trois jours, nous reprîmes la mer. L'*Emden* nous quitta le 22 août, avec des ordres spéciaux. De même, le *Nüremberg*.

» Le 6 septembre, nous rejoignîmes le *Nüremberg*. Il nous apportait des journaux anglais et américains d'Honolulu. Nous eûmes ainsi une idée de ce qui se passait

[1] Lettre d'un officier du *Scharnhorst*.

chez nous (au pays). Nous étions tous d'excellente humeur. L'Océan est si grand, si vaste ; c'est pourquoi nous ne naviguions, le plus souvent, qu'en compagnie du *Gneisenau* seulement, afin de capturer le plus grand nombre possible de bâtiments de commerce ennemis. Nous n'étions d'ailleurs pas en état de nous mesurer avec les forces très supérieures de l'ennemi.

» A Honolulu s'étaient glissés à bord 37 volontaires, presque tous Germano-Américains ; ils se montrèrent seulement en pleine mer. Le même soir (6 septembre), le *Nüremberg* nous quitta pour détruire la station anglaise du câble sous-marin. Le 7 septembre, il aborda l'île Fanning, et nous rejoignit ensuite. Il avait fait sauter la station, coupé le câble. Il l'avait ensuite traîné dans la mer.

» Plus tard, nous apprîmes que des forces ennemies se trouvaient à Apia, la capitale des Samoa. Nous nous y rendîmes aussitôt avec le *Gneisenau*, mais nous fûmes amèrement déçus. L'ennemi avait justement quitté Apia le 29 août [1]. 800 hommes occupaient cette ville. Nous poursuivîmes notre course et arrivâmes en vue des îles françaises de la Société. »

Le 21 septembre, les deux croiseurs se présentent devant l'île Bora-Bora (îles Sous-le-Vent, à 300 kilomètres à l'ouest de Tahiti).

« Le brigadier de gendarmerie de l'île [2], unique représentant de l'autorité française, aperçut en se réveillant,

---

[1] Sydney, neuf octobre. Des nouvelles ont été reçues disant que les croiseurs allemands *Scharnhorst* et *Gneisenau* sont entrés dans le port d'Apia, le quatorze septembre. Les New-Zélandais braquèrent les canons, mais les croiseurs, après s'être arrêtés une heure, partirent pour Papeete.
(**Dépêche du *Times*, 10 octobre 1914.**)

[2] *Petit Journal*, 10 janvier 1915.

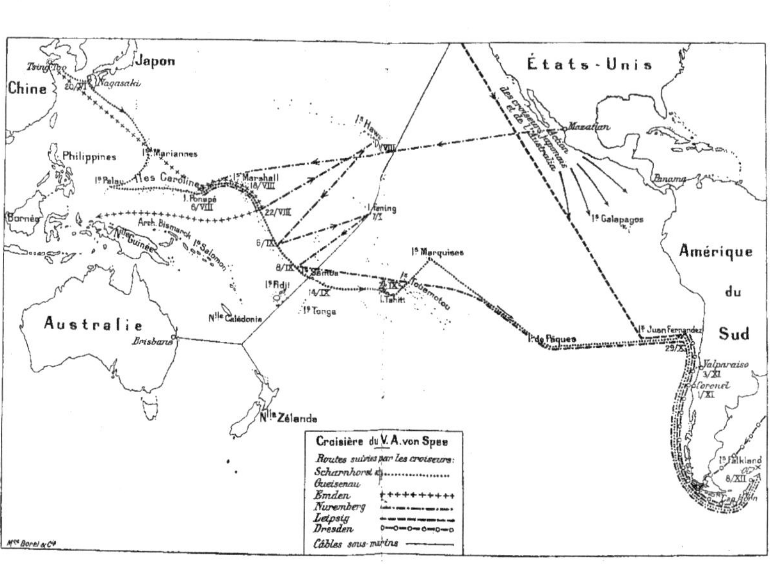

Chine
Japon
Tsingtao
20/VIII Nagasaki
Philippines
Iles Mariannes
Iles Palau
Iles Carolines
I. Ponapé
6/VIII
Borneo
Arch. Bismarck
Nlle Guinée
Iles Salomon
Iles Marshall
18/VIII
22/VIII
6/IX
8/IX
Samoa
Iles Fidji
14/IX
Nlle Calédonie
Iles Tonga
Australie
Brisbane
Nlle Zélande
États-Unis
Iles Hawaï
VIII
Fanning
7/X
Iles Marquises
Iles Tuamotou
I. Tahiti
Action des croiseurs anglais et de l'Australie
Mazatlan
Iles Galapagos
Panama
Amérique
du
Sud
I. de Pâques
Iles Juan Fernandez
29/X
Valparaiso
V/XI
Coronel
I/XI
Iles Falkland
8/XII
Croisière du V. A. von Spee
Routes suivies par les croiseurs:
Scharnhorst et
Gneisenau
Emden
Nuremberg
Leipsig
Dresden
Câbles sous-marins
Mon Borel & Cie

un beau matin, des bâtiments de guerre sans pavillon, mouillés dans la baie. « Ce sont, pensa-t-il, des Français ou des Alliés. » Et il se rendit à bord de celui qui paraissait être le chef. Il fut reçu par l'officier de quart qui, dans le plus pur français, lui annonça que l'amiral serait heureux de le voir. Il l'introduisit aussitôt chez ce dernier, qui était entouré d'officiers. Tous parlaient français. L'amiral lui dit : « Vous allez me donner des vivres, des fruits, du poisson... Je vous payerai tout en or ; mais comme je viens d'un pays anglais, où je n'ai pu avoir que des livres sterling, je vous donnerai de l'or anglais. »

» Le brave gendarme se retira, et se mit en quatre pour fournir tout ce qu'on lui demandait. Bien mieux, pour montrer comment il savait administrer et reconnaître les bons procédés, il incita les indigènes à faire des dons gracieux en noix de coco. A sa stupéfaction, son cadeau, accepté, fut payé. Toutefois, dans la journée, il devint inquiet ; certains indices lui paraissaient louches. Il envoya des indigènes qui revinrent, disant que sous la peinture fraîche des bâtiments, transparaissaient les noms de *Scharnhorst* et *Gneisenau*. Il comprit alors pourquoi les matelots n'avaient pas répondu à ses essais de conversation, et pourquoi tous avaient les rubans de leurs bérets retournés. Il était malheureusement trop tard ; déjà quelques-uns de ceux qui l'avaient accompagné à bord avaient parlé de la présence de la canonnière *Zélée* à Papeete, et de l'érection d'un petit fort, armé avec les canons de cette canonnière.

» Avant de partir, l'amiral fit appeler le gendarme, lui offrit une coupe de champagne et lui dit qu'il était satisfait du ravitaillement. Puis il lui annonça qu'il allait se rendre à Papeete, où il demanderait, et au besoin, prendrait de vive force des vivres et du charbon. »

Le 22 septembre au matin, par grosse mer et temps pluvieux, les deux croiseurs se présentent devant Papeete, capitale des établissements français d'Océanie :

« Mardi 22 septembre, à la première heure, le sémaphore signale deux croiseurs. L'éveil est vivement donné, et la garnison mise sur pied. Dès que les navires sont arrivés à l'entrée du port, on leur tire un coup de canon à blanc pour signifier qu'ils aient à montrer leur pavillon. Ils hissent le drapeau allemand et demandent le pilote. Pour toute réponse, on tire à obus sur la passe, ce qui veut dire : « Vous n'entrerez pas ! », et on met le feu au magasin à charbon de la marine. Furieux, sans doute, de ce que ce charbon, dont ils ont grand besoin, leur est refusé, ils se mettent à canonner la batterie et le fort [1]. »

« Le feu des deux croiseurs dure pendant trois heures, avec une grande violence. A peu près tout Papeete est couvert de mitraille ; le feu se met au quartier du commerce et sur la place du Marché ; bien des immeubles sont éventrés par les projectiles ; les maisons voisines du port ont surtout beaucoup à souffrir. La canonnière *Zélée*, qui est dans le port toute désarmée, comme une cible inerte, est atteinte par les obus et coulée [2]. A côté d'elle se trouvait le cargo-boat allemand *Walkure*, qu'elle avait capturé quelques jours plus tôt ; il est atteint à la flottaison par les projectiles des croiseurs et coulé [3]. »

[1] Lettre parue dans le *Temps*, 15 novembre 1914.

[2] La *Zélée* était une canonnière de station de 680 tonnes. Elle portait II 100 millimètres, IV 65 mm. et IV 37 mm. Toutes ces pièces avaient été débarquées et armaient un petit fort érigé à la hâte.

[3] « La Défense de Papeete », *Revue hebdomadaire* du 3 avril 1915.

« Le sémaphore hisse alors le signal : « Nous avons quarante otages. » C'est l'effectif de l'équipage du vapeur allemand capturé. Cet avis, sans doute, doit produire son effet, car les Allemands n'essaient pas de débarquer, et partent à 11 heures du matin. Il y a deux tués et deux blessés. Le bombardement a duré six heures...

» ... Le gouverneur de la colonie, M. Fawtier, très énergiquement, a imposé une contribution de guerre d'un million aux maisons de commerce allemandes de Hambourg, installées dans la colonie, afin d'indemniser, au moins en partie et provisoirement, les victimes de cette destruction [1]. »

On a voulu voir dans le bombardement de Papeete une application des méthodes de guerre innovées par les Allemands en Belgique, et destinées à terroriser les populations. Il me paraît plutôt qu'il s'est agi là d'un acte de *guerre commerciale*. Par suite de l'ouverture du canal de Panama, le port de Papeete présente une importance primordiale. Il est placé à l'intersection des grandes lignes maritimes, Sydney-Panama, Singapour-Valparaiso, Yokohama-Cap Horn, etc...

« Nos établissements polynésiens, à mi-chemin ou à peu près, des grands ports commerciaux du Grand Océan, forment l'X des courants futurs. Ils jouissent, en ce sens, d'un véritable monopole géographique, et ne sauraient redouter aucune concurrence sérieuse [2]. »

Papeete, chef-lieu des établissements français d'Océanie, présente une rade excellente, profonde, bien abritée. Ce sera, dans quelques années, le grand port d'escale du

[1] Lettre précitée du *Temps*.

[2] Extrait de la savante étude de M. Georges Froment-Guyesse, parue dans l'*Illustration* du 18 octobre 1913.

Pacifique sud. Une mission d'étude, envoyée en 1912 par le ministère des colonies, a établi tout un programme de travaux à accomplir. Le port doit être amélioré, la passe élargie, des phares nouveaux éclaireront la route des navires. Enfin, un parc à charbon sera établi, de vastes dimensions. Un projet de loi a été déposé aux Chambres, en 1913, pour demander les crédits nécessaires. J'ignore quel a été le sort du projet, mais je sais de bonne source que, grâce à l'initiative privée, l'aménagement du port a été entrepris. Souhaitons qu'une aide officielle vienne accélérer le cours de ces travaux, qui feront de Papeete, et par contre-coup de tout l'archipel tahitien, un centre commercial florissant.

On voit, dès lors, la raison du bombardement, raison commerciale. Les Allemands redoutaient la concurrence de Papeete pour leur port d'Apia (Samoa), moins bien situé. C'est pourquoi ils ont détruit de fond en comble le *quartier commercial* de Papeete, ne daignant pas même lancer un obus contre le petit fort, insuffisamment armé, qui défendait la ville.

Après cet exploit peu glorieux, les croiseurs firent route vers les îles Marquises. Ils y débarquèrent des marins, qui pillèrent les caisses de l'administration [1]. Ils reprirent bientôt la mer.

Pendant un mois, de la fin septembre à la fin octobre, nous perdons leurs traces. Tout ce que nous savons, c'est que le *Scharnhorst* et le *Gneisenau*, naviguant de conserve, arrivèrent à l'île de Pâques (Chili), vers la fin d'octobre, en faisant de grands détours. Le 12 octobre, le *Leipzig* [2]

---

[1] La « Défense de Papeete », *Revue hebdomadaire* du 3 avril 1915.

[2] Le *Leipzig*, croiseur protégé, était à Vancouver au moment de l'ouverture des hostilités. Il opéra dans le Pacifique Nord, puis le long des

avait rejoint l'escadre. Quelques jours plus tard, le *Dresden*[1], quittant les eaux de l'Atlantique sud, arrive à l'île de Pâques. Enfin, le *Nüremberg*, qui tantôt sert d'éclaireur, tantôt pratique la guerre de course, se rapproche des croiseurs cuirassés. L'escadre est maintenant au complet, le *Dresden* prenant la place de l'*Emden*, en croisière dans l'océan Indien. Pendant plusieurs jours, les croiseurs font du charbon à l'île Juan-Fernandez (Chili), sans se soucier autrement des règles de la neutralité.

Le 29 octobre, soutes garnies, ils repartent. Le 30 octobre, au matin, ils arrivent en vue de la côte du Chili, au large de Valparaiso. Ils restent cependant assez au large pour ne pouvoir être aperçus de la terre. Personne n'eut, à Valparaiso, le moindre pressentiment de leur présence.

côtes occidentales de l'Amérique du Sud. Il commença par prendre le charbon d'un vapeur allemand, à qui il avait donné rendez-vous. Le 11 septembre, il coulait, dans le golfe de Californie, le navire pétrolier *Elsinore*, qui était lège. L'équipage fut débarqué aux îles Galapagos, où le *Leipzig* lui donna l'ordre de rester quinze jours. Il captura et coula ensuite le steamer *Bankfield*, de 6000 tonnes, chargé de sucre pour une valeur de 120 000 livres sterling. Les équipages furent transportés à Callao par des vapeurs allemands. (On suppose que la station de T. S. F. de Lima, qui était confiée aux soins d'un mécanicien allemand, est restée constamment en relation avec le *Leipzig. Times*, 2 octobre 1914).

Vers le 15 octobre, poursuivi par le croiseur japonais *Idzuma*, le *Leipzig* rejoignait, à Juan Fernandez, les croiseurs de von Spee. Le 1er novembre, il prenait part à la bataille de Coronel. Le 3 novembre, il coulait dans ces parages le vapeur anglais *Vine Branch* (3440 tonnes), qui venait de quitter Valparaiso.

[1] Le croiseur protégé *Dresden*, commandé par le capitaine de vaisseau Ludecke, se trouvait, à fin juillet 1914, dans le golfe du Mexique. Le 16 août il signalait sa présence en coulant, à 180 milles au large de Pernambuco, le vapeur *Hyades* (3350 tonnes). Sous la pression des croiseurs du contre-amiral Cradock, il se dirigea vers le détroit de Magellan. Il y rencontra inopinément un vapeur anglais qui réussit à lui échapper.

Voici — d'après le *Temps* — le communiqué de l'Amirauté anglaise, du 20 novembre 1914, relatif à cette chasse :

« Le vapeur *Ortega*, transportant trois cents réservistes français, venait

« Les 30 et 31 octobre [1], nous croisâmes le long de la côte, en nous maintenant à 50 ou 60 milles de distance. Nous savions que le *Good-Hope*, le *Monmouth*, le *Glasgow* et le *Bristol*, peut-être encore le *Newcastle*, croisaient dans ces parages de la côte Ouest.

» C'est là que, dans la nuit du 31 octobre au 1er novembre, vers 3 heures du matin, nous reçûmes par T. S. F., d'un de nos croiseurs, la nouvelle que, le soir précédent, vers les 7 heures, un croiseur anglais était entré à Coronel, petit port près de Conception. Nous étions en ce moment à environ 70 milles au Sud de Valparaiso.

» Nous décidâmes aussitôt de surprendre ce croiseur. A 14 nœuds, nous fîmes route au Sud. Vers midi, la vitesse

de Valparaiso, lorsqu'à l'entrée occidentale du détroit de Magellan, surgit un croiseur allemand du type *Dresden*, dont la vitesse était supérieure de sept nœuds à celle du vapeur ; il se mit à poursuivre l'*Ortega*.

» Le capitaine du vapeur commanda « des volontaires pour la chaufferie ». Les volontaires demandés vinrent aussitôt renforcer les mécaniciens et les chauffeurs, et, le torse nu, se mirent au travail avec tant d'énergie que le vieux vapeur *Ortega* passa de la vitesse de quatorze nœuds à celle de dix-huit nœuds. En même temps, l'*Ortega* mettait le cap sur le détroit de Nelson ; le croiseur ne cessait de tirer sur lui avec ses grosses pièces. L'*Ortega* atteignit enfin le détroit de Nelson, où il entra sans avoir été atteint. Le croiseur n'osa pas imiter la témérité du vapeur, car le détroit de Nelson est très étroit, tortueux, encombré de récifs, bordé de falaises à pic et balayé par des courants violents.

» L'*Ortega* réussit à en sortir sans une éraflure. C'est la première fois qu'un vapeur de huit mille tonnes accomplit un pareil tour de force... » (L'Amirauté a adressé aux armateurs de l'*Ortega* une lettre de félicitations.)

Ceci se passait vers le 15 octobre. Au sortir de Magellan, le *Dresden* longea les côtes occidentales du Chili. Il rencontra et coula le vapeur *Holmwood* (4220 tonnes) et le charbonnier *Northwales* (3660 tonnes). L'équipage du *Northwales*, transbordé sur le vapeur allemand *Rhakotis*, fut amené à Callao (Pérou) le 15 novembre.

Vers la fin d'octobre, le *Dresden* arriva à l'île Juan Fernandez, au rendez-vous fixé par le vice-amiral von Spee.

[1] Lettre d'un officier du *Scharnhorst*.

fut portée à 15 nœuds. Nous pouvions ainsi espérer nous trouver devant Coronel vers 6 heures du soir, c'est-à-dire avant qu'il fît déjà obscur. Vers 5 heures, le branle-bas de combat serait ordonné.

» Un peu avant midi, le *Nüremberg* fut détaché et se mit à la poursuite d'un vapeur qui fuyait devant nous. Comme nous le sûmes plus tard, c'était un bateau chilien. La poursuite se prolongeant, le *Nüremberg* fut bientôt hors de vue, et le *Dresden* fut envoyé en arrière, pour maintenir la liaison. »

CHAPITRE II

Le combat de Coronel.

Dès le mois d'août, l'Amirauté anglaise avait envoyé
dans les eaux sud de l'Atlantique, une division de croiseurs sous le commandement du contre-amiral Sir Chris-
topher Cradock. Elle était formée des croiseurs cuirassés
Good-Hope et *Monmouth* et du croiseur protégé *Glasgow*.

Le médecin du *Good-Hope* a donné sur l'itinéraire des
croiseurs de précieuses indications.

« Le *Good-Hope* arriva le 14 août à Halifax, où les
navires anglais formaient une véritable escadre. L'amiral
Cradock, dont le pavillon était sur le *Suffolk*, trouva le
Good-Hope mieux aménagé, et le transféra sur ce dernier,
en mer, à 40 milles à l'est de New-York, un dimanche
après-midi. »

« Alors c'est Bermude [1], Sainte-Lucie, puis la Trinité,
alors la côte du Vénézuela et le nord du Brésil (chaud
comme une fournaise). Pernambuco bientôt, pour trouver
23 navires marchands allemands cachés derrière la digue,
et ainsi en port neutre. Diverses îles de la côte du Brésil,
et alors à Montevideo... La côte de l'Argentine est nue,
et ainsi jusqu'au Sud, au dehors de Magellan. Visite à
Punta-Arenas, ville chilienne avec une colonie de 800
Anglais. »

« Nous contournâmes le cap Horn deux fois et visi-
tâmes les îles Falkland, les postes les plus écartés, les plus

____

[1] Le *Temps*, 20 décembre 1914.

désolés et les plus au Sud de notre empire. De nos plans, nos bases, nos sources d'approvisionnement, je ne puis rien dire. Nous sommes maintenant dans le Pacifique ; des albatros volent le long du bord, et des montagnes couvertes de neige, sont visibles à tribord... Cinq croiseurs allemands contre nous [1]. Quels sont les paris sur-le-champ ? Priez vos dieux familiers que nous puissions prévenir leur concentration. »

Il était trop tard ! Les croiseurs de von Spee avaient, depuis plusieurs jours déjà, opéré leur jonction et s'avançaient à la rencontre des croiseurs du contre-amiral Cradock. L'Amirauté anglaise avait pressenti le péril, et envoyé à l'aide de la division Cradock le cuirassé *Canopus*. Le 23 octobre, le *Canopus* quittait les îles Falkland et embouquait le détroit de Magellan. Il en sortait le 27 au soir, et faisait route vers les parages de Coronel, où il devait rejoindre les croiseurs de Cradock. De la sortie du détroit à Coronel, la distance est d'environ 2000 kilomètres. Marchant à la vitesse réduite de 10 nœuds, le *Canopus* se trouvait, probablement, au large de Valdivia, à 300 kilomètres [2] au sud de Coronel, le 1er novembre. Il s'en est fallu *d'un jour* qu'il apportât aux croiseurs du contre-amiral Cradock le précieux appoint de ses pièces de 305 millimètres. Un seul jour, et la victoire changeait de camp.

Le 1er novembre, à 4 heures du matin, le *Glasgow* avait quitté Coronel pour rejoindre le *Good-Hope*, le *Monmouth* et l'*Otranto* (croiseur auxiliaire) en haute mer.

« A 2 heures de l'après-midi [3], le navire amiral signala

---

[1] La lettre est datée du 25 octobre 1914.

[2] Le *Times* indique 200 milles, soit 370 kilomètres. *(History of the War.)*

[3] Rapport du commandant du *Glasgow*, publié par l'Amirauté, 17 novembre 1914.

que, d'après des appels de télégraphie sans fil, il y avait apparemment un navire ennemi dans le Nord. L'escadre reçut l'ordre de faire route au Nord-Est-quart d'Est, dans l'ordre suivant : *Good-Hope, Monmouth, Otranto* et *Glasgow* ; la vitesse fut portée à 15 nœuds. »

Sur le combat qui allait s'engager, le vainqueur nous a

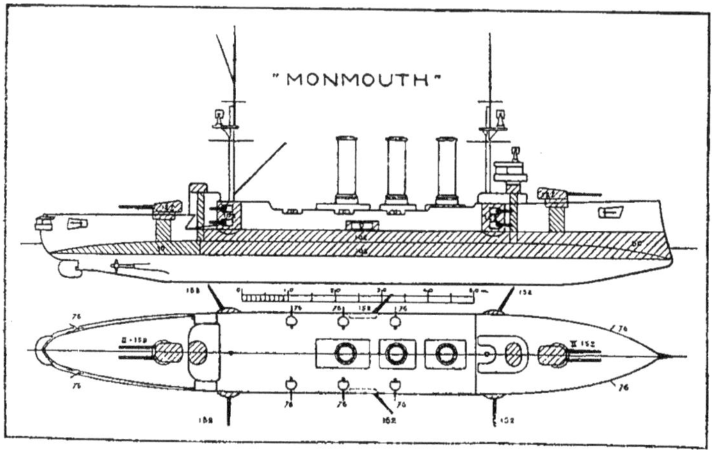

CROISEUR CUIRASSÉ « MONMOUTH » (1901).

Déplacement 9950 tonnes. Machines 22000 HP. Vitesse 23 nœuds 9. Armement : XIV-152 millim. VIII-76 millim. II tubes lance-torpilles. Poids d'une bordée : *408 kilogrammes*. Ceinture cuirassée de 102 millim. au centre, de 50 millim. aux extrémités.

Du même type : ¦*Kent, Cornwall, Essex,* ¦*Suffolk,* ¦*Berwick, Cumberland, Donegal, Lancaster* (série des « Country »).

laissé deux documents, qui se complètent l'un l'autre. Le vice-amiral von Spee, dans une lettre datée du 2 novembre 1914, décrit les phases du combat. Son récit est encore tout vibrant d'action, animé par le souvenir récent de la soirée tragique. Le second document est le rapport officiel de von Spee, écrit le 3 novembre 1914, et rendu public seulement en juillet 1915.

Voici le premier document [1] :

« Le 2 novembre 1914.

» C'était hier la Toussaint, qui fut pour nous un jour heureux. L'escadre faisait route au Sud, le long de la côte, quand j'eus vent de la présence d'un croiseur anglais dans le port de Coronel, un petit havre de charbonnage, situé près de Concepcion. Comme, d'après les règlements internationaux, un navire belligérant doit quitter tout port neutre dans les vingt-quatre heures, je pensais pouvoir le prendre. J'ordonnai donc une distribution de nos vaisseaux de telle manière que le *Nüremberg* devait croiser devant le port, pour s'assurer de la présence du navire ennemi, pendant que mes autres unités étaient réparties dans le voisinage. Nos vaisseaux ne filaient que 14 nœuds, pour économiser le combustible ; ils étaient d'ailleurs tout parés à l'action, et l'on parvint en très peu de temps à forcer de vapeur. Mes navires étaient donc, à 4 h. 25, à leurs postes de combat, et seul le *Gneisenau* se trouvait le plus rapproché du port, lorsque l'on m'annonça que l'on apercevait deux vaisseaux de guerre dans la direction de l'Ouest-Sud-Ouest. Je mis aussitôt le cap sur eux, en ordonnant à deux de nos unités de faire de même, car il me semblait que les navires signalés étaient des ennemis. En effet, c'était le croiseur-cuirassé *Monmouth* et le petit croiseur *Glasgow*. Peu après, apparut, derrière ces deux vaisseaux, le croiseur auxiliaire *Otranto* et, quelques moments plus tard, le croiseur-cuirassé *Good-Hope*. L'en-

---

[1] cf. *Annexes, pièce I* rapport du vice-amiral von Spee sur le combat de Coronel. — Il y a, dans l'indication des heures se rapportant aux diverses phases du combat, des différences sensibles entre *la lettre* et *le rapport*. Elles sont peut-être dues à la censure allemande.

Le plan du combat a été établi *d'après le rapport* du vice-amiral von Spee.

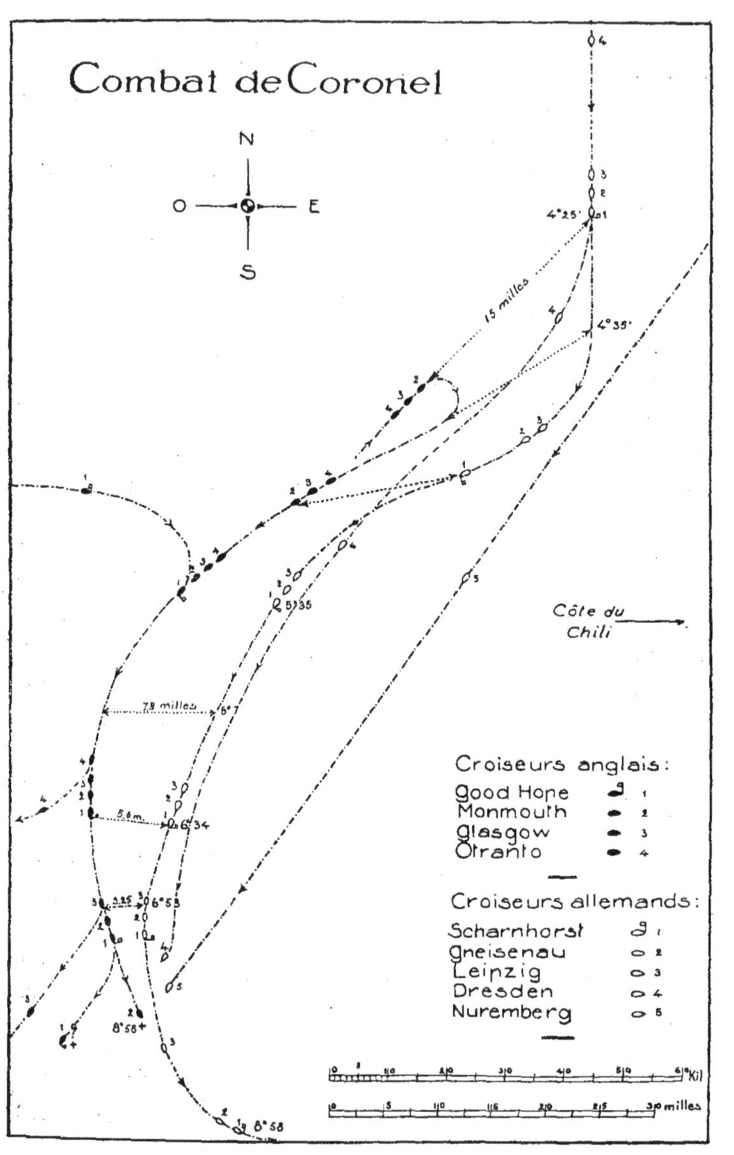

Combat de Coronel
N
O E
S
15 milles
4°25'
4°35'
Côte du Chili
7,9 milles
6.7
5.6 m.
6.34
5.25 6.55
8.58+
8.58
5.35
Croiseurs anglais:
Good Hope 1
Monmouth 2
Glasgow 3
Otranto 4
Croiseurs allemands:
Scharnhorst 1
Gneisenau 2
Leipzig 3
Dresden 4
Nuremberg 5
Kil
milles

nemi nous avait également aperçus et manœuvra, autant
que je pus en juger, pour tenter de se rapprocher de la
côte, et se mettre sous le vent, ce qui nous aurait été très
nuisible. Me rendant compte de ses intentions, je donnai
l'ordre au *Gneisenau* et au *Scharnhorst* de faire toute
vapeur, et, en un quart d'heure, nous filions 20 nœuds,
malgré la mer agitée et la violente houle. Je parvins à me
placer favorablement, mais j'étais seul, et il me fallut
attendre que les autres me rejoignissent. L'ennemi, toutefois, fut assez aimable pour ne pas déranger mon ordre
de bataille ; la distance qui nous séparait était alors de
neuf milles marins. Lorsqu'à 8 h. 10 mes vaisseaux furent
en ligne, sauf le *Nüremberg*, qu'on ne pouvait alors apercevoir, je commençai à me rapprocher de l'ennemi, et dès
que la distance ne fut plus que de cinq milles (1 mille =
1 km. 850 m.), soit à 9 km. 250, je fis ouvrir le feu[1]. La
bataille avait commencé et, en fait, je dirigeai la ligne de
nos vaisseaux, lors même que nous changeâmes peu souvent de direction. J'avais manœuvré de manière que le
soleil ne gênât pas notre tir ; la lune, vers l'Est, n'était pas
encore pleine, mais elle promettait de briller avec éclat
pendant la nuit ; des rafales de pluie tombaient par endroits. Le feu de mes navires fut très rapide et efficace, et
porta principalement sur les grosses unités de l'ennemi ;
Scharnhorst tirait contre *Good-Hope*, portant pavillon de
l'amiral Cradock ; *Gneisenau* contre *Monmouth*, *Leipzig*
contre *Glasgow* et *Dresden* contre *Otranto*. Ce dernier aban-

---

[1] « Les deux escadres se rapprochaient alors l'une de l'autre, chaque
navire tirant sur le navire en face dans la ligne. L'obscurité augmentait,
et les lourds embruns de l'avant rendaient le tir difficile, particulièrement
pour les canons du pont principal du *Good-Hope* et du *Monmouth*. L'ennemi, tirant par salves, régla rapidement son tir et sa troisième salve fit
éclater un incendie à l'avant de ces deux croiseurs, qui furent continuellement en feu jusqu'à 7 h. 45. » (Rapport du *Glasgow*.)

donna bientôt la ligne de bataille et disparut à l'horizon. Plusieurs incendies éclatèrent sur le *Good-Hope* et le *Monmouth* ; sur le premier même, une épouvantable explosion se produisit qui, dans le ciel sombre, fit l'effet d'un brillant feu d'artifice, brûlant à flammes blanches avec des étincelles vertes, qui flamboyaient à une hauteur dépassant celle des cheminées. Je pensai que le navire allait sombrer, mais il continua à flotter, et le combat se poursuivit sans interruption. J'avais réduit graduellement la distance à 4500 mètres, quand l'obscurité survint ; j'ordonnai alors des manœuvres qui devaient me permetttre d'augmenter notre éloignement. Le feu continuait toutefois contre le navire, qu'on ne reconnaissait plus qu'à l'incendie qui le consumait, et notre tir s'arrêta dès qu'il ne fut plus possible à nos pointeurs de l'atteindre. Les canons de l'ennemi avaient cessé de tirer. J'ordonnai ensuite à nos petits croiseurs d'entreprendre la poursuite, car l'ennemi me paraissait avoir réussi à maîtriser les incendies et, ne se laissait plus apercevoir. La poursuite, effectuée en vue d'atteindre l'ennemi sous un éclairage plus favorable, n'amena aucune nouvelle rencontre. Le combat avait duré 52 minutes environ.

» Vers 8 h. 40, j'observai un combat d'artillerie, à environ 10 milles, dans la direction du Nord-Ouest. Je me dirigeai de ce côté, pour porter secours en cas de nécessité. C'était le *Nüremberg* qui, n'ayant pu nous rejoindre, était tombé sur le *Monmouth* en fuite, et lui envoyait sa bordée. Le *Nüremberg* s'en approcha encore, et lui donna le coup de grâce ; le *Monmouth* chavira et coula [1]. Malheureusement, l'état de la mer empêchait

---

[1] « A bord du *Nüremberg*, on ne sut pas d'abord à quel bâtiment l'on avait affaire. On le prit pour le *Dresden*, on lui fit des signaux par T. S. F.,

toute tentative de sauvetage ; d'ailleurs, le *Nüremberg* crut apercevoir le *Good-Hope* dans le voisinage, ce qui était bien une illusion. Le *Nüremberg* doit avoir pris, pour le *Good-Hope*, les croiseurs qui, au loin, étaient éclairés par la lune. Je ne sais ce qu'est devenu le *Good-Hope*. Le lieutenant G..., qui était à ce moment au poste d'observation, estime que ce navire a reçu quelques projectiles sous la flottaison et, en rappelant mes souvenirs, il m'a semblé que c'était possible ; mais j'avais cru que l'inclinaison remarquée du navire était due au roulis provoqué par une mer houleuse. Il est donc bien possible que ce navire ait coulé ; il était d'ailleurs hors de combat. On avait peine à apercevoir le *Glasgow*, qui doit avoir reçu quelques obus, mais qui, je crois, s'est échappé. C'est ainsi que nous avons été vainqueurs sur toute la ligne, et j'en remercie Dieu. Nous avons été protégés d'une manière miraculeuse, et n'avons à déplorer aucune perte[1]. Il y a eu quelques blessés, peu gravement, sur le *Gneisenau*. Les petits croiseurs n'ont pas été touchés. Les projectiles qui atteignirent le *Gneisenau* et le *Scharnhorst* n'ont, pour ainsi dire, causé aucun dégât. Une grenade de 15 centimètres se logea dans une des soutes du *Scharnhorst*, après

qui restèrent sans réponse, puis des signaux lumineux, mais sans succès. Ensuite, on s'approcha avec précaution ; enfin, l'on fit jouer le projecteur, qui éclaira le pavillon britannique. Le *Monmouth* fut alors sommé d'amener son pavillon ; il y eut dix minutes d'attente. Pendant ce temps, l'Anglais avait continué à manœuvrer, si bien que le *Nüremberg* l'avait maintenant par l'avant, tandis que le *Monmouth* se présentait par le travers, et précisément du côté avarié. Lorsque les dix minutes furent écoulées, le *Nüremberg* ouvrit le feu, et le *Monmouth* commença à couler lentement. (Lettre de Valparaiso parue dans la *Gazette de Voss*, 19 décembre 1914.)

[1] Admirable religion, en vérité, qui vous permet de bombarder une ville ouverte comme Papeete et de cambrioler les coffres de l'administration aux îles Marquises !

avoir traversé la cuirasse ; elle causa quelques dégâts sur son passage, mais ne fit pas explosion, et nous reste en souvenir. De semblables petits dommages ont été constatés sur le *Gneisenau*. Je ne sais par quelles circonstances malheureuses l'ennemi a été empêché de remporter le moindre avantage. L'enthousiasme de nos hommes est immense ; leur confiance dans la victoire est inébranlable, et, ce qui m'a surtout réjoui, c'est que le *Nüremberg*, qui était resté éloigné de la bataille, sans qu'il y eût de sa faute, a pourtant pu contribuer au succès. Si le *Good-Hope* a échappé, il a dû, à mon avis, se réfugier dans un port chilien, à cause de ses avaries. Pour être fixé à ce sujet, je veux aller demain, avec le *Gneisenau* et le *Nüremberg*, croiser au large de Valparaiso, pour voir si le *Good-Hope* ne s'y serait pas réfugié pour être désarmé. De cette manière, je serais débarrassé de deux puissants adversaires. En effet, le *Good-Hope* est plus grand que le *Scharnhorst*, mais il n'a pas une aussi bonne artillerie ; il est vrai qu'il a des pièces lourdes, mais il n'en a que deux. Le *Monmouth*, au contraire, est inférieur au *Scharnhorst* ; il n'avait que des canons de 15 centimètres. Les Anglais ont encore par ici un navire comme le *Monmouth* et, en outre, semble-t-il, un vaisseau de ligne de la classe *Queen*, armé de pièces de 305 millimètres[1]. A ce dernier, nous n'avons rien à opposer, et s'ils avaient réuni toutes leurs forces, nous n'aurions certainement pas eu le dessus. Tu peux te représenter quelle joie règne chez nous ; nous avons contribué à la gloire de nos armes, bien que cela soit peu de chose dans l'ensemble et devant le nombre énorme de vaisseaux anglais. »

Après le combat, les croiseurs allemands restèrent sur

[1] Le *Canopus*.

place jusqu'à 10 h. 30, mais ne virent plus ni survivants ni épaves. Les hautes lames, fouettées par le vent du Sud soufflant en tempête, avaient tout englouti. Du *Good-Hope* et du *Monmouth*, officiers et équipages avaient disparu. Le contre-amiral Cradock avait péri, héroïquement.

C'était le 1er novembre, le jour des morts.

Les croiseurs allemands n'avaient que de légères avaries. Un obus de 10 centimètres avait pénétré dans la batterie postérieure, non cuirassée, du *Scharnhorst*; un obus de 7 centimètres avait percé la deuxième cheminée. Les seules victimes furent trois blessés légèrement, à bord du *Gneisenau*.

L'escadre de l'amiral von Spee se rendit ensuite à Valparaiso, où elle arriva le 3 novembre, vers midi.

Elle y fut accueillie par la colonie allemande, qui ignorait complètement sa présence dans ces parages. La nouvelle de sa victoire fut télégraphiée aux quatre points cardinaux.

L'Amirauté anglaise eut quelque peine à se rendre à la réalité :

« Le rapport allemand affirme que le *Monmouth* a été coulé et que le *Good-Hope* a été très sérieusement endommagé... L'Amirauté ne peut accepter cette version pour l'instant, car le cuirassé *Canopus*, qui avait été envoyé spécialement dans le but de renforcer l'escadre de l'amiral Cradock, et lui donnait une supériorité marquée, n'est pas nommé. En outre, quoique cinq vaisseaux allemands fussent concentrés dans les eaux chiliennes, il n'y en eut que trois [1] qui entrèrent à Valparaiso. Il est donc possible

---

[1] Le *Scharnhorst*, le *Gneisenau* et le *Leipzig*, comme le montre une curieuse photographie de l'*Illustrierte Zeitung*, Leipzig. Le *Dresden* et le *Nüremberg* étaient probablement restés au sud de Coronel, poursuivant le *Glasgow*.

que, lorsque des détails complets de l'action seront connus, la version allemande soit modifiée. Dans tous les cas, des mesures effectives ont été prises pour faire face à la situation [1]. »

L'Amirauté fut prise à partie assez violemment. Il y avait eu des fautes, notamment des négligences dans les précautions à prendre, pour éviter de fournir à l'adversaire des renseignements précis sur la route suivie par les croiseurs anglais.

« Nous savions fort bien [2] qu'une escadre anglaise était dans nos parages, parce qu'elle avait passé le détroit de Magellan, et que le *Monmouth* et le *Glasgow* étaient apparus, un jour, devant Valparaiso. Mais personne ne savait rien de certain sur les croiseurs allemands... »

D'autre part, la division anglaise avait charbonné deux fois sur la côte Est de l'Amérique du Sud. Elle charbonna ensuite à Coronel.

Les Allemands, au contraire, n'avaient pas signalé leur présence. Ils étaient restés au large de Valparaiso, et s'étaient toujours tenus à 50 ou 60 milles des côtes du Chili. Enfin, ils avaient fait répandre de fausses nouvelles. L'escadre de von Spee avait été capturée en Océanie, faute de combustible, disait-on. Les Anglais ne croyaient avoir affaire qu'aux petits croiseurs *Nüremberg* et *Dresden*, adversaires peu redoutables.

* * *

Le *Glasgow* et l'*Otranto* avaient réussi, à la faveur de

---

[1] Communiqué officiel du 4 novembre. Il fut suivi d'un second communiqué, le 7 novembre. Enfin, le rapport du commandant du *Glasgow* fut publié le 17 novembre.

[2] Lettre de Valparaiso déjà citée.

l'obscurité, à prendre la fuite[1]. Les deux bâtiments avaient reçu quelques projectiles, qui ne leur firent que des avaries légères.

Pendant toute l'action, le *Glasgow* avait correspondu par T. S. F. avec le cuirassé *Canopus*, qui ne put, malheureusement, rejoindre à temps les croiseurs de Cradock. Un enseigne de vaisseau du *Canopus*[2] a donné, sur les faits et gestes de ce bâtiment, d'intéressantes précisions[3].

« Le 27 octobre, nous sortîmes du détroit de Magellan, et fîmes route vers le Nord, en longeant la côte chilienne. Nous nous tenions hors de vue du littoral. Il y avait avec nous deux bateaux de ravitaillement, que nous escortions. Le 1er novembre, un dimanche, à environ 5 h. ½ du soir, nous reçûmes du *Glasgow* un message sans fil, disant qu'il avait aperçu quelques bâtiments ennemis. Nous demandâmes au *Glasgow* de nous indiquer sa position, et nous augmentâmes la pression de nos chaudières. Nous perdîmes contact avec notre convoi, et le laissâmes en arrière. Le *Glasgow*, pendant un certain temps, ne nous

---

[1] « Le *Glasgow*, ne pouvant rendre aucun service au *Monmouth*, partit à toute vitesse pour éviter d'être coulé. A 8 h. 50, il perdait de vue l'ennemi. A 9 h. 20 il observa soixante-quinze lueurs de coups de canons. » (Rapport du *Glasgow*.) C'était le combat du *Nüremberg* et du *Monmouth*.

Le *Glasgow* avait reçu quelques obus, deux dans ses soutes et deux dans la superstructure. Son arrière était endommagé.

« Un des derniers obus explosa près de la cabine du commandant, la détruisant complètement ; un autre frappa une cheminée, blessant légèrement six hommes, perçant de ses débris les autres cheminées et des tuyaux de vapeur. Fait digne de remarque : rien dans la chambre du commandant ne prit feu, et le même obus avait passé dans une armoire contenant des effets. Les obus ne firent pas plus de dommages dans les soutes, ce qui démontre l'excellente protection produite par le charbon. » (*Temps* du 21 décembre 1914.)

[2] L'enseigne Malet de Carteret, de Sydney (Australie).

[3] Lettre datée du 4 décembre 1914 et publiée par le *Sun* de Sydney du 12 mars 1915.

indiqua point sa position, mais nous envoya des signaux tels que : « Ennemi en vue », « Deux croiseurs cuirassés et trois croiseurs légers », « On me donne la chasse », et ainsi de suite. Pendant tout ce temps, nous n'avions rien appris au sujet du *Good-Hope* ou du *Monmouth*. A la tombée de la nuit, le *Good-Hope* nous signala d'aller à

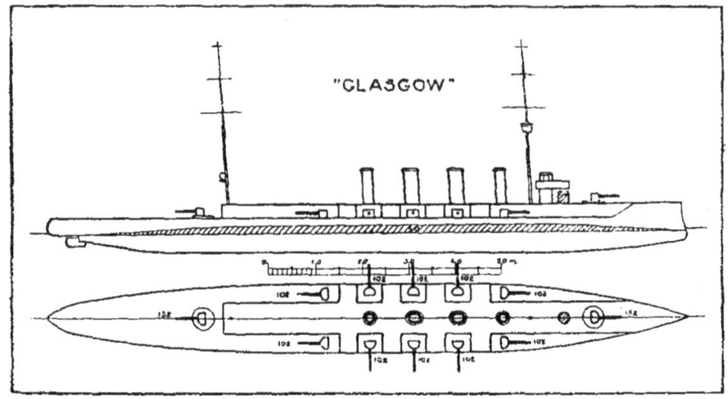

CROISEUR LÉGER « GLASGOW » (1909).

Déplacement 4900 tonnes. Turbines 22 500 HP. Vitesse 26 nœuds. Armement II-152 millim. X-102 millim. II tubes lance-torpilles. Pont blindé de 50 millim.
Du même type : *Liverpool, Newcastle, Gloucester, Bristol* (série des « Villes d'Angleterre »).

toute vapeur nous concentrer près du *Glasgow*. Toute la nuit, l'équipage dormit à ses postes de combat, et nous étions parés à l'action, à tout instant. La nuit durant, nous entendîmes les signaux de T. S. F. des Allemands. Nous les « chambardions », au moyen de signaux sans aucun sens, ce qui empêcha les télégraphistes allemands de distinguer leurs propres signaux des nôtres. Plus tard, le *Glasgow* nous signala : « Craignons que *Good-Hope* ne soit perdu ; notre escadre éparpillée ». Ensuite, le *Glasgow*, quittant le lieu du combat, nous rejoignit à un point préalablement fixé.

» Pendant tout ce temps, nous n'avions rien appris du *Monmouth*. Alors, bien que notre capitaine s'y décidât à contre-cœur, nous fûmes obligés de faire route au Sud, sans ce vaisseau. Nous reçûmes, sur le combat, un rapport du *Glasgow*, qui n'avait que peu souffert...

» Puis, en compagnie du *Glasgow*, nous fîmes route au Sud et, le 3 novembre, nous entrâmes dans un chenal nommé détroit de Messier, parallèle au littoral du Chili. Il rejoint le détroit de Magellan à l'Est de l'entrée habituelle. Nous ne possédions aucune carte de ce canal, mais nous avions heureusement à bord un officier, qui l'avait passé trente-six fois, et en connaissait pratiquement la navigation par cœur. Il nous conduisit donc, sans carte. En certains endroits, le chenal n'avait guère plus de 200 yards de largeur. Nous passâmes ce canal, pour le cas où les Allemands nous eussent dépassés, et nous eussent coupé l'entrée ordinaire du détroit (de Magellan). Il n'en fut rien cependant, et nous atteignîmes les îles Falkland le 8 novembre. Nous fîmes volontairement échouer le navire, qui reposa solidement sur la vase. Nos pauvres vieilles machines, surmenées, purent enfin se reposer, après avoir parcouru les océans Pacifique et Atlantique dans tous les sens, presque sans arrêt. »

CHAPITRE III

A la poursuite de von Spee.

L'escadre de von Spee avait été poursuivie, dès le mois de septembre, par des croiseurs japonais. Les croiseurs cuirassés *Tsukuba, Azuma* et *Idzumo* avaient fait route vers les parages Est du Pacifique. Depuis le bombardement de Papeete, ils avaient perdu la trace des croiseurs allemands. Vers le 15 octobre, l'*Idzumo* avait poursuivi le *Leipzig*, faisant route vers l'île de Pâques, et qui réussit à lui échapper.

Dès que la nouvelle du combat de Coronel fut connue des autorités navales, le croiseur de bataille *Australia*, qui avait jusqu'alors patrouillé dans les eaux australiennes, fut rappelé, et envoyé rapidement de l'autre côté du Pacifique. Le 14 novembre, il passait en vue de l'île Fanning, se rendant à la baie de Magdalena (Californie mexicaine). Il y trouva l'escadre de croiseurs japonais, avec lesquels il entreprit le balayage à fond du littoral de l'Amérique centrale et du Sud. Il y eut peut-être une seconde escadre japonaise, composée d'un croiseur de bataille du type *Kongo*, et de quelques croiseurs cuirassés. Cette force navale, opérant dans les parages sud du Pacifique, aurait obligé les croiseurs allemands à passer dans l'Atlantique [1].

D'autre part, les croiseurs de bataille *Invincible* et *Inflexible* avaient quitté, dans le plus grand secret, les

[1] Je ne possède aucune confirmation officielle au sujet de cette seconde escadre. Je n'en parle que sous toutes réserves.

mers européennes et se dirigeaient vers les îles Falkland, où se trouvaient déjà le *Canopus* et le *Glasgow*. En route, les croiseurs cuirassés *Kent, Carnarvon, Cornwall* et le croiseur protégé *Bristol*, appartenant à la réserve des flottes territoriales, les avaient rejoints. Les croiseurs de bataille étaient plus rapides, mieux protégés et infiniment plus puissants que le *Scharnhorst* et le *Gneisenau*, croiseurs cuirassés.

Le *Kent*, le *Cornwall* et le *Carnarvon*, croiseurs cuirassés, étaient plus puissants, mais non plus rapides que le *Leipzig*, le *Nüremberg* et le *Dresden*, croiseurs protégés, auxquels même le *Bristol* et le *Glasgow*, croiseurs protégés, étaient supérieurs en puissance offensive.

Quant au *Canopus*, vieux cuirassé sans vitesse, c'était le bon chien de garde, qui reste au logis pendant que les maîtres sont à la chasse.

Les îles Falkland (ou Malouines) sont formées de deux îles principales, séparées par un bras de mer et entourées d'un collier d'îlots. Situées dans l'Atlantique Sud, à 500 kilomètres environ de la Terre-de-Feu, elles commandent l'entrée du détroit de Magellan et du détroit de Le Maire. D'où leur importance stratégique. Elles offrent un port profond et bien abrité, Port-Stanley. Sa situation en fait un point d'appui naval de premier ordre. C'est pour ce motif que les Anglais en prirent possession définitive en 1833, bien que la République Argentine fasse valoir sur l'île, aujourd'hui encore, des droits plus anciens que les leurs.

Ils y ont installé un dépôt de charbon et une station de télégraphie sans fil. Une entreprise privée s'y trouve, capable d'exécuter des réparations peu importantes. Il n'y a pas de fortifications dans l'île.

On y redoutait une attaque des croiseurs allemands,
qui ne se seraient guère gênés de faire subir à Port-
Stanley le sort de Papeete. Un habitant des îles Falkland
notait, en date du 22 novembre 1914 [1] : «Nous avons eu
des moments assez agités, et, à plusieurs reprises, nous
avons été en grand danger d'être attaqués par l'ennemi.

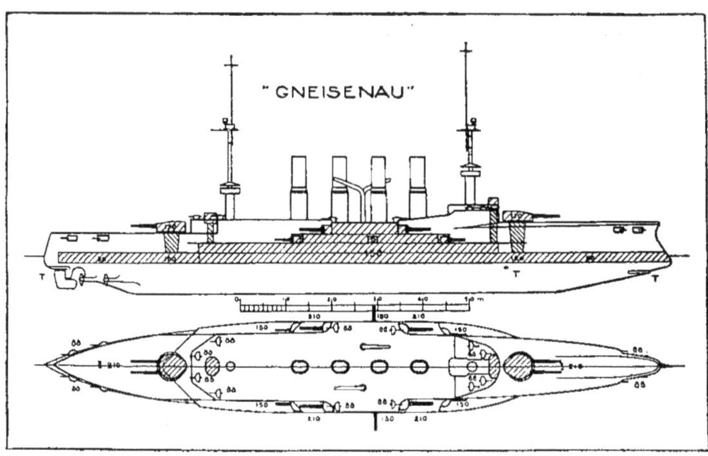

CROISEUR CUIRASSÉ « GNEISENAU » (1906).

Déplacement 11 600 tonnes. Machines alternatives 28 000 HP. Vitesse 22,5 nœuds.
Armement : VIII-210 millim. VI-150 millim. XVIII-88 mill. IV tubes lance-torpilles. Poids d'une bordée : *888 kilogrammes* (y compris les 150 millim.) Ceinture
cuirassée de 150 millim. au centre, de 80 millim. aux extrémités.
Du même type : *Scharnhorst*, un peu plus rapide.

Cependant, il ne nous est rien arrivé, bien que nous ayons
eu mainte alarme, tant de jour que de nuit. Il y a dix jours
nous avons même reçu un avertissement officiel de l'Amirauté. La loi martiale est, pour ainsi dire, constamment
appliquée depuis plusieurs semaines, et les matelots qui

[1] *Colonial Journal*, Londres, avril 1915.

sont à terre après la tombée de la nuit doivent produire un permis.

» Depuis un mois, les femmes, les enfants et les invalides ont été dirigés, par mesure de précaution, sur les districts éloignés. La ville de Stanley est devenue une cité de vieux garçons, dans le sens le plus strict du mot.

» Actuellement, pour défendre la capitale, nous avons ici le navire de Sa Majesté *Canopus*. Il a débarqué un grand nombre de marins, qui s'occupent à fortifier la place. »

Le *Glasgow* avait quitté Port-Stanley peu de temps auparavant, et s'était rendu à Rio-de-Janeiro. Il y passa en cale sèche. Ses avaries furent réparées[1]. Il reprit la mer le 23 novembre, et se joignit à l'escadre de l'amiral Sturdee, en route vers les îles Falkland.

---

[1] Dans les ports et rades neutres, les navires de guerre belligérants ne peuvent réparer leurs avaries que dans la mesure indispensable à la sécurité de leur navigation, et non pas accroître, d'une manière quelconque, leur force militaire...

Convention XIII de la Haye, art. 17.

CHAPITRE IV

Le combat des îles Falkland.

Après son escale à Valparaiso, le vice-amiral von Spee, instruit de l'approche des croiseurs japonais [1], avait fait route au Sud. Puis, contournant le cap Horn, il se dirigea vers les îles Falkland, où il pensait trouver et détruire le *Canopus* et le *Glasgow*. Il détacha un de ses croiseurs légers, qui devait le renseigner sur les forces de l'ennemi. Le croiseur revint bientôt, et signala que deux croiseurs anglais se trouvaient dans le voisinage. Von Spee se prépara aussitôt à combattre les bâtiments anglais, et donna ses instructions pour l'attaque. Comme, en se rapprochant de l'île, il se rendait compte que les forces ennemies comprenaient non pas deux, mais six croiseurs, le vice-amiral décida d'engager quand même le combat, et alla de l'avant... Un peu après, il remarqua les deux croiseurs de bataille, et décida d'accepter le combat seulement avec le *Scharnhorst* et le *Gneisenau*. Il donna l'ordre aux croiseurs légers de se disperser [2].

[1] Quatre croiseurs cuirassés viennent derrière nous. Le commandant tient pour possible un combat avec ces bâtiments pour demain déjà... (Lettre d'un marin du *Nüremberg* du 11 novembre 1914.)

[2] Récit d'un marin du *Dresden*, 16 décembre 1914.

Rapport du vice-amiral Sir F. C. Doveton Sturdee [1].

« L'escadre, composée des bâtiments de Sa Majesté :

Invincible, battant mon pavillon, capitaine de pavillon [2] Percy T. M. Beamish ;

Inflexible, capitaine Richard F. Philimore ;

Carnarvon, battant pavillon du vice-amiral Archibald P. Stoddart, capitaine de pavillon Harry L. d'E. Skipwith;

Cornwall, capitaine Walter M. Ellerton ;

Kent, capitaine John D. Allen ;

Glasgow, capitaine John Luce ;

Bristol, capitaine Basil M. Fanshawe;

et *Macedonia*, capitaine Bertram S. Evans,

arriva à Port-Stanley, îles Falkland, à 10 h. 30 du matin, le lundi 7 décembre 1914. Tout de suite, elle se mit à faire du charbon, afin d'être en mesure de reprendre la recherche de l'escadre ennemie, dès le lendemain soir, 8 décembre.

« A 8 heures du matin, le mardi 8 décembre, le sémaphore de la côte envoie le signal suivant :

» Un navire de guerre à quatre cheminées, et un à deux, » sont en vue de la colline de Sapper, se dirigeant vers » le Nord. »

» A ce moment, les divers bâtiments de l'escadre occupaient les positions suivantes :

» *Macedonia*, à l'ancre comme navire-vigie ;

» *Kent* (navire de garde), à l'ancre au Port William ;

» *Invincible* et *Inflexible*, au Port-William ;

---

[1] Ce rapport n'a pas encore paru en français; il est donné ici dans son intégralité.

[2] Le vice-amiral exerce le commandement d'une escadre ou d'une division, mais non celui d'un bâtiment particulier. Le capitaine de pavillon exerce le commandement du bâtiment amiral.

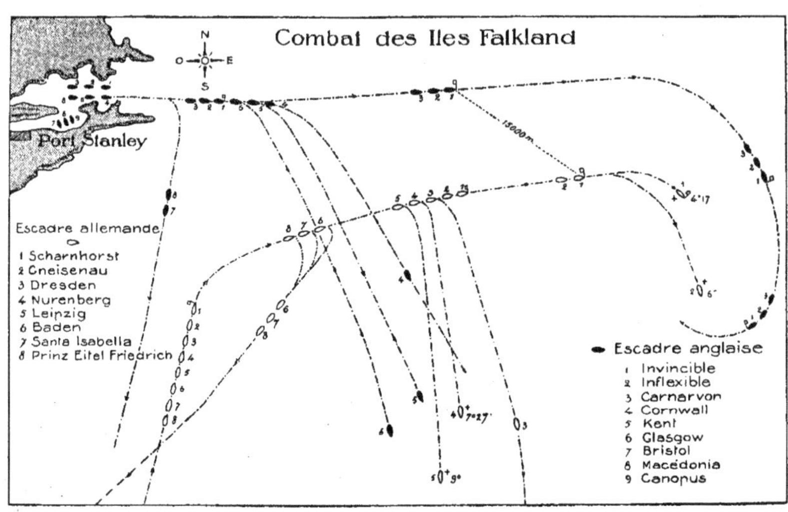

Combat des Iles Falkland
N
O E
S
Port Stanley
15000 m
Escadre allemande
1 Scharnhorst
2 Gneisenau
3 Dresden
4 Nurenberg
5 Leipzig
6 Baden
7 Santa Isabella
8 Prinz Eitel Friedrich
Escadre anglaise
1 Invincible
2 Inflexible
3 Carnarvon
4 Cornwall
5 Kent
6 Glasgow
7 Bristol
8 Macédonia
9 Canopus

» *Carnarvon*, au Port-William ;
» *Cornwall*, au Port-William ;
» *Glasgow*, au Port-Stanley ;
» *Bristol*, au Port-Stanley.

» L'ordre fut immédiatement donné au *Kent* de lever l'ancre, et un signal général enjoignit (aux autres navires) d'augmenter la pression pour marcher à toute vapeur.

» A 8 h. 20, le sémaphore signale qu'une autre colonne de fumée est en vue dans la direction du Sud, et à 8 h. 45, le *Kent* sort du port et prend position à l'entrée.

» Le *Canopus*, capitaine Heathcoat S. Grant, informe à 8 h. 47 que les deux premiers vaisseaux en vue sont à une distance de huit milles marins, et que la fumée, aperçue à 8 h. 20, paraît être celle de deux autres navires, à environ 20 milles.

» A 8 h. 50, le sémaphore signale une nouvelle colonne de fumée, en vue dans la direction du Sud.

» Ordre est donné au *Macedonia* de lever l'ancre et de se placer sous le vent des autres unités de l'escadre, pour y attendre d'autres instructions.

» A 9 h. 20, les deux premiers vaisseaux ennemis (le *Gneisenau* et le *Nüremberg*), leurs canons pointés sur la station de télégraphie sans fil, arrivent à portée du *Canopus*, qui ouvre le feu à une distance de 11 000 yards, tirant par-dessus la côte basse. L'ennemi, tout de suite, arbore son pavillon et vire de bord. A ce moment, les mâts et la fumée des vaisseaux allemands étaient visibles, du pont supérieur de l'*Invincible*, à une distance d'environ 17 000 yards, au-delà de la côte basse, située au Sud de Port-William.

» Quelques minutes plus tard, les deux croiseurs modifièrent leur course à bâbord, comme s'ils avaient voulu engager le *Kent*, en position à l'entrée du port, mais il semble qu'ils aperçurent, à ce moment, par-dessus la côte basse, l'*Invincible* et l'*Inflexible*, car ils virèrent de bord immédiatement et, à toute vitesse, rejoignirent les autres navires de leur escadre.

» Le *Glasgow* leva l'ancre à 9 h. 40, et prit position près du *Kent*, pour observer les mouvements de l'ennemi.

Le signal décisif.

» A 9 h. 45, l'escadre — moins le *Bristol* — leva l'ancre, et sortit du port dans l'ordre suivant : *Carnarvon*, *Inflexible*, *Invincible* et *Cornwall*. Au passage du phare du cap Pembroke, les cinq navires ennemis apparurent clairement au Sud-Est, les coques sous l'horizon. La visibilité était à son maximum, la mer était calme, le soleil brillait, le ciel était clair, et une légère brise s'élevait du Nord-Ouest.

» A 10 h. 20, le signal de la chasse générale fut donné. Les croiseurs de bataille eurent tôt fait de dépasser le *Carnarvon*, et de rattraper le *Kent*. Le *Glasgow* eut ordre de se tenir à deux milles de l'*Inflexible*, et l'*Inflexible* de prendre position en échelon, à tribord du navire-amiral. La vitesse fut réduite à 20 nœuds, à 11 h. 15, afin de permettre aux croiseurs de rejoindre leurs positions.

» A ce moment, les cheminées et les ponts supérieurs des vaisseaux ennemis étaient visibles, au-dessus de l'horizon.

» A 11 h. 27, le *Bristol* informe que trois vapeurs ennemis sont au large de Port-Pleasant ; probablement des charbonniers ou des transports ; ordre est donné au *Bristol* d'aller, avec le *Macedonia*, détruire ces transports.

» Comme l'ennemi maintenait toujours sa distance, je

décidai, à 12 h. 20 du soir, d'attaquer avec les deux croiseurs de bataille et le *Glasgow*.

« A 12 h. 47, le signal fut donné d'« ouvrir le feu et » d'engager l'ennemi ».

» L'*Inflexible* ouvrit le feu, à 12 h. 55, avec les pièces de sa tourelle avant, sur le navire à l'extrême-droite de la ligne ennemie, un croiseur léger ; quelques minutes après, l'*Invincible* ouvrit le feu sur le même navire.

» Un feu nourri fut concentré, à la distance de 16 500 à 15 000 yards, sur ce croiseur léger, qui était resté en arrière et qui était très menacé ; à 1 h. 20, un projectile étant tombé tout près de lui, ce navire (le *Leipzig*) vira de bord avec le *Nüremberg* et le *Dresden*, et tous trois s'enfuirent, dans la direction du Sud-Ouest. Ces croiseurs légers furent immédiatement pris en chasse par le *Kent*, le *Glasgow* et le *Cornwall*, conformément à mes instructions.

» L'action se développa finalement en trois rencontres séparées, en outre de celle, subsidiaire, relative à la tentative de débarquement.

a) *Combat avec les croiseurs cuirassés.*

» Le feu des croiseurs de bataille fut dirigé contre le *Scharnhorst* et le *Gneisenau* ; l'effet en fut très prompt, et, à 1 h. 25, le *Scharnhorst* étant en tête, ils virèrent de sept points sur bâbord, l'un après l'autre, et se placèrent en ligne de file. Leur feu répondit au nôtre à 1 h. 30. Peu après, la vitesse fut réduite à 24 nœuds, et les croiseurs de bataille tournèrent ensemble et se placèrent aussi en ligne de file, l'*Invincible* en tête.

» La portée était de 13 500 yards dans la dernière phase, mais elle fut graduellement augmentée, et, vers 2 heures, elle atteignait 16 450 yards.

» A 2 h. 10, l'ennemi virait de dix points sur tribord, et une nouvelle chasse s'ensuivit ; à 2 h. 45 environ, les croiseurs de bataille, étant à bonne portée, rouvrirent le feu ; ce qui fut cause que l'ennemi vira sur bâbord, à 2 h. 53, pour se replacer en ligne de file ; il répondit à notre feu à 2 h. 55.

» Un incendie éclata sur le *Scharnhorst*, à l'avant, mais il semblait de peu de gravité, bien que le tir de son artillerie parût s'être perceptiblement modéré ; le *Gneisenau* fut sérieusement atteint par les projectiles de l'*Inflexible*.

» A 3 h. 30, le *Scharnhorst* vira de nouveau de 10 points sur tribord ; son feu d'artillerie avait sensiblement diminué quelques instants auparavant ; un de nos obus avait emporté sa troisième cheminée ; quelques-uns de ses canons ne tiraient plus, et il semblerait qu'il avait viré de bord afin d'amener ses pièces de tribord en action. L'effet de notre feu sur le *Scharnhorst* devint de plus en plus apparent ; il était entouré de la fumée des incendies qui le consumaient, et de la vapeur s'échappant de ses chaudières ; parfois, un de nos obus faisait dans sa cuirasse, un grand trou à travers lequel on pouvait distinguer une lueur de couleur rouge sombre. A 4 h. 04, le *Scharnhorst*, dont le pavillon flotta jusqu'à la fin, s'inclina subitement sur bâbord et, en moins d'une minute, on put se rendre compte que c'était un navire perdu ; il s'inclinait très rapidement, jusqu'à être couché sur le flanc, et à 4 h. 17, il disparut.

» Le *Gneisenau* passa au-delà de son vaisseau-amiral en perdition, et poursuivit le combat contre les deux croiseurs de bataille ; ce fut un effort vigoureux, mais qui resta sans effet.

» A 5 h. 08, la cheminée d'avant était renversée, et s'appuyait sur la deuxième. Le navire était évidemment en difficultés, et son feu se ralentit beaucoup.

» A 5 h. 15, un des projectiles du *Gneisenau* atteignit l'*Invincible* ; ce fut là son dernier effort.

» A 5 h. 30, il se dirigea vers notre navire-amiral ; il penchait lourdement à tribord, et semblait être arrêté ; la vapeur fuyait par les tuyaux d'échappement, et il était entouré de la fumée des incendies et des obus éclatant partout. A ce moment, je donnai le signal de « Cessez le feu ! », mais avant qu'il fût arboré, le *Gneisenau* rouvrit le feu, et continua de tirer, de temps à autre, avec un seul canon.

Cessez le feu !

» A 5 h. 40, nos trois vaisseaux[1] se portèrent sur le *Gneisenau*, qui semblait avoir amené son pavillon d'avant ; cependant, la flamme du mât d'arrière continuait à flotter. Le signal de « Cessez le feu ! » fut donné à 5 h. 50 ; à 6 heures, le *Gneisenau* donna subitement de la bande, montrant les hommes de l'équipage, réunis sur le pont, et qui marchaient sur le côté du navire, lorsqu'il se coucha sur le flanc, une minute avant de couler.

» Les prisonniers de guerre, que nous avons faits du *Gneisenau*, ont déclaré que 600 hommes de l'équipage avaient été tués ou blessés, lorsque les munitions furent épuisées. Les officiers et marins survivants furent alors réunis sur le pont, et on leur ordonna de se munir de hamacs et de tous autres objets, qui pouvaient les aider à se maintenir sur l'eau.

» Quand le navire chavira et coula, il y avait environ

---

[1] *Invincible, Inflexible* et *Carnarvon*.

200 survivants non blessés dans l'eau, mais, par suite de la congestion provoquée par la basse température de la mer, un grand nombre se noyèrent avant d'être en vue de nos canots de sauvetage et de notre navire. Les plus grands efforts furent tentés, le plus rapidement possible, par les canots et les navires, afin de recueillir le plus grand nombre de survivants ; des bouées et des cordages leur furent lancés, mais on ne put sauver qu'une partie des naufragés. L'*Invincible* a recueilli, à lui seul, 108 hommes, dont 14 moururent, après avoir été embarqués ; ils furent ensevelis en mer, le lendemain, avec tous les honneurs militaires.

b) Engagement avec les croiseurs légers.

» Vers 1 heure de l'après-midi, lorsque le *Scharnhorst* et le *Gneisenau* tournèrent à bâbord pour engager l'action avec l'*Invincible* et l'*Inflexible*, les croiseurs légers de l'ennemi tournèrent à tribord, pour tenter de fuir le combat ; le *Dresden* était en tête, le *Nüremberg* et le *Leipzig* suivaient sur chaque bord.

» Conformément à mes instructions, le *Glasgow*, le *Kent* et le *Cornwall* les prirent immédiatement en chasse ; le *Carnarvon*, dont la vitesse était insuffisante pour lui permettre de participer à la poursuite, rallia les croiseurs de bataille.

» Le *Glasgow* prit la tête, suivi du *Cornwall* et du *Kent* et, à 3 heures, il échangeait des coups de canon avec le *Leipzig*, à 12 000 yards. L'objectif du *Glasgow*, en tirant à cette portée avec ses canons de 6 pouces, était d'obliger le *Leipzig* à modifier sa route, afin de permettre au *Cornwall* et au *Kent* d'entrer aussi en action. A 4 h. 17, le *Cornwall* était à portée, et ouvrait le feu sur le *Leipzig*.

A 7 h. 17, ce navire était en feu, à l'avant et à l'arrière, et le *Cornwall* et le *Glasgow* cessèrent leur tir. Le *Leipzig* se renversa à bâbord, et vers 9 heures du soir il avait disparu. Sept officiers et onze hommes furent sauvés.

» A 3 h. 36, le *Cornwall* avait donné au *Kent* l'ordre d'engager le *Nüremberg*, dont il était le plus près. Grâce aux efforts énergiques des mécaniciens du *Kent*, ce dernier put forcer de vitesse et, dès 5 heures du soir, il était à bonne portée du *Nüremberg*. A 6 h. 35, le *Nüremberg* était en flammes, et cessait de tirer. Le *Kent* cessa aussi le feu, et se rapprocha du navire, à une distance de 3 300 yards ; toutefois, comme le pavillon du *Nüremberg* flottait encore, le *Kent* ouvrit le feu à nouveau. Cinq minutes après, le tir s'arrêta, car l'ennemi avait amené ses couleurs, et tous les préparatifs nécessaires furent effectués en vue de sauver les survivants. Le *Nüremberg* coula, à 7 h. 27, et, comme il coulait, on vit à bord un groupe d'hommes, qui agitaient un drapeau allemand attaché à un espar. Douze hommes ont été recueillis, dont seulement sept survécurent.

» Le *Kent* a eu quatre tués et douze blessés, par l'explosion d'un obus.

» Pendant que les trois croiseurs anglais étaient engagés avec le *Nüremberg* et le *Leipzig*, le *Dresden*, qui était en tête, parvint à s'échapper, grâce à sa vitesse supérieure. Le *Glasgow* est le seul de nos croiseurs dont la vitesse lui eût permis d'engager le *Dresden*, mais il dut soutenir la lutte avec le *Leipzig* pendant plus d'une heure, avant que le *Cornwall* et le *Kent* aient été à portée. Pendant ce temps, le *Dresden* parvenait à augmenter sa distance, et disparaissait à l'horizon.

» Le temps avait changé vers 4 heures du soir ; la visibilité était moins bonne ; le ciel était couvert et nuageux, circonstances qui permirent au *Dresden* de se retirer inaperçu.

c) *Rencontre avec les transports.*

» Le *Bristol* nous signala, à 11 h. 27 du matin, que trois vapeurs ennemis, probablement des transports, étaient apparus au large de Port-Pleasant. Ordre fut donné au *Bristol*, accompagné du *Macedonia*, de détruire ces navires. Le *Macedonia* informa ensuite que seulement deux vapeurs ennemis avaient été reconnus : le *Baden* et le *Santa-Isabel* ; ils furent tous deux coulés après que l'on eut débarqué leurs équipages.

» J'ai le plaisir de signaler que les officiers et les hommes placés sous mes ordres ont rempli leur devoir avec un admirable sang-froid et une exactitude scrupuleuse, et que mention spéciale doit être faite des efforts des officiers mécaniciens de tous les navires, dont quelques-uns dépassèrent leur plus grande vitesse normale. »

F. C. D. STURDEE.

* * *

Les mêmes causes qui avaient amené la victoire de von Spee à Coronel la procurèrent à Sturdee aux îles Falkland.

Le départ de l'escadre anglaise avait été tenu secret, sa présence dans les eaux Sud-Ouest de l'Atlantique fut ignorée de l'escadre allemande jusqu'au moment de la rencontre au large des îles Falkland. La surprise fut complète.

Le vice-amiral Sturdee se trouva à l'endroit voulu, à l'heure voulue, avec des forces très supérieures à celles de l'adversaire. C'est là tout le secret de sa victoire, « préparée par une stratégie supérieure, qui porte, dans chacun de ses détails, l'empreinte du génie de lord Fisher [1]. »

Après une poursuite générale, l'action se décomposa en trois combats séparés :

a) *Combat entre croiseurs cuirassés et croiseurs de bataille.*

Le combat contre les croiseurs cuirassés *Scharnhorst* et *Gneisenau* a été mené par les croiseurs de bataille *Invincible* et *Inflexible*, et, dans une moindre mesure, par le croiseur cuirassé *Carnarvon*.

La grande supériorité des croiseurs anglais résidait dans leur vitesse et leur grosse artillerie. Ils fournissaient facilement 28 nœuds [2], alors que leurs adversaires ne pouvaient guère dépasser 23 nœuds. Ce dernier chiffre ne fut probablement pas atteint par les croiseurs allemands, qui croisaient depuis plus de quatre mois dans les mers tropicales. Leurs coques, couvertes d'algues et de mousses, avaient besoin d'un sérieux nettoyage en cale sèche. Peut-être von Spee espérait-il, en mettant le cap sur les Falkland, pouvoir, par des moyens de fortune, et en utilisant les maigres ressources des ateliers de Port-Stanley, rendre à ses bâtiments fatigués leur vigueur primitive. Quoi qu'il en soit, il se présenta au combat moins « frais » que ses adversaires, qui avaient probablement passé en cale sèche avant de quitter leurs postes de combat de la mer du Nord et de la Méditerranée.

---

[1] *Daily News.*

[2] Jane indique 28,6 nœuds pour l'*Invincible* et 28,4 pour l'*Inflexible*, meilleures vitesses récemment enregistrées. *Fighting Ships*, 1914, 4ᵉ édit.

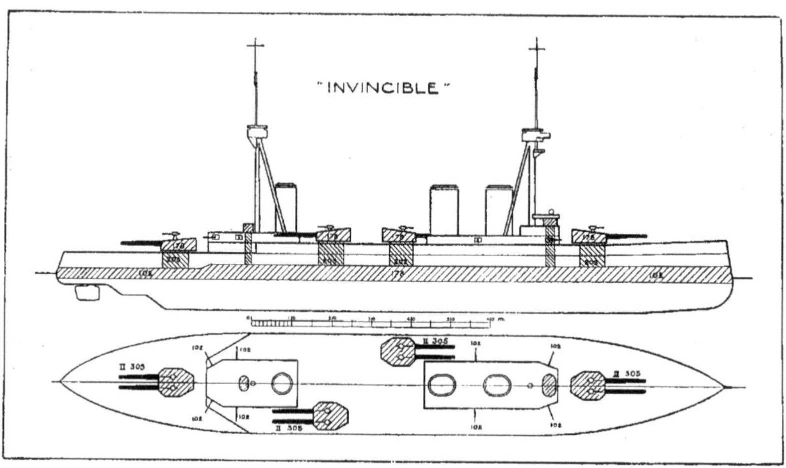

Déplacement 17600 tonnes. Turbines 43300 HP. Vitesse 28 nœuds. Armement : VIII-305 millim. XVI-102 millim.. dont huit sur les tourelles. V tubes lance-torpilles. Poids d'une bordée : *3084 kilogrammes*. Ceinture cuirassée de 178 millim. au centre, de 102 millim. aux extrémités.

Du même type : *Inflexible* et *Indomitable*. Prototype des « Croiseurs de bataille ».

La supériorité de vitesse des Anglais leur a permis de se tenir à bonne portée (de 13 500 à 16 000 yards [1]), alors que les Allemands, tenus à distance, ne pouvaient guère riposter avec leurs pièces de 210 millimètres, dont le tir, réellement efficace, se règle à 10 kilomètres environ.

« Grâce à la vitesse très supérieure de ses bâtiments [2] le vice-amiral Sturdee a pu choisir la distance et la position de combat favorables, par rapport au soleil, à l'état de la mer et au vent, et mettre hors de combat nos croiseurs plus lents et peu armés, avant même qu'il fût possible au chef de l'escadre allemande de faire parler sérieusement ses canons. »

Les croiseurs anglais, comme les croiseurs allemands, étaient armés chacun de huit grosses pièces. Mais les anglais avaient une grande supériorité de calibre. Les huit pièces de 305 millimètres de l'*Invincible* lançaient une bordée pesant 3080 kilogrammes, alors que les six pièces de 210 millimètres [3] du *Scharnhorst* ne pouvaient projeter qu'une bordée de 750 kilogrammes. La même proportion se retrouve pour le tir en chasse et en retraite. L'artillerie moyenne n'est probablement pas intervenue, sauf peut-être à la fin du combat. C'est sous le poids des obus de 305 que le *Scharnhorst* et le *Gneisenau* ont succombé.

Remarquons enfin que les Anglais étaient mieux protégés, et qu'au moment où il coula, le *Gneisenau* avait épuisé ses munitions. Le *Scharnhorst* fut peut-être dans le même cas. Juste retour des choses. La longue résis-

---

[1] 12 300 et 14 500 mètres.

[2] Capitaine L. Persius. (*Berliner Tageblatt.*)

[3] Sur huit pièces de 210 millimètres, six seulement pouvaient tirer à la fois d'un même bord.

tance du *Monmouth* et du *Good-Hope*, à Coronel, paralysait l'action des croiseurs allemands aux Falkland, et l'empêchait d'atteindre son maximum de puissance.

b) *Combats entre croiseurs légers et cuirassés.*

Il y eut deux actions séparées :

1° Entre le *Leipzig*, le *Glasgow* et le *Cornwall* :

Leipzig (1905)	*Glasgow* (1909)	*Cornwall* (1902)
Armement X 105 millim.	II 152 millim.	XIV 150 millim.
	X 102 millim.	
Vitesse 23,5 nœuds	26 nœuds	23,5 nœuds

2° Entre le *Nüremberg* et le *Kent* :

Nüremberg (1906)	*Kent* (1901)
Armement X 105 millim.	XIV 150 millim.
Vitesse 24 nœuds	24 nœuds.

La vitesse indiquée pour le *Kent* a été dépassée pendant le combat.

Dans ces deux engagements, les Anglais avaient la supériorité du nombre et de l'armement ; leur vitesse, sauf en ce qui concerne le *Glasgow*, était égale à celle de l'adversaire.

Des trois croiseurs protégés allemands, un seul, le *Dresden*, réussit à échapper aux coups de l'ennemi. « Tandis que les trois croiseurs anglais [1] étaient engagés avec le *Nüremberg* et le *Leipzig*, le *Dresden*, qui était en tête, parvint à s'échapper, grâce à sa vitesse supérieure. » Sans doute, les péripéties du combat expliquaient-elles, en une certaine mesure, la fuite du *Dresden*. Elle n'en demeurait pas moins « un regrettable incident ».

[1] *Times*, 4 mars 1915.

« Sa fuite eut pour conséquence deux résultats malheureux [1]. Elle obligea plusieurs vaisseaux à partir pour
lui donner la chasse ; ces navires auraient pu être employés à toute autre besogne. De même, elle amena, indi-
rectement, la perte d'un beau croiseur japonais [2]. Dans la
marine, nous nous souvenons précieusement de deux
expressions : l'une de Drake, disant qu'«on avait le temps
de finir la partie, et de battre aussi les Espagnols » (allu-
sion à la partie de quilles, que jouait l'amiral Drake, au
moment où on lui annonça l'arrivée de l'« Invincible
Armada ») ; l'autre de Nelson : « Souvenez-vous que, si
nous avions capturé dix voiliers, et que nous eussions
permis au onzième d'échapper, alors qu'il aurait été possible de lui tomber dessus, je n'aurais jamais dit que tout
s'était bien passé. »

« Il est probable que l'amiral Sturdee a eu le loisir de
regretter ces heures brillantes des temps passés, lorsqu'il
ralentit sa marche, afin de permettre aux autres croiseurs
de rejoindre leur place. Mais, à part cela, ce fut une bataille chaudement disputée, offrant ample occasion, à tous
ceux qui y prirent part, de faire montre de leurs qualités
admirables. »

c) Engagement avec les transports.

Deux furent pris et coulés ; le troisième réussit à prendre
la fuite. C'était le croiseur auxiliaire *Prinz-Eitel-Friedrich*,
qui se signala, dans la suite, par des prises nombreuses.

En résumé, l'escadre du vice-amiral von Spee était
anéantie, soit deux croiseurs cuirassés, deux croiseurs

---

[1] *Times.*

[2] Le croiseur cuirassé *Asama,* échoué sur la côte du Mexique en février 1915.

légers, et deux paquebots, coulés. Un croiseur léger et un paquebot avaient échappé à la poursuite des croiseurs anglais. Les Anglais n'avaient perdu aucun navire, leurs avaries étaient insignifiantes, de même que leurs pertes en hommes.

«Le combat des Falkland a, pratiquement, débarrassé de la flotte allemande les océans du monde [1]. » Il ne restait plus, hors de la mer du Nord, que les petits croiseurs *Dresden* et *Kœnigsberg*, et quelques croiseurs auxiliaires, traqués par les croiseurs anglais, japonais et français.

[1] Lord Churchill, discours du 15 février 1915.

CHAPITRE V

La chasse au « Dresden ».

Après le combat des îles Falkland, le *Dresden* fut poursuivi par le *Bristol*[1]. L'avance du *Dresden* était considérable, car le *Bristol* avait reçu l'ordre de couler d'abord les transports allemands qui accompagnaient les croiseurs de von Spee. D'autre part, vers les 4 heures de l'après-midi, le temps devint moins clair, et le *Dresden* fut perdu de vue. Toute la nuit, il marcha à grande allure, et arriva le lendemain, dans la matinée, au large du cap Horn (en vue de la Terre-de-Feu). Il se faufila[2] entre les îles qui bordent la côte du Pacifique, et qui constituent un archipel presque impénétrable aux navires de guerre. Le *Dresden* risqua le tout pour le tout, et s'engagea au risque de s'y briser dans d'étroits chenaux, où les croiseurs anglais n'auraient probablement pas osé le suivre. Ses ressources de charbon étaient épuisées. Il dut couper du bois dans les îles, et put ainsi atteindre Punta-Arenas. Il y arriva le 12 décembre, vers midi. Il s'y réapprovisionna en vivres et en combustible. Le 13 décembre, au soir, il reprenait la mer, ayant à bord 1000 tonnes de briquettes.

[1] « Le *Leipzig* resta en arrière à cause d'un défaut de machine. Nous avions l'ordre de ne pas l'abandonner. Le combat continua et dura jusqu'au soir. Le *Dresden* et le navire hôpital *Seydlitz*, poursuivis par l'ennemi, échappèrent, et notre fuite dura trois jours et trois nuits. A toute vapeur, nous contournâmes le cap Horn ; 50 kilomètres à l'heure. »
(Lettre d'un mécanicien du *Dresden*.)

[2] Les indications qui suivent sont extraites d'une lettre d'un Suisse habitant Punta Arenas. (*Tribune de Lausanne*, 29 mai 1915.)

Le lendemain, dans l'après-midi, des croiseurs anglais arrivaient à Punta-Arenas, à la poursuite du fugitif. Ils attendirent deux charbonniers, qui les suivaient, puis repartirent. «Dès cette date [1] et jusqu'au commencement de mars 1915, le *Dresden* se tint caché dans le labyrinthe d'îlots et de canaux du Chili méridional, et, pendant tout ce temps, il fut recherché par le *Kent,* le *Glasgow,* le *Bristol,* le *Carnarvon,* et par les transports armés *Orama* et *Otranto* [2]. Bien qu'on annonçât, de temps à autre, que les croiseurs anglais savaient où il se trouvait, on ne put cependant jamais le rejoindre hors des eaux chiliennes. Il mit à profit le fait que les parages où il se cachait étaient inhabités. Il réussit ainsi à éviter toute tentative, de la part du Chili, de lui notifier d'avoir à quitter les eaux territoriales ou d'être interné. Une certaine fois, nos vaisseaux avaient repéré le *Dresden,* et le gouvernement du Chili lui dépêcha un navire de guerre pour lui faire cette notification. Quand il arriva à l'endroit indiqué, le *Dresden* l'avait déjà quitté.

Un simple coup d'œil sur la carte prouvera combien il est facile à un navire, prêt à tout risquer, d'échapper à un ennemi, presque innombrable, dans le labyrinthe d'îlots, de canaux et d'îles du Chili méridional.

Au commencement de mars 1915, on remarqua une recrudescence d'activité parmi les navires marchands allemands de la côte du Chili. Les vapeurs *Alda* et *Sierra*

---

[1] Lettre d'un correspondant de Santiago au *Times*, 21 avril 1915.

[2] « Seize navires ennemis bloquaient la Terre-de-Feu, dans l'idée que le *Dresden* devait être dans les canaux de Schmidt. Ils en occupaient toutes les issues. »
(Lettre d'un marin du *Dresden.*)
Aux navires cités, il faut ajouter l'escadre japonaise et l'*Australia,* qui, en janvier 1915, coula sur les côtes de Patagonie le croiseur auxiliaire *Eleonore Woermann.*

Cordoba [1] arrivèrent, on ne sait d'où, demandèrent du charbon pour aller jusqu'à leur prochain port, et repartirent en donnant, évidemment, une fausse déclaration quant à leur destination. D'autres vapeurs, à l'ancre dans les ports chiliens dès le début de la guerre, montrèrent des intentions de reprendre la mer. Cela donna à penser que le *Dresden* était, enfin, sorti de sa cachette, ce qui fut confirmé par l'arrivée à Valparaiso, le 13 mars, de l'équipage du *Conway-Castle*, coulé par le croiseur, avec toute sa cargaison de blé, dans le voisinage de l'île Juan-Fernandez (l'île de Robinson Crusoé), le 9 mars. Il semble que le *Dresden* était arrivé près de cette île, le 9 mars, et qu'il manquait de charbon. Il signala par T. S. F. aux vapeurs à l'ancre à Valparaiso de lui en apporter. Évidemment, l'*Alda* et le *Sierra Cordoba* partirent avec cet objet en vue ».

Mis au courant de ces faits, les croiseurs anglais firent route vers Juan-Fernandez. Le 8 mars, dans l'après-midi, le *Dresden* attendit, pendant trois heures, deux vapeurs, qui devaient lui apporter du charbon et des vivres.

« Il y avait un brouillard très dense [2]. Nous nous trouvions à 500 milles en mer, et laissions aller notre bateau. Nos machines n'étaient pas prêtes à marcher ; nous avions seulement deux chaudières sous vapeur. A 2 h. 30, le brouillard disparut d'un seul coup, et, à 6000 mètres, nous vîmes le croiseur anglais *Kent*, qui venait sur nous à grande vitesse. Heureusement, il ne nous reconnut pas tout de

---

[1] Le *Sierra Cordoba*, poursuivi par les Anglais, arriva à **Punta Arenas** en janvier 1915 et en repartit par une nuit sombre. (Lettre précédemment citée d'un habitant de Punta **Arenas**.)

[2] Lettre d'un marin du *Dresden*.

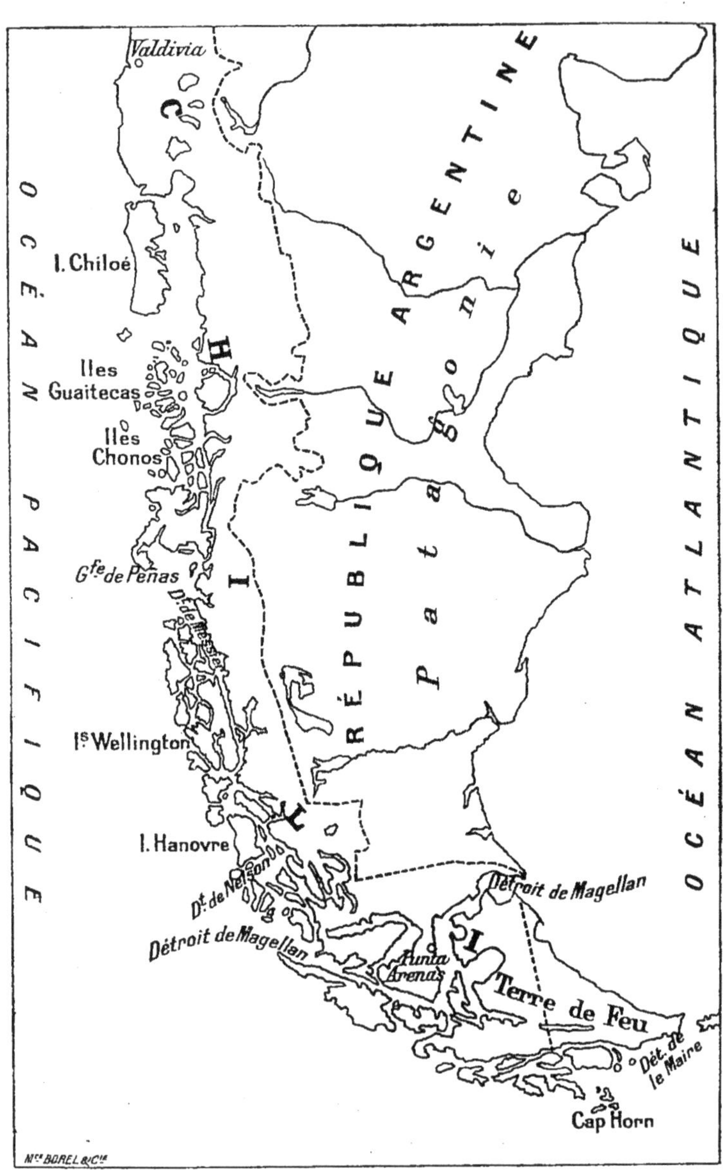

Valdivia
OCÉAN PACIFIQUE
OCÉAN ATLANTIQUE
I. Chiloé
Iles Guaitecas
Iles Chonos
G.fe de Peñas
I.s Wellington
I. Hanovre
D.t de Nelson
Détroit de Magellan
Détroit de Magellan
Punta Arenas
Terre de Feu
Dét. de la Maire
Cap Horn
RÉPUBLIQUE ARGENTINE
Patagonie
CHILI
M.ce BOREL & C.ie

suite, et s'approcha, sans nous tirer dessus. Avant qu'il se fût aperçu qu'il avait le *Dresden* devant lui, nous étions partis, en forçant de vitesse. Il nous suivit. Mais il était trop tard, notre navire était plus rapide. En huit minutes, toutes nos chaudières étaient sous pression, et nous prîmes la fuite, car, avec nos petits canons, nous ne pouvions accepter le combat. »

Cette poursuite du *Dresden* a été décrite par un officier du *Kent* [1].

« Le 4 mars, nous reçûmes l'ordre de nous rendre à un certain endroit, où l'on s'attendait à trouver le *Dresden* ou l'un de ses ravitailleurs. Nous nous mîmes immédiatement en route, et en faisant 17 nœuds, nuit et jour, pendant trente-six heures, nous y arrivâmes le 7 mars avant l'aurore. A la pointe du jour, les officiers et les matelots inspectèrent minutieusement l'horizon, cherchant à découvrir un navire, mais hélas, rien en vue. Cependant nous ne perdîmes pas courage ; nous louvoyâmes dans le voisinage, regardant dans toutes les directions ; enfin, à 3 heures de l'après-midi du jour suivant, nous fûmes récompensés : le *Dresden* était à huit milles environ devant nous. Immédiatement, ordre fut donné aux mécaniciens d'aller à toute vitesse, et le *Kent* se dirigea sur l'ennemi. D'abord nous gagnâmes légèrement sur lui. Nous étions résolus à le rattraper, si des efforts humains et notre détermination avaient suffi, mais nous avions un grand désavantage. Depuis plusieurs semaines, toutes nos chaudières étaient sous pression et prêtes à fournir le maximum de vitesse, et par conséquent il ne nous fut pas possible de les nettoyer ; en outre, la coque du bâtiment était sale, couverte d'algues, de bernacles, etc., ce qui réduisait notre

---

[1] *Morning Post*, 29 juin 1915.

vitesse d'au moins un nœud [1]. Nous étions cependant remplis d'espoir, et nous fîmes de notre mieux.

» Comme nous le fîmes lors de la chasse au *Nüremberg* (au combat de Falkland), nous cassâmes tout le bois inutile, cibles, espars, tangons, etc., le passant aux chauffeurs, qui le jetaient sur les feux. Tout le monde, sauf les chauffeurs, qui restèrent en bas, se rassembla sur le gaillard d'arrière, afin de soulager l'avant du navire. Tous les écrans en toile, et, en somme, tout ce qui pouvait retenir le vent, et par conséquent réduire notre vitesse, tout fut enlevé. Et cependant, malgré tout ce que nous faisions, le *Dresden* s'éloignait de plus en plus. Au crépuscule, il était presque hors de vue. A la tombée de la nuit, nous le perdîmes tout à fait de vue.

» Je n'ai guère besoin de vous dire combien amèrement nous fûmes déçus. Nous avions cependant été utiles à quelque chose, car nous avions pu voir facilement que le *Dresden* était à court de combustible. Il était très haut sur l'eau, et nous l'avions obligé à forcer de vitesse, pendant au moins six heures, ce qui l'amena à dépenser une grande quantité de charbon. Nous aussi, nous étions à court de combustible, et la première chose à faire, c'était d'en trouver. Le *Glasgow* et l'*Orama* furent informés de ce qui s'était passé, et nous nous rendîmes à la station la plus proche où nous pouvions obtenir du combustible. Nous n'y perdîmes pas notre temps. Les matelots travaillèrent nuit et jour pour charger le charbon ; ensuite nous reprîmes la mer. Peu de temps après, le *Glasgow* nous demanda par T. S. F. quelle était la date la plus rapprochée à laquelle nous pourrions arriver à un point distant de 300 milles. Que

---

[1] La vitesse maximum du *Kent* était de 24,1 nœuds, d'après Jane (*The Fighting Ships*, 1914) ; celle du *Dresden*, de 25 nœuds, en temps normal.

répondre ? Depuis des semaines, le *Kent* naviguait continuellement à grande vitesse ; quelques jours auparavant, il avait donné la chasse au *Dresden*, six heurese de suite, à toute vapeur, enfin l'équipage venait, durant un jour et une nuit, de faire du charbon. Les mécaniciens-chefs furent consultés : devions-nous faire un dernier effort pour surprendre le *Dresden* ? Ils répondirent, comme nous y comptions, qu'ils étaient prêts à marcher à toute vapeur tout de suite, et de s'y maintenir aussi longtemps qu'il serait nécessaire. Nous signalâmes au *Glasgow* que, le 14 mars, à 9 heures du matin, le *Kent* se trouverait au point indiqué. »

Un jour après la vaine poursuite du *Kent*, le *Dresden* avait jeté l'ancre dans la baie de Cumberland (île Juan Fernandez). Ses machines étaient avariées, il manquait de charbon. Il n'y en avait pas à Juan Fernandez, et le croiseur dut attendre qu'un navire allemand vînt le ravitailler. Le commandant demanda au gouverneur de l'île l'autorisation de stationner huit jours, le temp de réparer ses machines. Cette autorisation lui fut refusée, et il lui fut ordonné de quitter l'île dans les vingt-quatre heures, sinon il serait interné. Le *Dresden* ne partit pas, et fut considéré dès lors comme interné par le gouverneur, qui lui en fit notification. En pareil cas, le navire de guerre doit être désarmé, et son équipage interné. Mais le commandant du *Dresden* parut faire la sourde oreille, ne désarma pas son bâtiment, et demeura à bord, avec tout son équipage.

Le *Dresden* était donc à l'ancre, dans la baie Cumberland, hôte gênant, et qui refusait de partir, lorsque le 14 mars, à 9 heures du matin, le *Kent*, qui avait rejoint le *Glasgow*, et l'*Orama* [1], apparurent.

[1] Le croiseur auxiliaire *Orama* avait détruit, en octobre 1914, le croi-

« Nous vîmes le *Dresden* [1]. Il était là, de la fumée sortait de ses cheminées, le pavillon allemand flottait à la pointe. Cette fois, il ne pouvait nous échapper. Nous l'entourâmes, nous attendant à chaque instant à le voir essayer de fuir, ou de tirer sur nous, ou de hisser un pavillon blanc, ou de faire un signal quelconque. Mais non ! Nous nous rapprochâmes de plus en plus ; ses canons étaient pointés sur nous, ses couleurs flottaient au vent avec défi.

» Il était essentiel que le *Dresden* fût empêché de prendre dorénavant une part active à la guerre. C'est pourquoi, avec grande répugnance, nos trois vaisseaux ouvrirent le feu contre lui. »

« L'attaque venait [2] de la direction dans laquelle le croiseur allemand ne pouvait tirer qu'avec les canons de poupe. Le *Dresden* répondit au feu des assaillants jusqu'à ce que tous les canons que l'on pouvait utiliser, et trois soutes à munitions, fussent mis hors d'état de continuer à servir. »

Les feux étaient éteints, le *Dresden* ne pouvait ni essayer de fuir, ni se mettre en position de combat. Il le subit donc, vaincu d'avance.

Le *Dresden* hissa un pavillon de parlementaire et envoya à bord du *Glasgow* un officier, protestant contre l'ouverture du feu dans des eaux neutres. A quoi le commandant du *Glasgow* répondit qu'il avait l'ordre de détruire le *Dresden*, n'importe où, et n'importe quand il le trouverait ; qu'au reste, toute l'affaire serait réglée par la diplomatie.

---

seur auxiliaire allemand *Navarra*, au large de la côte du Brésil. A ce moment, l'*Orama* se trouvait en route pour rejoindre l'escadre du contre-amiral Cradock.

[1] Récit de l'officier du *Kent*.

[2] Rapport du commandant du *Dresden*.

Le capitaine Ludecke essaya encore de placer le *Dresden*
dans une meilleure position, au moyen du canot à vapeur.
La grêle des projectiles ennemis l'en empêcha. Il envoya
alors les hommes de la chaufferie et les mécaniciens à
terre. Ils partirent, les uns à la nage, les autres utilisant
les embarcations du bord.

Le feu des croiseurs anglais continua. Le pavillon de
combat du *Dresden* fut abattu par un projectile. Un officier, qui essayait de le hisser à nouveau, fut atteint par un
éclat d'obus. Mais le pavillon de beaupré et le pavillon du
commandant flottèrent jusqu'au bout. Afin d'éviter que
le navire ne tombât aux mains de l'ennemi, des préparatifs
furent faits pour le faire couler. L'équipage poussa trois
hourras à l'Empereur, après quoi il gagna la côte. A 11 heures 15, le *Dresden* sauta et coula, pavillon haut.

Le reste de l'équipage, environ 300 hommes, fut interné
au Chili, dans l'île Quiriquina, près de Conception.

La destruction du *Dresden*, dans des eaux neutres, amena
une protestation du Chili au gouvernement anglais. Non
seulement le *Dresden* avait été coulé, mais encore un bateau
chilien, la goëlette *Argentina*, à l'ancre à 200 mètres, avait
reçu un projectile qui creva sa coque à l'avant [1]. Enfin, des
éclats d'obus, en grand nombre, furent trouvés sur le rivage.

L'incident fut naturellement exploité par la presse
allemande, qui s'était bien gardée de rien dire des multiples violations, faites à la neutralité du Chili, par les croiseurs allemands. A vrai dire, le *Dresden* était demeuré, trois
mois durant, dans les eaux neutres du Chili méridional.

---

[1] Interview du capitaine de l'*Argentina*. (*Berliner Tageblatt*, 21 avril
1915.) Le même fait est confirmé par le correspondant du *Times* à Santiago, 19 mars 1915.

Auparavant, il avait enfreint les règles de la neutralité, en restant plus de 24 heures à Punta Arenas. Dans cette même occasion il faisait du charbon, pour la seconde fois, dans un port chilien, en violation des conventions internationales [1]. Quoi qu'il en fût, le gouvernement anglais, admettant le fait, présenta les excuses « les plus amples et les plus complètes » au gouvernement chilien, mais en faisant ressortir que le *Dresden* avait refusé l'internement, que ses couleurs continuaient à flotter, et ses canons à tirer.

[1] « Grâce à la lenteur des moyens de communication entre Punta Arenas et le gouvernement à Santiago, il put faire du charbon avant que les autorités du port eussent pu recevoir des instructions le lui interdisant. (*Times*, 21 avril 1915.)

TROISIÈME PARTIE

La prise des colonies allemandes.

CHAPITRE PREMIER

Le siège de Tsing-Tao.

En prenant possession du territoire de Tsing-Tao, cédé
à bail par la Chine, sous la menace des navires de guerre,
l'Allemagne visait un double but. Elle obtenait à la fois
un point d'appui commercial, lui donnant accès aux
riches territoires du Chan-Tung, et un point d'appui naval,
qui rendait ses croiseurs indépendants des ports étrangers
et, en cas de conflit, renforçait leur action. « Cet amalgame
d'une station navale et d'une colonie commerciale présente des avantages multiples [1]. D'une part, les frais
d'entretien sont bien moindres que ceux d'une station
purement stratégique ; d'autre part, beaucoup d'installations, servant à la marine de guerre, peuvent être utilisées par la marine de commerce... »

Avec la méthode et le souci de la perfection technique
qu'ils apportent volontiers à leurs entreprises, les Alle-

---

[1] Wrabec. *Flotten-und Kohlenstationen*, p. 82.

mands ont aménagé le port de Tsing-Tao. Ils l'ont protégé par une jetée circulaire ; ils y ont installé des ateliers importants (2000 ouvriers), capables non seulement d'effectuer des réparations, mais aussi d'entreprendre la construction de petits vapeurs. Un dock flottant de 16 000 tonnes, le plus grand de l'Asie Orientale, permet aux croiseurs d'y nettoyer leurs coques. Bref, Tsing-Tao est devenu, sous l'administration allemande, un port bien outillé, adjuvant indispensable des navires de commerce et de guerre.

Une ligne de chemin de fer relie la colonie aux fertiles régions du Chan-Tung, et en ramène les produits végétaux et minéraux qui, chargés sur les cargos allemands, prendront le chemin de l'exportation. On a calculé que, le commerce et la navigation de Tsing-Tao, rapportent à l'Empire allemand, un bénéfice net de 45 millions de marks par an [1].

Laissons de côté Tsing-Tao, port commercial, pour considérer Tsing-Tao, port de guerre et place forte. Aussi bien, n'avons-nous indiqué l'importance commerciale de Tsing-Tao, que pour mieux mesurer l'étendue de la perte qu'a éprouvée l'Allemagne, en cédant, accablée sous les obus japonais, sa brillante colonie.

Tsing-Tao, port de guerre, abrite l'escadre des croiseurs allemands de la station d'Asie Orientale. Ils y viennent charbonner, s'y réparer. Une fois par an, au moins, chaque bâtiment de l'escadre y stationne, plus ou moins longtemps, et les marins allemands, qui ne se sentent pas très à l'aise à l'étranger, y retrouvent, avec le parler du pays natal, l'accueil cordial de la maison du marin, comme à

---

[1] Tsing-Tao occupe la cinquième place parmi les ports d'exportation de la Chine.

Wilhelmshaven ou à Kiel. L'instruction des équipages y est très poussée, par des exercices de débarquement, de tir, etc... [1].

Tout cet appareil militaire, ostensiblement déployé, n'a pas été sans inquiéter le Japon, qui veut, en Chine, avoir les mains libres. Il était résolu à prendre, par la force des armes, le territoire cédé à bail par la Chine. Après la conquête, on verrait à le remettre à son premier propriétaire. La guerre de 1914 lui offrit l'occasion favorable.

Le 15 août 1914, le chargé d'affaires japonais à Berlin transmettait à l'Office impérial des affaires étrangères une note demandant, en se basant sur le traité d'alliance anglo-japonais, le retrait immédiat des vaisseaux de guerre allemands des eaux japonaises et chinoises, ou le désarmement de ces navires, la remise sans conditions aux autorités japonaises, jusqu'au 15 septembre, de tout le territoire de Kiao-Tchéou, cédé à bail à l'Allemagne, et l'acceptation, sans condition, de ces demandes, jusqu'au 23 août.

Le 24 août, l'Allemagne ayant répondu négativement, la guerre était déclarée.

Le jour précédent, le gouverneur de Kiao-Tchéou, le capitaine de vaisseau von Meyer-Waldeck, avait fait afficher la proclamation suivante :

« Le 15 août, le Japon a adressé à l'Allemagne un ultimatum demandant le retrait immédiat ou le désarmement de tous les bâtiments de l'escadre des croiseurs allemands ainsi que la reddition sans condition de Tsing-Tao...

» Nous ne rendrons jamais, de notre plein gré, ne fût-ce que la plus infime parcelle d'une terre sur laquelle flotte l'étendard respecté de l'Empire. Ces lieux, dont depuis

[1] D'après la *Neue Preuss. Kreuzzeitung*, 24 octobre 1914.

dix-sept ans, nous nous sommes efforcés de faire une petite Allemagne d'outre-mer, nous ne les abandonnerons pas. Si l'ennemi veut Tsing-Tao, qu'il vienne la prendre. Il nous trouvera à notre poste...

» Le 18 août, j'ai câblé à Sa Majesté que je garantissais de faire mon devoir jusqu'au bout... »

« Tsing-Tao [1], grâce à sa position naturelle, a peu à craindre d'une attaque par mer. Le port est situé derrière une chaîne de collines, qui domine toute la côte. Sur ces collines, sont placés bon nombre de forts et de batteries, tous complètement achevés et armés de pièces lourdes. Tous ces forts sont disposés de telle manière, qu'ils peuvent agir indépendamment les uns des autres. Chaque fort a ses machines propres, qui produisent la lumière, la force, la vapeur, etc... Auprès de chaque canon sont des chambres de repos pour les servants. Chaque fort est pourvu de provisions suffisantes pour qu'on puisse affronter sans crainte un blocus. Ce qui est très important, c'est que la houille se trouve sur place, et n'a pas besoin d'être importée. Deux mines de charbon sont à proximité immédiate.

» Si l'attaque par mer n'est pas très redoutable, il n'en est pas de même de l'attaque du côté de la terre ferme, où les Japonais sont mieux à même de déployer leurs forces. Mais, là aussi, tous les préparatifs nécessaires ont été faits. Dans les montagnes, des plates-formes creusées dans le roc portent les canons de siège, disposés de telle sorte qu'ils commandent tout le pays environnant. Comme il n'existe pas, en Chine, de points d'appui naturels, forêts ou villes fortes, la marche en avant de l'armée japonaise se heurtera à de grandes difficultés... Enfin, les voies

---

[1] D'après la *Neue Preuss. Kreuzzeitung*, 6 octobre 1914.

d'accès sont disposées de telle sorte, qu'il est très difficile d'avancer. »

La défense de la place était assurée par environ 5000 officiers et soldats. Quelques vieux bateaux de guerre se trouvaient dans le port, et collaborèrent à la défense. C'étaient :

Le croiseur protégé autrichien *Kaiserin-Elisabeth*, lancé en 1890 et refondu en 1906, déplaçant 4000 tonnes et armé de 8 pièces de 15 centimètres.

Le croiseur non protégé *Kormoran*.

Les canonnières *Luchs*, *Tiger*, *Jaguar* et *Iltis*.

Enfin, le torpilleur *S* 90, lancé en 1900.

De ces bâtiments, sans valeur militaire, le *Kormoran*, le *Tiger* et le *Luchs* furent immédiatement désarmés. Leurs équipages et leurs canons, débarqués, furent employés à la défense terrestre de la place.

Le 27 août, au matin, des navires japonais apparurent à l'horizon. Vers midi, ils envoyèrent un message de T. S. F. signifiant le blocus de Tsing-Tao et offrant au consul américain et à l'équipage du croiseur autrichien un délai de vingt-quatre heures pour quitter la place. Le même jour, les Japonais occupaient quelques petites îles, qui devaient leur servir de points d'appui, et posaient des mines. Le lendemain, la place fut bombardée par le cuirassé anglais *Triumph*, les cuirassés japonais *Suwo* et *Tango* [1]. Le *Suwo* battait pavillon du vice-amiral Kato. Cette divi-

---

[1] Détail qui ne manque pas de saveur : le *Suwo* est l'ex-*Pobjeda*, et le *Tango*, l'ex-*Poltawa*. Ces deux rescapés de la guerre russo-japonaise ont été refondus en 1908.

Suwo (1900)	*Tango* (1894)	*Triumph* (1903)
Déplacem. : 12 900 tonnes	11 200 tonnes	12 000 tonnes
Armement : IV 305 ; X 150 ; XVI 76	IV 305 ; XII 150	IV 254 ; XIV 190 XIV 76

sion était accompagnée d'une nombreuse flottille de torpilleurs, qui établit un blocus serré.

Le 12 septembre, un détachement de cavalerie japonaise occupait Tsimo [1], à 16 kilomètres hors de la zone de Tsing-Tao. Des aéroplanes effectuent des reconnaissances. Le même jour, des éclaireurs japonais s'emparent de la gare de Kiao-Tchéou [1]. Des torpilleurs japonais explorent la baie de Lao-Shan, et préparent un débarquement. Le 18 septembre, les forces japonaises débarquent, renforcées, le 24 septembre, par un détachement anglais placé sous le commandement du général de brigade Barnadiston.

Le commandant japonais, général Kamio, avait remarqué que la ligne extérieure des fortifications, qui entoure la colline Prinz-Heinrich, était insuffisamment défendue. Il la fit attaquer vers Win-Ho-Huang (13 milles à l'est de Tsimo). Cette position, garnie de mitrailleuses, fut abandonnée par les Allemands, qui y laissèrent des approvisionnements. Les Japonais occupèrent alors la colline qui commande le pays. De là, tous les forts de Tsing-Tao peuvent être bombardés.

Tsing-Tao est située à l'extrémité d'une large presqu'île, et regarde à la fois sur la baie de Kiao-Tchéou et sur la mer de Chine. Cette position, pareille à celle de Port-Arthur, facilite les opérations d'un siège. L'assaillant n'aura qu'à débarquer suffisamment de troupes pour établir une solide barrière d'une rive à l'autre. Coupée de ses communications avec le continent, la place, privée de secours, succombera plus ou moins rapidement. Ce fut le

---

[1] Tsimo et Kiao-Tchéou sont situés dans la zone neutre (*deutsche Interessen-Sphere*) qui entoure le territoire proprement allemand de Tsing-Tao. C'est par extension du terme Kiao-Tchéou (ville chinoise qui a d'abord donné son nom à la baie), que le territoire cédé à bail à l'Allemagne et situé sur la baie est nommé Kiao-Tchéou.

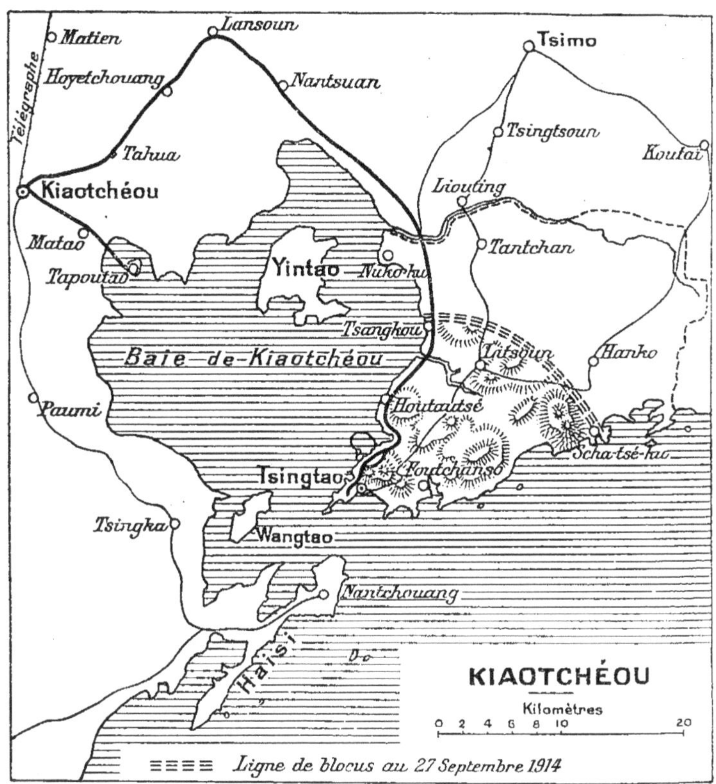

cas de Port-Arthur ; ce sera, toutes proportions gardées,
le sort de Tsing-Tao.

Dans les deux sièges, les Japonais étant maîtres de la
mer, à l'action des troupes de débarquement s'ajouta
l'action des navires de guerre.

Après quelques combats d'avant-garde, Tsing-Tao fut
complètement investie. Le 27 septembre, les Alliés tenaient une ligne allant de Tsang-Kou sur la baie de

Kiao-Tchéou, à Scha-Tsé-Ku, sur la mer de Chine, et décrivant un arc de cercle, dont le rayon, partant de Tsing-Tao, mesurait une quinzaine de kilomètres.

Le 28 septembre, eut lieu le premier bombardement sérieux du front de mer. Les cuirassés *Suwo*, *Tango* et *Triumph* lancèrent leurs obus de 305 et 254 millimètres sur la ville. Dès ce moment, et jusqu'à la fin du siège, les cuirassés bombardèrent presque chaque jour la place. Les forts ripostaient vigoureusement. Le 2 octobre, vers les 8 heures du soir, la 3e compagnie du détachement de marine fit une attaque énergique, qui obligea les Japonais à quitter les collines entourant les fortifications. Le lendemain matin, refoulée par des forces très supérieures, elle se replia derrière ses retranchements.

Pendant ce temps, les canonnières allemandes posaient des mines dans la rade de Tsing-Tao, et dans la baie de Kiao-Tchéou. Le *Kaiserin-Elisabeth* et le *Jaguar*, violemment bombardés, observaient l'ennemi de la baie. Les torpilleurs japonais ne restaient pas inactifs et procédaient, sous le feu de l'ennemi, à la destruction des mines.

« Le contre-torpilleur *Kage-Ro*[1] avait reçu l'ordre de détruire les mines dans la baie de Tsing-Tao ; il s'approcha le plus lentement possible et vit bientôt, à proximité, des objets flottants, qu'il reconnut pour être des mines posées par l'ennemi, mais dont les câbles s'étaient rompus.

Le commandant du *Kage-Ro*, en raison du danger causé par ces engins flottants, fit mettre les embarcations à la mer, en vue de les arrêter dans leur dérive ; mais les forts de Tsing-Tao, ayant aperçu le mouvement, firent pleuvoir, sur le torpilleur et ses chaloupes, une furieuse

---

[1] Lettre du Japon. *Temps* du 15 novembre 1914.

pluie de projectiles. Force fut au *Kage-Ro* de s'éloigner ; toutefois, un sous-officier et deux matelots offrirent de se jeter à la mer pour procéder eux-mêmes à l'opération, et, sous la grêle des obus, ces trois braves réussirent à frapper des amarres sur les mines, ce qui permit de les faire exploser.

» Félicités par le commandant en chef, les trois marins reçurent la récompense habituelle : ils gagnèrent un galon. Au Japon, il n'est pas d'usage de décorer avant la conclusion de la paix ; exception est faite, cependant, pour ceux qui meurent au feu. »

De nombreuses reconnaissances furent faites par des hydroplanes japonais, qui bombardèrent la ville.

Le 6 octobre, nouvelle contre-attaque des Allemands, repoussée avec de fortes pertes (47 tués). Les canons de siège japonais tirent sur la canonnière *Iltis*, qui se retire après l'échange de quelques obus.

Le 12 octobre, un avion allemand (le seul qui fût à Tsing-Tao) tente vainement de jeter une bombe sur un bateau releveur de mines. Un aviateur japonais le repousse. Deux croiseurs [1] réduisent au silence la canonnière *Iltis* et un fort.

Dans la matinée du 14 octobre, eut lieu un bombardement très violent des fortifications du front de mer Huchuin-Huk et de la batterie Iltis. Huchuin-Huk seul reçut, entre autres projectiles, 51 obus de 305 millimètres. Malgré ce feu intense, le fort répondit et réussit à placer un obus de 24 centimètres dans le pont du *Triumph*. Le *Triumph* vira de bord immédiatement, et disparut pendant huit jours. C'est la seule fois qu'un bâtiment vint assez près des forts allemands pour qu'il pût être

---

[1] *Chitose* et *Takachiho*.

bombardé. Ce fut sans doute par mégarde. Les batteries de côte allemandes tirèrent, presque toujours, contre les troupes japonaises.

Voici, sur l'activité des navires allemands, quelques aperçus qui nous sont donnés par le commandant du *S* 90 [1] :

« Le 22 août, nous aperçûmes trois fumées qui s'approchaient rapidement. Bien en avant, un contre-torpilleur marchait à toute vapeur, s'efforçant de nous couper la route de Tsing-Tao. Nous nous trouvions à 16 milles environ au sud-est de Taikungtao. Il ouvrit le feu à 4000 mètres environ. Nous répondîmes à 3800, et finalement, à 2800 mètres. C'était d'abord désagréable, lorsque les projectiles se rapprochaient de plus en plus, mais, lorsque une douzaine eurent volé par dessus nos têtes, personne ne songea plus qu'il pouvait être touché. J'étais au compas de relèvement, vers la pièce de 5 centimètres arrière. L'anglais, c'était le *Kennet*, avait 4 pièces de 76 centimètres, dont trois faisaient feu. La canonnade dura trente minutes, et cessa lorsque l'ennemi fut à la hauteur du mont Tupfen. Nous avions constamment fait du tir de vitesse, jusqu'au moment où nous fûmes hors de danger. Nous avions tiré 262 coups, lui très certainement 300. Le seul effet de son tir fut un étai du mât arrière enlevé ; autrement, rien, aucun dégât matériel, pas de blessés.

Comme nous l'apprîmes plus tard, le commandant du *Kennet* avait eu une jambe emportée ; il mourut peu après ; en outre, le *Kennet* eut trois morts et huit blessés. Le contre-torpilleur avait reçu des projectiles dans ses cheminées, dans le pont et la passerelle. »...

« Lorsque les Japonais exercèrent leur blocus, nous

[1] *Berliner Tageblatt*, 30 mars 1915.

fûmes affectés à l'anse de Tsang-Kou (sur la baie de Kiao-Tchéou). Nous étions sous les ordres du capitaine Schaumburg, et chargés d'arrêter la marche en avant des Japonais, dans les environs du Spitzberg (petite éminence). Nous tirâmes sur le cloître du Dragon Royal, vers Nuko-Ku, où se tenaient les avant-postes, et, çà et là, des patrouilles. Ce fut un véritable plaisir. Nous observions aussi les mouvements de l'ennemi, brusquement troublés par le *Jaguar* et le *Kaiserin-Elisabeth*, qui s'étaient tenus jusque-là dans le port. Dès qu'ils eurent amené de l'artillerie, les Japonais installèrent trois ou quatre batteries, qui devaient nous tenir éloignés de la côte. Le *Jaguar* se battit un jour admirablement ; il revenait toujours vers les positions japonaises, jusqu'au moment où il fut trop téméraire. Nous eûmes nous-mêmes souvent fort à faire, jusqu'au moment où nous revînmes plus près du port. Ce fut pour nous le plus désagréable, car nous ne pouvions riposter avec nos « Flitz-Knödel [1] ». Nous n'eûmes cependant aucune avarie. Le *Jaguar* resta en service jusqu'à la fin. » Il fut légèrement avarié le 14 octobre.

« Le 17 octobre au soir, le *S* 90 prit la mer [2], traversa la ligne de blocus, et passa, inaperçu de trois contre-torpilleurs japonais, qui appartenaient à l'escadre de blocus. Le bâtiment croisa, pendant la nuit du 17 au 18 octobre, à la recherche des navires ennemis. Enfin, vers 1 heure 30 minutes, il en découvrit un dans l'obscurité ; il avait une cheminée et deux mâts. Nous nous mîmes en chasse. A angle aigu, nous nous dirigeâmes sur l'adversaire ; les machines du vieux torpilleur firent un dernier effort. Nous approchâmes de l'ennemi sans être vus, grâce à nos

---

[1] Expression intraduisible, qui désigne les canons-revolvers du *S* 90.

[2] Rapport du commandant, lieutenant de vaisseau Brunner.

chauffeurs, qui réussirent à nous faire marcher, pour ainsi dire, sans fumée. Nous étions maintenant à 500 mètres, et je tournai, pour lancer les torpilles. Coup sur coup, trois torpilles partirent, la dernière à la distance de 300 mètres seulement. Nous pouvions facilement suivre la trace des torpilles, qui se dirigeaient vers le navire ennemi. La triple lueur des tubes lance-torpilles fut remarquée par l'adversaire, qui donna l'alarme. A ce moment, se produisirent les explosions ; la troisième fut très puissante. Dans l'excitation naturelle et la grande tension nerveuse où j'étais, comme aussi les officiers et l'équipage, j'eus d'abord l'impression que le *S* 90 était sous le feu de tous les canons ennemis. Des débris retombaient tout autour de nous. Les événements s'étaient succédé avec une telle rapidité, que je ne puis me souvenir d'avoir entendu le bruit formidable de l'explosion, qui fit cependant trembler le *S.* 90. Mais je vis ensuite le navire ennemi sauter littéralement en l'air. Cheminées, mâts, canons, chaudières, tourbillonnaient dans l'air, et une colonne de feu de 100 mètres environ s'éleva. Une grêle de débris s'abattit sur le *S* 90, qui dut s'éloigner de 200 mètres. C'est un miracle qu'aucun des hommes de l'équipage, qui étaient sur le pont, n'ait été touché. Un morceau de fer de 3 kilogrammes tomba à côté de moi. Je ne le remarquai pas ; ce n'est qu'après, que je m'y achoppai. Le mécanicien torpilleur observa un débris, d'au moins un mètre de diamètre, qui décrivit une courbe au-dessus du contre-torpilleur, et tomba dans la mer, à 200 mètres de nous. A part quelques bosses, notre bateau n'avait pas d'avaries. Le *S* 90 fut aussitôt poursuivi par l'ennemi ; il échappa, dans la confusion du combat, protégé par l'obscurité. Revenir à Tsing-Tao était impossible, l'ennemi nous barrait la route. Aller jusqu'à

Shanghaï était aussi impossible, pour d'autres raisons. A l'aube, j'atteignis la côte, et fis sauter le bâtiment, avec la torpille qui nous restait avant l'apparition de l'ennemi sur l'horizon. Auparavant, flamme et pavillon avaient été amenés, avec trois hourras à S. M. l'Empereur. »

L'équipage réussit à atteindre Nankin, et fut interné.

Le bâtiment coulé était le vieux croiseur japonais *Takachiho*[1]. Il avait à bord 264 hommes d'équipage ; un officier et neuf marins seulement furent sauvés. 28 officiers, 54 sous-officiers et 189 matelots périrent. L'on crut, tout d'abord, qu'il avait heurté une mine. Des contre-torpilleurs vinrent immédiatement à son secours, mais le croiseur coula très vite, et l'obscurité rendit très difficile le sauvetage de l'équipage[2].

Vers la fin d'octobre, les opérations du siège furent menées avec un redoublement d'énergie. Au début, les assiégeants n'avaient que des pièces de campagne. Vers la fin d'octobre, des pièces de siège furent installées, obusiers de divers calibres jusqu'à 28 centimètres. Le bombardement continuait, de jour en jour plus violent. Le 29 octobre, 213 obus de 305 millimètres, le 30 octobre, 239 de même calibre, étaient lancés sur Tsing-Tao, de la mer. Le 31 octobre était le jour anniversaire du Mikado. Six mille soldats japonais, appartenant à la secte des Samouraïs, avaient décidé de faire le sacrifice de leur vie et de prendre d'assaut la forteresse de Tsing-Tao ce jour-là.

« Décrire cette journée[3] serait impossible. Les Japonais

---

[1] Lancé en 1885 ; déplacement, 3700 tonnes ; armement, huit pièces de 152 millim. Sans valeur militaire, il servait de navire-école des torpilles.

[2] *Temps* du 21 octobre 1914.

[3] Récit d'un assiégé.

avaient achevé de construire leurs batteries de terre, dans la nuit du 30 octobre. Le 31, à 6 heures du matin, les canons ennemis tonnèrent, à la fois de la mer et de la terre, et lancèrent sur nous leurs formidables projectiles. Les Japonais tiraient, de la terre, en première ligne avec des obusiers lourds. Sur mer, grondaient les lourdes pièces de marine. Le ronronnement des projectiles d'obusiers qui retombaient en sursautant, le sifflement des obus à tir rasant, le choc des obus et des bombes, le glapissement des schrapnells, le bourdonnement de nos grosses pièces, tout cela faisait un bruit infernal. Enfin vint le soir, et le feu de l'ennemi se tut. De l'avis de l'ennemi, comme du nôtre aussi, toutes nos fortifications avaient dû être réduites au silence, car elles étaient en partie semblables à des monceaux de ruines. Mais, lorsque nos braves « jaquettes bleues » revinrent à leurs pièces, qu'ils durent littéralement déterrer des tas de terre et de pierre dont elles étaient recouvertes, ils les trouvèrent presque toutes intactes ou légèrement endommagées. Au milieu de la nuit, au moment où l'ennemi rassemblait ses colonnes d'assaut, nos canons se mirent soudain à faire feu tous à la fois, et arrosèrent les batteries ennemies et les colonnes lancées à l'assaut. L'effet de notre tir dut être désastreux pour les Japonais, car ils ne donnèrent pas l'assaut projeté. Ils ne recommencèrent à tirer, et très faiblement, que le lendemain, vers midi. Il est vrai que le bombardement devint assez fort pour que la batterie du Bismarckberg reçût 20 projectiles d'obusiers lourds, et Huchuin-Huk, 50.

A partir de ce moment, le bombardement, jour et nuit, n'a plus cessé une minute. Dans tout Tsing-Tao, il n'y eut bientôt, pour ainsi dire, aucun lieu non bombardé. Les obus tombaient indistinctement dans la ville intérieure, qui n'avait eu jusqu'alors à subir que les bombes des aviateurs japonais. Le bombardement causait des ravages de plus en plus étendus. Dans les batteries, les pièces étaient mises hors de combat, momentanément, ou pour toujours. Comme les munitions leur manquaient aussi, très souvent elles pouvaient à peine répondre efficacement au feu de l'ennemi. L'une après l'autre, elles furent enfin réduites au silence. Les épaulements et les retranchements des fortifications de l'infanterie tombaient en ruines de plus en plus. »

Non seulement les batteries de terre, mais aussi les navires manquaient de munitions. Le moment critique approchait où, privée de munitions, attaquée par des forces supérieures, la place devait capituler. Déjà les bâtiments ancrés dans le port avaient épuisé leurs munitions. Le croiseur autrichien fut coulé le dernier.

«La configuration de la baie [1] de Kiao-Tchéou est telle qu'un navire, de la dimension du croiseur, est très limité dans ses évolutions. Il ne pouvait se mouvoir que suivant deux lignes parallèles, et était forcé de tirer sur les positions ennemies depuis ces deux lignes. L'artillerie du bâtiment, sous le commandement du lieutenant de vaisseau Victor Klobucar-Rukawina von Bunic, agit très efficacement et infligea à l'adversaire maint lourd dommage. Mais l'habileté et l'endurance de nos marins pouvaient seulement retarder la fin, non l'éviter. L'encerclement se resserrait de plus en plus, et la munition diminuait. On pouvait déjà calculer l'instant où toute munition serait épuisée. L'on savait, dans ce cas, à quelles mesures aurait recours le commandant, capitaine de vaisseau Richard Makowitz. Mais le zèle ne

[1] *Neue Freie Presse*, Vienne, 14 avril 1915.

s'en ralentissait point. A la fin d'octobre, chaque homme du bord savait que le navire ne pourrait plus tenir que quelques jours et qu'ensuite, après que le dernier coup aurait été tiré, on le ferait sauter. Dans la nuit du 1er au 2 novembre, ce triste événement se produisit. Sans fausse sensiblerie, mais le cœur navré, officiers et équipage quittèrent l'*Elisabeth*, vouée au naufrage.

» Le commandant et les hommes chargés de le faire sauter restèrent les derniers, et quittèrent enfin le navire. Tout l'équipage gagna heureusement le rivage de Tsing-Tao, et fut reçu par ses frères d'armes allemands qui étaient à terre. Pendant qu'ils débarquaient se succédèrent plusieurs détonations, une lueur s'éleva.

L'*Elisabeth* avait disparu....

« Les hommes [1] souffraient des difficultés du ravitaillement dans leurs positions anciennes et nouvelles. Le feu très vif des Japonais, dirigé même sur les hommes isolés, qui se montraient sur les chemins d'accès, ne permettait presque plus de circuler. Sous la protection de leur artillerie, ils s'étaient avancés de tous côtés vers nos lignes, jusqu'à distance d'assaut. Une partie avaient même creusé des tranchées, à proximité immédiate de notre ouvrage principal. Malgré cela, leurs premiers essais d'assaut, contre notre aile gauche, échouèrent complètement. Mais ils n'en démordirent pas. L'épuisement de nos munitions et l'effet terrifiant de l'artillerie japonaise, en face de laquelle nous nous tenions, en fin de compte, complètement impuissants, faisaient de la chute de la place une question de jours. Cela devint évident, le jour où les derniers bâtiments furent coulés. Notre unique aviateur partit pour Shanghaï, le 6 novembre, au matin. Il y arriva sans avoir

____
[1] Lettre d'un assiégé.

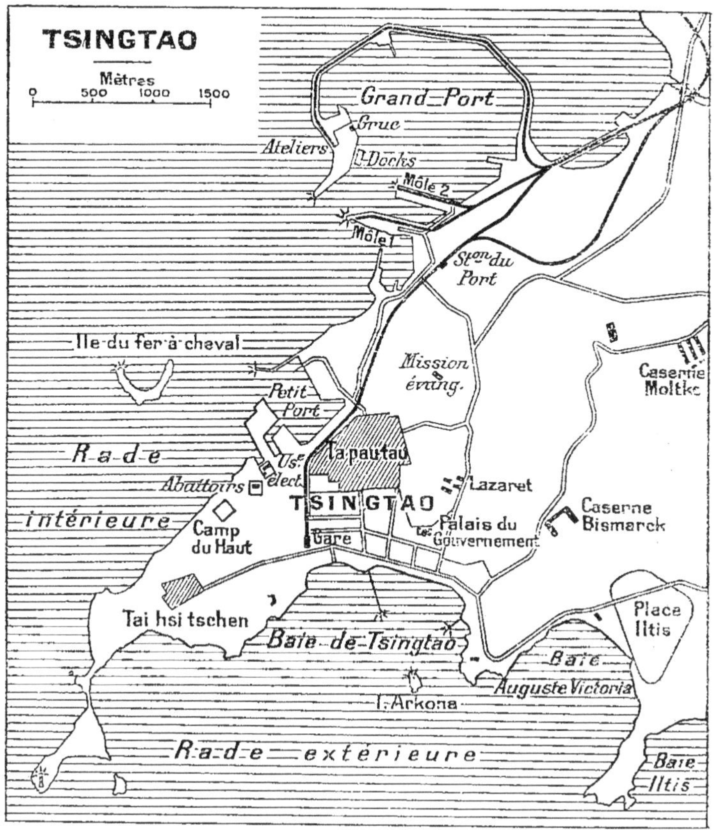

été inquiété par les Japonais. Derrière lui, le hangar d'aviation flambait sur le mont Iltis. »

Dans la nuit du 6 novembre, la défense était à bout. Les canons allemands ne tiraient plus que par intervalles. L'infanterie japonaise, lancée à l'assaut, occupa le 7 novembre, à 1 h. ¾ du matin, les positions centrales de la ligne principale de défense et un fort à l'ouest. « A 5 h. 10

du matin [1], la batterie orientale de Tah-Tung-Ching était occupée ; une demi-heure après, la force centrale, se portant sur les forts Iltis et Bismarck, capturait deux gros canons. A 7 heures, les assaillants occupèrent, successivement, les forts Bismarck, Iltis et Moltke.

» La garnison hissa le drapeau blanc, à 6 heures du matin sur l'observatoire, et à 7 ½ h. sur les forts faisant face à la mer.

L'assaut du fort central fut très brillamment mené par le général Yoshimi Yamada, avec quelques compagnies du génie. Les Allemands avaient fait des efforts désespérés pour réparer les batteries bombardées de Tsing-Tao, mais les obus japonais tuèrent les travailleurs, et, derechef, démolirent les batteries...

» Dans l'assaut de la forteresse de Tsing-Tao, les Japonais ont eu 36 tués et 182 blessés ; 2 officiers anglais ont été blessés.

» Ce matin, à 9 heures, les Allemands avaient envoyé des parlementaires, pour négocier la capitulation de la place ; les pourparlers ont eu lieu à la caserne de Moltke...»

Les honneurs de la guerre furent accordés à la garnison. Le commandant et les officiers gardaient leurs épées. Les prisonniers non blessés devaient être internés au Japon. Par l'entremise de la légation du Japon à Pékin, le rapport suivant fut adressé à l'empereur d'Allemagne, par le gouverneur de Tsing-Tao :

« Tsing-Tao, 9 novembre.

» Après épuisement de tous les moyens de défense, la forteresse a été prise d'assaut, par une brèche, faite en son milieu. Auparavant, les fortifications et la ville avaient été fortement ébranlées par le bombardement,

[1] Récit du général Kamio. (*Temps* du 9 novembre 1914.)

ininterrompu pendant neuf jours, d'une artillerie de terre très puissante, comptant jusqu'à des pièces de 28 centimètres, par le feu plongeant, en même temps que par le violent bombardement dirigé de la mer.

» A la fin, la force du feu de notre artillerie était complètement brisée.

» Les pertes ne peuvent être évaluées exactement ; mais, en dépit d'un bombardement très violent et incessant, elles sont, comme par miracle, beaucoup plus faibles qu'on ne s'y attendait.

» MEYER-WALDECK. »

Il y eut, au total, 4200 prisonniers, y compris 600 blessés. Le nombre des morts fut d'environ 170, dont six officiers. Un lieutenant et huit hommes du croiseur autrichien furent blessés, et huit, tués [1].

Le butin des Japonais comprenait 2500 fusils, 100 mitrailleuses, 30 canons de campagne et 1200 livres sterling, ainsi que des provisions pour nourrir 5000 hommes pendant trois mois. Tous les navires, de même que le dock flottant, avaient été coulés dans le port.

Le 9 novembre, les troupes alliées prirent possession officielle de la place.

C'en était fini des rêves de conquête pacifique de la Chine, d'accaparement du commerce asiatique. Finis les rêves, et bien médiocre prophète fut Guillaume II : « Là où un Allemand [2], tombé pour la patrie dans le fidèle accomplissement de son devoir, a trouvé un tombeau, et où l'aigle allemande a planté ses serres, le sol est allemand et demeurera allemand », avait-il écrit. Les

---

[1] Communiqué officiel de Berlin du 26 novembre 1914.

[2] Ecrit à la main en tête du livre de C. Franzius : *Kiao-Tchéou.*

faits lui ont infligé le sanglant démenti d'une défaite définitive. Tsing-Tao, japonais, reviendra peut-être à la Chine [1]. Il ne reviendra plus à l'Allemagne.

[1] Jusqu'à la fin de la guerre, le Japon *administrera* Tsing-Tao ; après, il *négociera* avec la Chine. (Communiqués officiels.)

CHAPITRE II

Les archipels du Pacifique.

Les archipels du Pacifique (Mariannes, Palau, Carolines, Marschall, Bismarck, Nouvelle-Guinée et Samoa),
poussière d'îles et de coraux éparpillée sur l'Océan, sont,
des colonies allemandes, les moins productives. On peut à
peine en espérer un plus grand développement [1]. Leur
progrès économique dépend principalement de la demande
de graisse de coco (copra) des marchés européens. Le coco-
tier ne pousse nulle part avec plus de vigueur que dans
les îles du Pacifique, où soufflent perpétuellement les
vents marins. Malheureusement, les indigènes de ces îles
fortunées, où poussent à foison les végétations puissantes
des tropiques, préfèrent au travail les charmes d'une vie
contemplative, exempte de soucis. Aussi les colons allemands avaient-ils entrepris l'œuvre difficile de leur éducation. Il ne leur sera pas donné d'en constater les résultats. En un tour de main, et presque sans coup férir, les
archipels allemands ont passé, du pavillon à l'aigle
éployée, à l'Union-Jack étoilé des Australiens.

Cette « cueillette » d'îles a été opérée, avec l'entrain et
l'enthousiasme de la jeunesse, par la marine australienne.
Elle avait de qui tenir, étant fille de la marine anglaise.
La marine japonaise lui a prêté l'appui efficace de ses
croiseurs. Notons, avec plaisir, la coopération du croiseur
français *Montcalm*.

[1] Paul Rohrbach. *Die deutschen Kolonien.*

Vers la fin de juillet 1914[1], la plupart des navires de guerre australiens étaient en manœuvres au large du Queensland. L'*Australia* et le *Sydney*, ses deux plus récentes unités, avaient rejoint les eaux australiennes en octobre 1913 et devaient passer une partie de l'été à s'entraîner avec le reste de la flotte. Deux des contre-torpilleurs[2] venaient de terminer une croisière préliminaire de six semaines et étaient occupés à renouveler leurs provisions de pétrole dans la baie Moreton (près de Melbourne).

A la nouvelle de l'imminence de la guerre, le reste de l'escadre, à l'exception du *Sydney*, rentra en hâte à Port-Jackson (port de la ville de Sydney), pour y compléter ses approvisionnements et embarquer des réservistes. Les deux contre-torpilleurs rejoignirent le *Sydney* dans les eaux nord du Queensland et se dirigèrent ensuite vers l'île Thursday[3]. Pendant ce temps, l'*Australia*, avec les autres croiseurs et le *Parramatta*, attendait à Port-Jackson des nouvelles définitives. Lorsqu'elles furent arrivées, l'escadre se retrouva au complet sur un point déterminé du Pacifique (dans la mer des Coraux). Le 11 août, elle se mit à l'œuvre.

Elle comprenait les bâtiments suivants :
Australia, croiseur de bataille, 19 200 tonnes, 44 000 HP. (classe *Inflexible*) ;
Sydney et *Melbourne*, croiseurs légers, 5700 tonnes, 25 000 HP. (classe des « Villes ») ;
Encounter, croiseur léger, 5880 tonnes, 12 500 HP.

---

[1] *Times* du 22 mai 1915. *Sea power in the Pacific.*

[2] Le *Warrego* et le *Yarra*.

[3] L'île Thursday est située dans le détroit de Torrès, qui sépare le Queensland de la Nouvelle-Guinée.

Warrego, *Parramatta* et *Yarra*, contre-torpilleurs, 700 tonnes, 12 000 HP.

A. E. 1 et *A. E.* 2, sous-marins, 800 tonnes, 1750 HP. (classe E.).

En outre, un croiseur léger ancien (le *Pioneer*), deux vieux torpilleurs, trois vieilles canonnières. (Un quatrième croiseur léger et trois contre-torpilleurs sont en construction à Port-Jackson.)

Le 30 juillet 1914, le doyen des officiers de marine de la Nouvelle-Zélande fut avisé par télégramme de tenir les bâtiments australiens sous pression. Le croiseur allemand *Gneisenau* avait quitté *Nagasaki* le 23 juin, accompagné probablement du *Scharnhorst* ; le *Nüremberg* était ou bien au Mexique, ou bien en route vers Tsing-Tao, tandis que le *Leipzig* avait quitté Vancouver. Peu après, on apprit que l'*Emden* était parti de Tsing-Tao avec quatre charbonniers [1].

Le 5 août, l'escadre fut placée sous le commandement direct de l'Amirauté anglaise. Le 11 août, elle fit route vers la Nouvelle-Bretagne (ou Nouvelle-Poméranie). L'amirauté supposait que l'ennemi se trouvait dans les stations ordinaires du temps de paix, près de la Nouvelle-Guinée. Des messages de T. S. F. interceptés la confirmèrent dans l'idée que le *Scharnhorst* et le *Gneisenau* étaient dans le voisinage de cette île. Il fut décidé de les attaquer immédiatement.

Le *Sydney* et les trois contre-torpilleurs furent chargés de cette mission.

« Après avoir croisé six semaines durant [2], les contre-

---

[1] Rapport du vice-amiral Patey.

[2] Rapport du commandant Claude Cumberlege R. N., officier commandant les contre-torpilleurs australiens. *The Sun*. Sydney, 12 mars 1915.

torpilleurs *Warrego* et *Yarra* arrivèrent à Moreton-Bay, le 31 juillet, et s'y ravitaillèrent en pétrole. Pendant ce temps, le *Parramatta* était complètement remis en état, à Sydney. Le 1er août, nous quittâmes Sydney pour nous rendre à Townsville. Nous y trouvâmes le *Sydney* et fîmes route, le même soir, vers l'île Thursday. Le 5 août, nous eûmes connaissance de la déclaration de guerre. Peu de temps après, le *Sydney*, le *Warrego* et le *Yarra* arrivaient à l'île Thursday. Le 6 août, les contre-torpilleurs prirent du pétrole et firent leurs préparatifs de combat ; les trois bâtiments se rendirent au rendez-vous dans le Pacifique. Le 9 août, nous rencontrâmes le *Parramatta*, notre conducteur. A son bord, je reçus des instructions relatives aux opérations :

« Tout semble indiquer que les navires allemands » *Scharnhorst, Gneisenau* et *Nüremberg*, et peut-être *Komet* » et *Planet*, se trouvent dans le voisinage de Simpsons- » hafen, en Nouvelle-Bretagne, ou bien dans le port de » Matupi. J'ordonne de faire une attaque de ces deux » points, avec mission de torpiller les bâtiments qui s'y » trouvent et de détruire la station de T. S. F. »

« L'attaque des navires ennemis était laissée à ma dis- crétion. Je pensai que les grands bâtiments devaient être à Simpsonshafen et, probablement, l'un des petits bâti- ments à Matupi, ce dernier port étant très exigu. C'est pourquoi j'y envoyai le *Yarra*. Le *Warrego* et le *Parra- matta* furent dirigés sur Simpsonshafen. J'estimai qu'il n'y avait pas place pour trois destroyers dans des eaux aussi étroites, et que, de nuit, ils ne pourraient y manœuvrer librement.

» Le 11 août, vers 5 h. 30 du soir, les quatre bâtiments marchaient à 20 nœuds ; Simpsonshafen se trouvait à environ 70 milles. Vers 8 h. 30 du soir, nous aperçûmes le mont appelé North-Daughter, qui s'élève en arrière, au nord-ouest du port de Simpsonshafen. Derrière le mont, il y avait un énorme feu de broussailles, dont, à distance, nous ignorâmes la nature ; nous le prîmes pour le feu d'un projecteur éclairant le flanc du South-Daughter. Ce qui fit que nous approchâmes avec la certitude de trouver l'ennemi dans la baie.

» Le *Sydney* diminua la vitesse de ses machines, afin de ne plus envoyer d'épais nuages de fumée noire qui s'échappaient à torrents de ses cheminées et, chassés par le vent, montaient droit dans l'air. Vers les 9 heures, le *Sydney* stoppa à environ 3 milles de Praed-Point. Je passai sous son arrière, suivi du *Parramatta* et du *Yarra*, et ramenai la vitesse à 10 nœuds. Nous étions à un mille du cap. Les contre-torpilleurs nous suivaient, invisibles. Cette nuit fut une des plus noires que j'aie jamais vues. Je me dirigeai en diagonale vers l'entrée de Simpsonshafen ; comme convenu, le *Yarra* nous quitta. Tenant la côte par tribord, à courte distance, j'approchai de Port Matupi. Je marchai d'après ma montre, jusqu'au moment où j'estimai avoir l'île Volcano par bâbord. Mais, du fait que notre point de départ était de 2 milles plus éloigné que nous ne l'avions estimé, nous ne pûmes trouver cette île.

» Nous nous trouvions probablement près de l'île Matupi ; je changeai de route sous l'impression d'être allé trop loin. Cependant, mon erreur m'apparut bientôt, et je corrigeai de nouveau ma route, déterminé à lancer mon bâtiment vers la côte, par bâbord, à l'intérieur de l'île Volcano. Une légère brise du sud-est soufflait ; toutes les lumières étaient éteintes, et comme nous étions sous le vent de terre et très près, nous étions complètement invisibles.

» Il y eut un moment d'excitation intense. De temps à autre des lampes à acétylène brillaient, pendant un instant, sur le rivage. Nous eûmes l'impression qu'il s'agissait de signaux lumineux, car ces lumières s'allumaient derrière des rangées régulières de palmiers. Le feu sur la montagne avait disparu ; nous supposâmes que les projecteurs avaient été éteints, pour une raison ou une autre, et, qu'aussitôt que nous arriverions à bonne portée, on les rallumerait, en ouvrant le feu contre les destroyers. Cependant, nous nous glissâmes dans le port, tout près de la côte, par bâbord, et nous passâmes sous les hauts rochers dressés au milieu du port. Nous n'arrivions pas à comprendre pourquoi les projecteurs ne s'allumaient pas, et pourquoi la danse ne commençait pas. Il faut dire que, non seulement on était convaincu, à bord des destroyers, de la présence de l'ennemi dans le port, mais que toutes les informations reçues concouraient à nous en donner la certitude. Ce ne fut que, lorsque j'arrivai près de la jetée de Rabaul, qu'il m'apparut que le port était vide. Je m'arrêtai vers la jetée, puis fis le tour du port, sans qu'on fît le moins du monde attention à nous. Je crois que personne n'eut le moindre soupçon de notre présence. Nous fouillâmes le port à fond, et trouvâmes quelques petites embarcations. Nous les laissâmes, et après une heure et demie de recherches, nous partîmes pour rejoindre le *Sydney*. Nous avions passé par toutes les excitations qui précèdent une attaque nocturne, en vain... »

» Le *Yarra* n'avait rien trouvé à Matupi. Nous contournâmes alors la côte, faisant route vers la baie *Talila*, pour y reconnaître le port. La lune s'était levée, la nuit était très belle. Dans la baie, nous interceptâmes un message allemand de T. S. F. mentionnant que trois vaisseaux de guerre étaient dans la baie de Talila, ce qui nous prouva que notre reconnaissance à Rabaul n'avait pas été remarquée. Le lendemain, du reste, ils nous confirmèrent qu'aucun navire n'avait été aperçu dans le port pendant la nuit. Le 12, au point du jour, le *Sydney* croisant devant le port, je menai rapidement les contre-torpilleurs à l'intérieur du port de Simpsonshafen et droit sur la jetée. Les seuls Européens visibles étaient un commis allemand et un policeman ; tous deux paraissaient très nerveux. A tout hasard, j'entrai en conversation avec eux, mais je ne pus en tirer aucun renseignement. Nous examinâmes alors tout le pays environnant avec nos jumelles, mais il nous fut impossible de repérer la station de T. S. F.

» Après avoir perdu beaucoup de temps, je rendis compte au *Sydney* qu'aucune station de T. S. F. n'était visible. Je continuai mes recherches le long de la côte, jusqu'à Herbertshöhe. Un officier, avec un petit détachement du *Parramatta*, furent débarqués à Herbertshöhe pour essayer d'y obtenir quelques informations. Mais ni promesses, ni menaces n'eurent le moindre effet sur les habitants. Pendant ce temps, j'agissais de même à Rabaul, et cette fois j'eus la chance de m'entretenir avec un employé du gouvernement. J'eus une longue conversation avec lui et il me donna sa parole d'honneur qu'il n'y avait pas de station de T. S. F. à moins de 80 kilomètres de Rabaul, qu'il n'y avait aucune troupe d'aucune espèce, et qu'on n'opposerait aucune résistance à notre débarquement. Je lui dis que je n'avais pas l'intention de m'emparer à ce moment de la ville et lui conseillai en conséquence de continuer à la gouverner comme si de rien n'était.

» Pendant tout ce temps, nous interceptions des signaux allemands de T. S. F. et je lui dis qu'ils devaient cesser immédiatement. Il répondit qu'il n'était en communication avec aucune station de T. S. F.

» Je menaçai alors de bombarder la ville, si les communications ne cessaient pas immédiatement. En réponse, nous captâmes un message signalant que Rabaul étaitmenacée d'un bombardement et qu'aucun signal ne devait être lancé désormais. Sur ce, nous démolîmes la poste, les appareils téléphoniques, etc. Tout cela nous prit beaucoup de temps

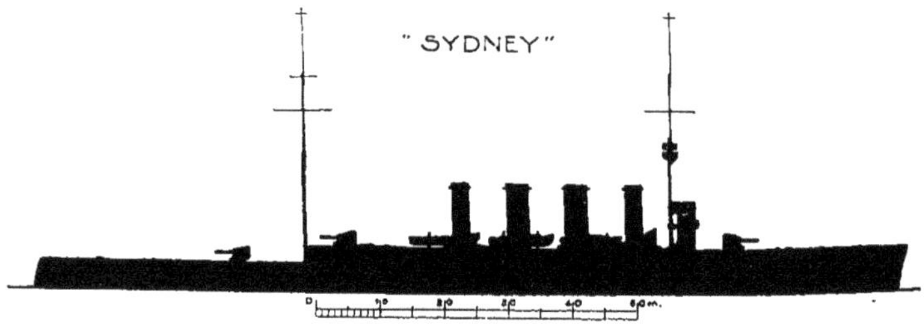

Croiseur léger « Sydney » (1912).

Déplacement 5700 tonnes. Turbines 25 000 HP. Vitesse 26 nœuds. Armement : VIII-152 millim. II tubes lance-torpilles. Ceinture cuirassée de 51 millim. de bout en bout. Pont blindé de 51 millim.

Du même type : *Brisbane* et *Melbourne* (série des « Villes australiennes »).

et je reçus par T. S. F. l'ordre d'activer les recherches et éventuellement de partir à 4 heures après-midi.

» Fait digne de remarque, toutes ces opérations furent menées dans les six jours qui suivirent la déclaration de guerre, à environ 2000 milles de la base la plus proche des contre-torpilleurs. Ces derniers tenaient la mer depuis six semaines ; ce qui montre clairement la valeur de leurs équipages. Je me plais à noter l'enthousiasme de tous, lorsqu'il s'agissait d'entreprendre une opération quelconque. Chacun était convaincu que l'ennemi serait découvert et détruit dans les ports qu'aucun de nous n'avait jamais vus.

Nous n'avions pas d'autres indications que celles des cartes marines de l'Amirauté, des cartes géographiques et des instructions de route. »

Tandis que le *Sydney* et les contre-torpilleurs fouillaient en vain le littoral de la Nouvelle-Bretagne, l'*Australia*, battant pavillon du vice-amiral Patey, et le *Melbourne* se livraient à des recherches dans les eaux de l'archipel. Cette première recherche fut vaine.

L'*Australia* et le *Melbourne* furent rappelés et envoyés à Nouméa pour convoyer une expédition en route pour Samoa. Comprenant 53 officiers et 1351 hommes, embarqués sur deux transports, cette expédition était partie de Wellington (Nouvelle-Zélande) le 15 août. Elle avait été organisée, semble-t-il, avec quelque hâte et sans grande précaution, puisque les trois bâtiments qui la convoyaient, les croiseurs légers *Philomel, Psyche* et *Pyramus*, auraient été incapables d'offrir une résistance sérieuse en cas de rencontre avec les croiseurs allemands. Le commandant de l'expédition sentait si bien le danger de sa situation qu'il n'osa pas faire route directement sur Samoa. Il fit de grands détours et finalement se réfugia à Nouméa, où il trouva le croiseur cuirassé français *Montcalm* [1]. Quelques jours après, arrivèrent l'*Australia* et le *Melbourne*. L'expédition, convoyée cette fois par toutes ces forces réunies, repartit le 23 août, s'arrêtant à Suva (îles Fidji). Dans le port de Suva se trouvait le charbonnier japonais *Fukoku-Maru*, qui avait approvisionné les croiseurs allemands aux îles Carolines, juste avant l'ouverture des hostilités. Il était allé ensuite aux Samoa, où on ne lui permit pas de

---

[1] Lancé en 1900 ; déplacement, 9500 tonnes ; 20 000 HP ; vitesse, 21 nœuds ; armement, II 194 millim., VIII 165 millim., IV 100 millim. 590 officiers et marins.

débarquer. Continuant sa route, l'expédition arriva en vue de Samoa le 30 août au matin. Après que le port d'Apia (chef-lieu des Samoa, dans l'île Upolu) eut été inspecté par les contre-torpilleurs, le croiseur se présenta avec le pavillon parlementaire en tête de mât et demanda la reddition de la colonie. Les Allemands, qui attendaient leurs propres croiseurs, furent surpris et décidèrent de se rendre sans opposer de résistance à des forces très supérieures. Le capitaine Marschall signala cette décision aux Anglais et les opérations de débarquement commencèrent aussitôt. Les édifices publics et la station de T. S. F. furent occupés. Le drapeau allemand, qui avait flotté sur l'île pendant 14 ans, fut abattu. Le lendemain matin, les couleurs anglaises furent hissées en présence des troupes de débarquement. Le nouveau gouvernement entra en charge sous la direction du colonel Logan. Les officiers allemands et les chefs indigènes Tanu Malietoa et Tamasese assistaient à la cérémonie. Comme les Allemands avaient traité avec correction les colons anglais et français, ils furent eux-mêmes traités avec courtoisie. Le gouverneur, Dr Schultz, fut envoyé aux îles Fidji et plus tard en Nouvelle-Zélande, où il fut interné.

Le 14 septembre, à l'aube, apparurent devant le port d'Apia le *Scharnhorst* et le *Gneisenau*, qui, voyant le pavillon britannique, repartirent peu de temps après, jetèrent l'ancre devant Mulifanua et disparurent. Quelques jours plus tard, ils réapparaissaient devant Papeete.

* * *

Après leurs vaines recherches en Nouvelle-Guinée, les contre-torpilleurs étaient retournés à Port-Moresby, sur le golfe Papua (côte sud de la Nouvelle-Guinée britannique), et le *Sydney* avait fait route au Sud pour rejoindre et escorter une expédition militaire, partie de Port-Jackson, et qui devait prendre possession de la Nouvelle-Guinée. L'*Australia*, de retour des Samoa, se joignit à l'expédition, de même que les deux sous-marins et le transport *Berrima*. Contre-torpilleurs, croiseur de bataille, sous-marins et transport se trouvèrent réunis le 9 septembre.

Le 10 septembre, l'escadre arrivait en vue d'Herbertshöhe. Le 11 septembre, un corps de débarquement occupa Rabaul sans coup férir. Mais un petit détachement, composé de réservistes de la flotte, envoyé à l'intérieur du pays pour détruire la station de T. S. F., dont la position avait été enfin repérée, rencontra des difficultés inattendues. Arrivé à l'aube à Herbertshöhe, il rencontra dans la direction du poste de T. S. F. de *Bitapaka* un détachement de soldats allemands, renforcé de soldats indigènes. Le combat s'étendit sur une longueur de sept kilomètres. Les chemins étaient en partie minés et la station flanquée de fossés ; les combattants se dissimulaient derrière les buissons. Après un dur combat, l'officier allemand se rendit avec sa troupe, à quelques centaines de mètres de la station. Les Anglais avaient perdu deux officiers, un médecin et quatre matelots tués. Un officier et trois marins étaient blessés. Les pertes des Allemands étaient beaucoup plus importantes : environ 25 tués. Deux officiers, 15 sous-officiers et 226 soldats indigènes furent faits prisonniers.

La station de T. S. F. continua à se défendre jusqu'au moment où les Anglais, ayant amené un canon, la détruisirent. Les défenseurs se rendirent. C'était le 12 septembre.

La résistance se prolongea autour de *Thoma*, où les autorités allemandes avaient transféré le siège du gouvernement. Mais la supériorité de l'adversaire était trop grande et, le 21 septembre, voyant que toute résistance était inutile, le gouverneur remit au commandant de l'expédition, non seulement la Nouvelle-Bretagne et son archipel, mais encore la Nouvelle-Guinée allemande, les îles Carolines et Marschall et toutes les îles disséminées sur lesquelles il exerçait son autorité officielle. Quelques jours après, des troupes convoyées par l'*Australia* partaient de Rabaul et prenaient part à l'occupation de Friedrich-Wilhelm, siège du gouvernement de la terre Empereur Guillaume. La ville et le port furent pris sans coup férir. Après quoi l'*Australia* revint à Rabaul et commença, vers le 1er octobre, des recherches systématiques et minutieuses dans les eaux de la Mélanésie et de la Polynésie.

* * *

Pendant les opérations dans les parages de la Nouvelle-Bretagne, les Australiens eurent à enregistrer la perte d'un sous-marin, l'*A. E.* 1, qui disparut pendant une patrouille le long du littoral. Il avait probablement touché un écueil non marqué sur la carte. Cette perte fut compensée par la prise du yacht *Komet*, appartenant au gouvernement de la Nouvelle-Guinée allemande. Le 9 octobre, le *Nusa*[1], commandé par le capitaine Jackson et transportant un détachement de marine sous les ordres du lieutenant-colonel Paton, partait à la recherche du *Komet*, au large de la Nouvelle-Guinée. L'opération réussit complètement. Le *Komet*, sur lequel on trouva toute une installation de T. S. F., fut capturé.

Le capitaine, 4 officiers et 52 hommes furent faits prisonniers.

[1] Croiseur auxiliaire australien.

Le *Komet* fut incorporé à la flotte australienne, où il porte le nom d'*Una*.

* * *

La flotte australienne avait pris possession des archipels allemands situés au sud de l'Équateur, laissant à la flotte japonaise le soin d'occuper les archipels situés au nord de cette ligne : Marschall, Carolines, Mariannes et Palau.

« Le 29 septembre, apparut devant Jaluit [1], siège du gouverneur des îles Marschall, une escadre japonaise composée des trois croiseurs cuirassés *Kurama*, *Asama* et *Tsukuba* et des contre-torpilleurs *Umikaze* et *Jamikaze*, sous le commandement de l'amiral Jamaja. Les deux contre-torpilleurs firent aussitôt le tour de la lagune de Jaluit et après avoir constaté qu'il ne s'y trouvait aucun bâtiment de guerre, un corps de débarquement de 450 hommes environ vint à terre...

» Après pourparlers avec le chef de la station, le commandant du corps de débarquement lut, au nom de l'amiral Jamaja, une proclamation. Toutes les autorités demeuraient en charge et devaient continuer à agir comme par le passé. Les troupes s'embarquèrent dans les canots qui étaient restés dans la rade. Le même soir, le contre-torpilleur *Umikaze* entra dans le port. Le lendemain matin, son pareil, le *Jamikaze*, le rejoignit. Les trois croiseurs cuirassés n'osèrent pas passer l'étroit chenal et jetèrent l'ancre sur la rade. Après que les contre-torpilleurs eurent pratiqué des sondages dans le port, toute l'escadre nous quitta, le 30 septembre.

» Elle reparut le 2 octobre, réquisitionna environ 4000 sacs de la Société Jaluit, qui durent probablement servir à faciliter le charbonnage des bâtiments, puis elle repartit.

---

[1] Récit d'un colon allemand.

Comme nous avions appris que l'escadre voulait se rendre aux îles Carolines, nous espérions avoir un peu de répit. Mais, hélas ! le lendemain ils nous honorèrent d'une nouvelle visite...

» Le chef de la station impériale fut envoyé au Japon avec sa famille, comme prisonnier de guerre. On lui permit cependant de partir, peu de jours après, pour l'Amérique. Une garnison de 50 soldats de marine, sous le commandement du lieutenant Hibino, occupa désormais Jaluit. La prise de possession officielle des Marschall fut

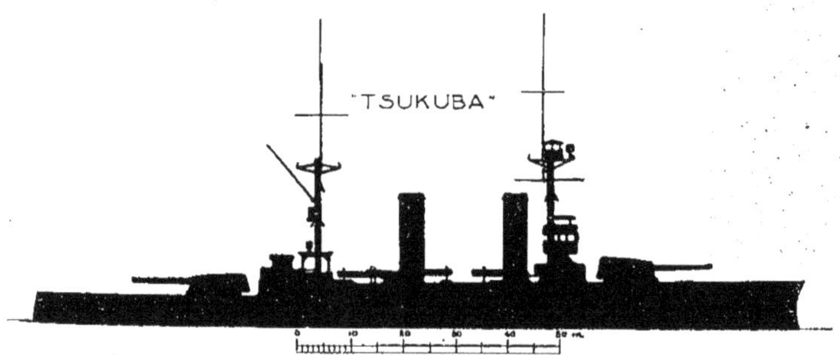

publiée par l'amiral Jamaja, au nom de l'empereur du Japon. Les autorités allemandes furent destituées ; l'hôpital même fut placé entre les mains d'un médecin japonais.

» Après la conquête des îles Carolines, l'escadre japonaise nous visita plusieurs fois encore, sans cependant nous importuner davantage. Nous n'eûmes du reste pas à nous plaindre sous le commandement du lieutenant Hibino, dont les soldats eurent une conduite exemplaire. »

« Comme, par suite de la cessation du commerce dans les îles Marchall, nous n'avions plus d'occupation et que les vivres se faisaient rares, les négociants, de même que les fonctionnaires privés de leurs places, décidèrent de retourner en Allemagne dès que l'occasion s'en présenterait. L'amiral nous autorisa à partir à bord du transport *Kanagawa Maru*, qui quitta Jaluit le 18 novembre. Au Japon, on nous laissa libres, après nous avoir fait signer l'engagement de ne pas prendre les armes contre le Japon pendant la durée de la guerre. La population nous témoigna une politesse extrême. »

Les Japonais avaient occupé non seulement les Marschall et les Carolines, mais encore les îles Mariannes et Palau, c'est-à-dire tous les établissements allemands de Micronésie.

Cette occupation fut provisoire. Le 19 novembre 1914, le Japon informait l'Angleterre qu'il était prêt à remettre aux forces australiennes les îles allemandes du Pacifique. Cette offre fut acceptée, et un détachement australien alla prendre possession des archipels [1].

La dernière île allemande du Pacifique qui demeurât encore libre, l'île Bougainville (archipel Salomon), fut occupée le 9 décembre 1914 par un détachement australien.

* * *

Le rôle de la marine australienne ne se borna pas à la seule prise des archipels allemands. Elle organisa, avec

---

[1] La présence des croiseurs japonais contribua à chasser des eaux australiennes le *Geier*, petit croiseur non protégé affecté au service de surveillance des colonies, qui se trouvait en août dans l'archipel des îles Carolines. Le 4 septembre, il capturait le vapeur *Southport*, de Cardiff, mouillé à Kusaie, la plus orientale des îles Carolines, avariait ses machines et partait, laissant son capitaine responsable du navire vis-à-vis du gouvernement allemand. Vers le 20 octobre, le *Geier* entra dans le port d'Honolulu pour y réparer ses machines et faire du charbon. Comme les délais accordés en pareil cas furent bientôt dépassés et que le *Geier*, n'étant pas parti à temps, continuait à se ravitailler, une protestation de l'Angleterre et du Japon fut remise aux autorités locales, puis au gouvernement américain à Washington. Le 9 novembre arriva l'ordre d'internement, et le *Geier* fut désarmé.

l'aide des Japonais, le transport en Egypte du contingent australien.

Le 26 août, les croiseurs cuirassés *Ibuki* et *Tsukuba* avaient quitté le Japon et ralliaient à Singapore l'escadre anglaise de Chine, qui avait mission de surveiller les navires ennemis entre Java et l'Australie et d'assurer le convoi des troupes australiennes.

Le 26 septembre, on apprit à Singapore que des croiseurs allemands avaient été aperçus vers Samoa, tandis que l'*Emden* opérait dans l'océan Indien. Le croiseur *Tsukuba* fut alors lancé à la poursuite de von Spee, tandis que l'*Ibuki* avec le *Minotaur* étaient affectés au convoi des troupes australiennes.

Vers la fin d'octobre, les transports néo-zélandais, convoyés par le croiseur anglais *Minotaur* et le croiseur japonais *Ibuki*, rejoignirent les transports australiens à Albany (sud de l'Australie occidentale). Le 1er novembre, tout le convoi, composé de 38 transports, fit route vers l'Egypte, le *Minotaur* en tête, le *Sydney* et l'*Ibuki* sur les flancs, enfin le *Melbourne* en queue, avec le petit croiseur *Pyramus* de la Nouvelle-Zélande.

Un jour, l'*Emden* fut signalé à une distance de 100 milles, se rapprochant du convoi, mais il passa inaperçu, et aussi sans apercevoir les transports. Le 9 novembre, un message de T. S. F. apprit aux Anglais l'attaque de la station des îles Keeling, à 100 milles au nord-est du convoi. Le *Sydney* partit, rejoignit l'*Emden* et le jeta à la côte.

Dès lors, le convoi poursuivit sa route sans incidents et parvint à destination, après avoir navigué 123 jours, dont 12 jours seulement au mouillage dans les ports.

* * *

« L'approvisionnement et l'entretien de l'escadre, pendant ces opérations très étendues, furent entièrement entrepris par les autorités navales australiennes, y compris l'établissement hâtif de bases navales avancées, l'expédition de navires ravitailleurs, de charbonniers, dans divers parages du Pacifique. Cet énorme travail, extrêmement compliqué, fut accompli sans accroc et sans perte de temps. Chaque tonne de charbon, de pétrole et, de même, tous les autres approvisionnements arrivèrent exactement au lieu convenu dans le Grand Océan, à l'heure précise où ils étaient attendus. Pour donner une idée du labeur gigantesque accompli par la flotte australienne, ajoutons que le *Melbourne*, dans les six premières semaines de la guerre, couvrit 11 000 milles, que l'*Australia*, au moment où nous écrivons ces lignes, en a couvert 50 000, et les autres bâtiments à peu près autant. Le résultat de ce service de patrouille actif, s'exerçant dans tous les parages des mers environnant l'Australie, a été que, depuis le début de la guerre, il n'y eut pas un seul navire marchand anglais capturé dans les eaux australiennes ; aucun port ne fut attaqué. Pendant ce temps, 25 navires marchands allemands ont été internés, 11 capturés en haute mer, sans parler de plusieurs petites unités du gouvernement allemand. L'escadre de combat ennemie a été chassée du Pacifique, son plus dangereux croiseur, l'*Emden*, a été coulé dans l'Océan Indien, les stations de T. S. F. ont été détruites et toutes ses colonies, jusqu'à la dernière petite île, ont été occupées.

Les troupes d'Australie, environ 40 000 hommes en tout, ont été transportées à de grandes distances à travers les océans [1]. »

---

[1] *Times*, Mai 1915.

CHAPITRE III

Les colonies africaines.

Les colonies allemandes d'Afrique : Togo, Cameroun, Afrique orientale allemande et Afrique occidentale allemande, n'ont pas donné jusqu'à maintenant tous les résultats qu'on en espérait. A vrai dire, ce sont des colonies récentes, où l'activité des colons ne s'est pas encore déployée avec intensité. Elles doivent être considérées comme en devenir, placées au début d'un effort qui devait les mener à leur plein développement économique. Dans les unes comme dans les autres, le pays en bordure de la mer a seul été exploité, l'hinterland demeurant en grande partie inexploré et inculte. D'immenses territoires fertiles et riches de promesses attendent qu'une culture méthodique vienne substituer au désordre des végétations tropicales les plantations régulières et rémunératrices.

D'ailleurs, qu'on ne s'y trompe pas, les colonies allemandes ne sont pas avant tout agricoles ou forestières, elles sont d'abord et surtout des points d'appui commerciaux, des bases d'opérations pour la lente, persévérante pénétration économique, et, pour tout dire d'un mot, les avant-postes de la conquête commerciale.

Les lignes maritimes allemandes tracent autour du continent noir leur cercle de fer. Les cargos de la Woermann Linie et de la Hamburg-Bremen-Afrika Linie desservent les ports de la côte occidentale, du Maroc au Cap ; ceux de la Deutsche Ost-Afrika Linie, la côte orientale ;

ils jettent sur les marchés indigènes les produits les plus divers de l'industrie germanique, et ramènent en Europe les matières brutes que livre en abondance le sol africain. Ils font escale à Lome, Duala, Luderitzbucht et Dar-es-Salam, ports des colonies allemandes. Ils ne sont pas seuls à promener le pavillon germanique sur les côtes africaines ; quelques bâtiments de guerre soutiennent et renforcent leur influence.

Sur la côte occidentale, les canonnières *Eber* et *Panther*, sur la côte orientale, le croiseur *Kœnigsberg*.

Les bruits les plus variés ont couru sur le sort de la trop célèbre *Panther* du « coup d'Agadir ». Les uns la coulèrent à l'embouchure du Congo, les autres au Togo.

Jusqu'à plus ample information, il me paraît logique d'admettre que ce petit bâtiment, sans valeur militaire, est resté en Allemagne, affecté à quelque service auxiliaire, mouillage de mines ou autre. Il était arrivé le 13 mai 1914 à Dantzig [1] pour y passer en cale sèche et subir les réparations nécessitées par un long séjour à la mer. Il s'y trouvait probablement au moment de la déclaration de guerre, et ne put rejoindre son poste en Afrique ; ou bien, comme l'*Eber*, transféra-t-il ses canons et son équipage sur un paquebot corsaire ? Après quoi, son capitaine aurait coulé la canonnière désormais inoffensive. L'une ou l'autre hypothèse se trouvera peut-être vérifiée dans la suite par quelque rapport officiel.

Sur l'activité de l'*Eber*, au contraire, nous sommes à peu près clairement fixés [2].

La canonnière *Eber* (1000 tonnes) se trouvait dans la

---

[1] *Marine Rundschau*, juin 1914.

[2] D'après le journal brésilien *Germania*, de Saô-Paôlo. Cité par le contre-amiral Kalau von Hofe : *Unsere Flotte im Weltkriege*, p. 70.

baie de Luderitz au moment où la guerre éclata. Elle prit la mer, accompagnée de quelques navires marchands portant du charbon et des vivres que l'*Eber* ne pouvait prendre à son bord, à cause du manque de place. Alors commença la guerre de course sur l'Océan, la chasse au commerce anglais. L'*Eber* renvoya bientôt ses convoyeurs, car il y a sur l'Océan tant de charbon et tant de vivres qui ont l'avantage de ne rien coûter, qu'on ne sait plus, finalement, qu'en faire.

On ne possède aucun renseignement précis sur l'activité de l'*Eber*. Il aurait coulé trois navires anglais. (?) Après une croisière de quatre semaines, l'*Eber* reçut un beau jour par T. S. F. l'ordre de rejoindre, dans les eaux de Trinidad, le croiseur auxiliaire *Cap Trafalgar* et de lui remettre ses canons et ses munitions. Complètement désarmé, l'*Eber* transféra 100 hommes de son équipage sur le paquebot. Avec 30 hommes seulement à bord, l'*Eber* réussit à gagner sous pavillon commercial le port de Bahia. Il y fut interné avec son équipage.

Nous étudierons dans un chapitre spécial la destinée étrange du *Kœnigsberg*, bâtiment de haute mer qui termina sa brève carrière en pleine terre.

Sur les opérations des forces navales anglo-françaises contre les colonies allemandes d'Afrique, les communiqués officiels sont rares. J'en donne ici quelques-uns, mêlés de renseignements puisés à des sources diverses. En attendant les rapports officiels, ils aideront à se faire une idée de la prise du front de mer des colonies africaines. Le front de mer occupé, la conquête se poursuit vers l'intérieur avec des alternatives de succès et de revers. Déjà l'Afrique occidentale s'est rendue au général Botha. Le Togo, pris entre deux feux, est, depuis le début de la guerre, aux mains des alliés qui achèvent maintenant de conquérir le Cameroun et l'Afrique orientale.

Côte occidentale de l'Afrique.

Vers la fin d'août 1914, tandis que des colonnes anglaises attaquaient sur divers points le Cameroun, le croiseur cuirassé *Cumberland*, accompagné de la canonnière *Dwarf*, reconnaissait l'embouchure de la rivière Cameroun et les approches de Duala, port principal de la colonie et point d'appui maritime avec un atelier de réparations et un dock flottant.

Le 24 août, une colonne française, venant de Libreville, soutenue par la canonnière *La Surprise*, attaqua la station allemande de Cocobeach, sur la baie de Corisco. Les 30 Allemands qui défendaient la station furent repoussés vers l'intérieur, après un vif engagement. La *Surprise* coula les vapeurs armés allemands *Rhios* et *Italo*.

En septembre, le croiseur *Cumberland* captura dans la rivière Cameroun les vapeurs : *Aline Woermann* (3133 tonnes), *Erna Woermann* (5528 tonnes), *Hanz Woermann* (4059 tonnes), *Henriette Woermann* (2426 tonnes), *Jeannette Woermann* (2929 tonnes), *Paul Woermann* (2238 tonnes), *Arnfield* (2899 tonnes), *Max-Brock* (4579 tonnes) et *Renata-Amsinch* (3824 tonnes), soit au total 31 615 tonnes. En outre, aidé du *Bruix* et de la *Surprise*, il coula les vapeurs *Ado* (383 tonnes), *Anna Woermann* (2335 tonnes), *Eggo* (453 tonnes), *Epe* (324 tonnes), *Ereko* (454 tonnes), *Herzogin Elisabeth* (548 tonnes), *Kuka* (602 tonnes), *Lomé* (2583 tonnes), *Ophelia* (1153 tonnes) et *Oyo* (326 tonnes) ; au total, 9161 tonnes.

Enfin, le dock flottant de Duala fut coulé et la canonnière *Soden* capturée.

Dès le commencement de septembre, le port de Duala fut bloqué par le croiseur *Cumberland,* la canonnière *Dwarf* et le yacht *Joy* (yacht du gouverneur de Nigeria). Ces deux derniers bâtiments, à faible tirant d'eau, visitèrent toutes les criques et s'efforcèrent de resserrer le blocus. Le 11 septembre, le *Dwarf* essaya de pénétrer dans le port, dont l'entrée était barrée de navires coulés par les Allemands. Il se retira sous le feu des canons de campagne allemands.

Dans la nuit du 14 septembre[1], un vapeur allemand tenta de couler la canonnière *Dwarf,* avec une machine infernale ; la tentative échoua et la petite canonnière captura le vapeur.

Dans la nuit du 16, nouvelle attaque : le navire marchand allemand *Nachtigal* lui donna intentionnellement un coup d'étrave, dont la canonnière souffrit peu, mais dont le navire allemand fut blessé à mort ; il perdit 4 blancs et 10 nègres de son équipage.

Dans la suite, deux embarcations allemandes, portant des machines explosives, furent détruites par le *Dwarf.* Ces machines avaient été, paraît-il[2], préparées par un missionnaire allemand. Comme on lui demandait comment une telle action pouvait être compatible avec sa profession, il répondit qu'il était d'abord soldat et ensuite missionnaire !

Le 26 septembre, le vapeur français *Amiral Fourichon,* venant de Dakar avec 30 officiers, 47 sous-officiers, 153 caporaux et 870 tirailleurs sénégalais, pénétra dans la rivière Cameroun. Il s'y trouvait déjà quatre grands transports à l'ancre, protégés par les croiseurs anglais *Cumber-*

---

[1] Rapport du commandant du *Cumberland. (Temps* du 3 octobre 1914.)
[2] *Times History of the War.*

land et *Challenger*, le croiseur français *Bruix* et la canonnière *Dwarf*. Le *Challenger* réussit à franchir le barrage des bâtiments coulés et, arrivant à portée de Duala, bombarda la station. Les Allemands ripostèrent, mais leurs canons, d'ancien modèle, n'atteignirent pas les navires anglais. Duala se rendit, le 27 septembre, sans conditions. Le corps de débarquement franco-anglais, sous le commandement du major-général Dobell, prit possession de la ville.

Les Allemands se retirèrent vers l'intérieur, après avoir détruit la station de T. S. F.

Du 11 au 14 octobre, le *Bruix* et la *Surprise* bombardèrent, après sommations restées sans réponse, les postes de Campo et Kribi.

Le 26 octobre, un corps français sous les ordres du colonel Mayer, avec la collaboration de troupes britanniques de terre et de mer, occupa Edea, sur la Sanaga, station du chemin de fer de Duala.

Le 13 novembre, les préparatifs étaient terminés pour d'importantes opérations au nord et au nord-ouest de Duala. Après un bombardement par le croiseur français *Bruix* et le yacht *Joy*, du gouvernement de Nigeria, un détachement du Royal Marine occupa *Victoria*, port de Buea, siège du gouvernement de la colonie allemande. Le même jour, une colonne s'avançant de Susa, le long du chemin de fer de Bonaberi, chassa l'ennemi au nord, et occupa Mujuka, station à environ 50 milles de Bonaberi. Pendant ce temps, des forces de terre et de mer s'avançaient de différents points vers Buea, qu'elles occupèrent le 15 novembre. L'ennemi fut dispersé dans toutes les directions.

Le 19 septembre, les Anglais étaient apparus devant *Luderitzbucht* (port principal de l'Afrique occidentale allemande) avec deux croiseurs (probablement les vieux croiseurs protégés *Hyacinth* et *Astraea*, stationnés au cap de Bonne-Espérance), quatre torpilleurs et 12 transports. Sous le commandement du lieutenant-colonel Muller, 8000 hommes débarquèrent et occupèrent la ville sans coup férir, les Allemands s'étant retirés à l'intérieur du pays.

CHAPITRE IV

¡L'étrange destinée du « Kœnigsberg ».

Le croiseur protégé *Kœnigsberg*, du type classique des
« Villes d'Allemagne », avait été affecté, au printemps de
1914, à la station d'Afrique orientale. Il arriva en juin à
Dar-es-Salam, remplaçant le *Geier*, envoyé en Océanie.

Dar-es-Salam : quelques maisons blanches, posées au
bord de la mer, dans le vert sombre des palmiers et des
cocotiers. Dans le port est mouillé un petit vapeur blanc,
aux allures de yacht, le *Möwe*, bâtiment hydrographe.
Un dock flottant, un dépôt de charbon constituent les
seules ressources que Dar-es-Salam puisse offrir aux bâtiments de guerre. Presque en face, à 40 milles, les Anglais
sont installés à Zanzibar, point d'appui avec dock flottant
et atelier de réparations.

Le *Kœnigsberg*, surveillé de trop près, ne pouvait
songer à demeurer à Dar-es-Salam. Aussi, dès les
premiers jours d'août, prit-il le large. Le 6 août 1914,
il capture près de l'île Socotra (sur le golfe d'Aden)
le vapeur anglais *City of Winchester* (6600 tonnes) et
le coule après avoir transbordé son équipage sur le
vapeur allemand *Ziston*, à destination de Sumatra. Jusqu'alors, le croiseur allemand était demeuré en relation
avec Dar-es-Salam par T. S. F. Le 24 août, le croiseur
anglais *Pegasus*, accompagné probablement du *Hyacinth*,
se présenta devant la ville, coula le *Möwe*, détruisit le
poste de T. S. F. et captura quelques navires de commerce.

Il coula encore le dock flottant, puis se rendit à Zanzibar, convoyant ses prises [1]. Le *Kœnigsberg* était désormais privé du seul point d'appui où il pût se ravitailler et au besoin venir se réparer.

Vers la fin d'août, il arriva inopinément devant Majunga (sur la côte ouest de Madagascar) qu'il menaça de bombarder. Le commandant de la ville répondit qu'il avait, comme otages, une vingtaine d'employés de commerce allemands et qu'à chaque coup de canon qui serait tiré par le croiseur, il ferait tomber une tête de ces otages [2]. Le *Kœnigsberg* n'insista pas et disparut, faisant route vers Dar-es-Salam et Zanzibar.

Le 19 septembre, à la tombée de la nuit, le *Kœnigsberg* arriva devant Zanzibar, captura et coula un remorqueur en grand'garde à l'extérieur du port. Ce petit bâtiment avait été pris aux Allemands par le *Pegasus* ; il était muni de projecteurs et devait monter la garde devant le port, pendant la nuit [3]. Personne à terre n'eut vent de l'affaire. Le lendemain matin, à l'aube, le *Kœnigsberg* s'avança à toute vitesse et ouvrit le feu, à 8000 mètres, contre le *Pegasus* à l'ancre. Le croiseur anglais était en réparations. On était occupé à nettoyer ses chaudières et à réparer ses machines. Au bout de quinze minutes, la batterie du *Pegasus*, qui se trouvait sous le feu ennemi, fut réduite au silence [4]. La distance était alors de 6000 mètres. Après une pause de cinq minutes, le *Kœnigsberg* rouvrit le feu. Le *Pegasus*, qui avait reçu plusieurs obus en pleine flot-

---

[1] Le 28 novembre 1914, les croiseurs anglais *Fox* et *Goliath* bombardèrent à nouveau Dar-es-Salam.

[2] **Lettre d'un habitant de Majunga**, *Echo de Paris*, **15 novembre 1914.**

[3] *Temps* du 4 décembre 1914.

[4] **Communiqué officiel allemand du 23 septembre 1914.**

taison, commença à donner de la bande. Le pavillon britannique fut abattu, à deux reprises, par les projectiles, mais chaque fois il fut hissé par les marins anglais qui le tenaient à bout de bras. Le croiseur était en feu. L'équipage avait eu 25 morts et 30 blessés. Le *Pegasus* ne coula pas, mais les dégâts causés par les obus et le feu le rendirent inutilisable.

Dans un combat normal, le *Pegasus* aurait certainement offert une meilleure défense. Son armement était pareil à celui de l'adversaire. Mais il était plus ancien et moins rapide.

Deux croiseurs, le *Weymouth* et le *Chatham*, furent lancés à la poursuite du *Kœnigsberg*, qui réussit à leur échapper pendant quelques semaines.

Le 30 octobre, le *Chatham*, croisant le long de la côte, aperçut un vapeur qui sortait d'une des bouches de la rivière Rufigi [1] : c'était le *Somali*, compagnon du *Kœnigsberg* dans ses expéditions. Peu après, on découvrit ce dernier à six milles dans la rivière. L'attaque eut lieu immédiatement, et bientôt le *Somali* fut coulé au milieu du chenal. Le *Chatham* bombarda et les défenses à terre [2] et le croiseur, qui remonta encore dans la rivière, hors de la portée des canons anglais.

On décida de l'embouteiller [3]. Pour cette opération, on utilisa le vapeur *Newbridge*, dont l'équipage fut débarqué et remplacé par des marins des navires de guerre. Le *Newbridge* remonta la rivière et fut canonné dès qu'il arriva à portée des canons du *Kœnigsberg*; le vapeur, qui avait 1500 tonnes de charbon à bord, fut mis en position ;

[1] En face de l'île Mafia (Afrique orientale allemande).

[2] Les Allemands avaient fortifié l'embouchure de la rivière.

[3] *Temps* du 12 novembre 1914 et 18 janvier a915.

ses ancres furent mouillées pour le maintenir en travers
du chenal ; on plaça trois charges de coton-poudre, dont
les fils des mises à feu électriques passaient par les panneaux de descente du charbon. Les marins quittèrent alors
le *Newbridge*, et peu après trois explosions retentirent. Le
bateau était coulé, fermant le seul chenal navigable de la
rivière et emprisonnant en même temps le *Kœnigsberg*.

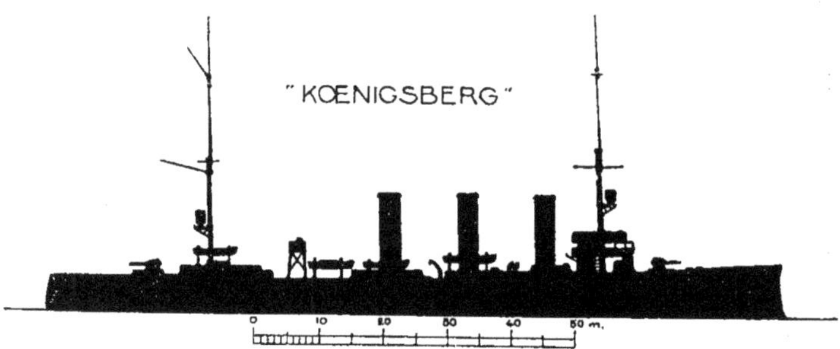

CROISEUR PROTÉGÉ « KŒNIGSBERG » (1905).

Déplacement 3400 tonnes. Machines 12000 HP. Vitesse 24 nœuds. Armement:
X-105 millim. II tubes lance-torpilles. Pont blindé de 50 millim.
Série des « Villes d'Allemagne ».

Un troisième vapeur fut encore coulé, par mesure de
précaution.

Pendant ce temps, le croiseur allemand, grâce à son
faible tirant d'eau, s'était avancé dans la rivière dont les
rives, couvertes de hautes ramures, le dissimulaient à la
vue de l'ennemi. Son équipage avait fixé des branches
de palmier aux mâts et aux cheminées. Il était impossible
de le repérer, et les Anglais durent amener des aéroplanes
pour découvrir l'endroit où il se cachait.

Un jour [1], nous essayâmes de détruire le *Kœnigsberg*

[1] Lettre d'un marin anglais.

à l'aide d'un hydroplane. Avant tout, nous devions déterminer l'emplacement exact du croiseur dans le fleuve. Nous entreprîmes plusieurs vols couronnés de succès, mais chaque fois que nous emportions des bombes pour détruire le croiseur, notre appareil subit des avaries de moteur. Un jour l'aviateur partit sans compagnon. Comme l'appareil planait à 3000 mètres au-dessus de la rivière, il descendit soudain avec une grande rapidité. Je fus envoyé avec deux hommes, en canot à moteur, pour ramener l'hydroaéroplane. A une distance d'un mille de la côte, j'essuyai le feu des Allemands et changeai de suite de direction, contournai la côte et entrai dans l'embouchure du fleuve où je découvris l'appareil. Je ne vis plus l'aviateur. A peine étions-nous repartis, que les Allemands ouvrirent le feu. Nous échappâmes comme par miracle. L'aéroplane avait reçu 300 projectiles et notre canot 80. »

Le 14 décembre 1914, les croiseurs anglais firent une nouvelle attaque, mais on ne pouvait songer à détruire le croiseur embouteillé avec des navires qui ne pouvaient remonter assez le cours de la rivière pour se placer à bonne portée. L'Amirauté envoya alors en Afrique orientale deux des monitors[1] qui avaient opéré avec succès sur les côtes belges.

« Les monitors *Sewern* et *Mersey* demeurèrent un mois dans la baie de Tirène[2]. Les équipages travaillèrent du matin au soir et n'eurent, pendant tout ce temps, qu'une seule après-midi de libre. Les derniers jours se passèrent

---

[1] A faible tirant d'eau (1 m. 40), ces bâtiments construits en Angleterre, étaient primitivement destinés aux rivières du Brésil.

[2] Lettre d'un officier du monitor *Sewern* résumée d'après le *Times* (20 août 1915.)

à des exercices avec les aéroplanes. Nous étions à l'ancre près du rivage et tirions sur un but invisible placé de l'autre côté de l'île. Sur les indications de l'aviateur, nous corrigions notre tir...

» Le mardi 6 juillet, nous fîmes une première tentative ; ce jour fut l'un des plus durs que j'aie jamais vécus. Nous demeurâmes à nos postes de 8 h. 45 à 4 h. 45. Pendant 8 heures exposés au feu de l'ennemi ! Les hommes des machines ne furent pas relevés pendant ce temps. Le pont était brûlant, la chaufferie un véritable enfer. Vers la fin du combat, nous touchâmes le *Kœnigsberg* six fois. Ensuite notre tir dévia, et je doute que nous l'ayons encore atteint ce jour, bien que nous eussions longuement exercé cette façon de tirer les jours précédents.

» Le *Kœnigsberg* répondit à notre tir par le feu de quatre pièces tirant par salves assez serrées.

» Le dimanche 11 juillet, à 8 heures, l'attaque fut reprise. Les monitors étaient parés au combat. Tout effet personnel, qui n'était pas strictement utile, avait été débarqué. Ni chaise, ni lit. Un remorqueur nous amena dans la rivière. Ce remorquage était simplement une ruse. Lorsque nous approchâmes du mont Kikunja, le remorqueur fut largué, et nous remontâmes le courant par nos propres forces.

» A l'embouchure, nous essuyâmes le feu des canons de campagne, bientôt dirigé contre le *Mersey*. Il fut touché deux fois, deux hommes blessés et les servants de la pièce de 8 pouces arrière, renversés ; aucun tué. Nous laissâmes le *Mersey* à la place qu'il occupait le 6 juillet, dans l'espoir que l'ennemi concentrerait son feu sur lui et nous laisserait les mains libres. Mais le *Kœnigsberg* ne tira que quelques salves contre lui, et le reste du jour, concentra son feu sur nous. Pendant 17 minutes, il nous bombarda avant que nous pussions riposter. Le tir des quatre canons fut encore meilleur que la première fois. Il y eut tant d'éclats de projectiles qu'après le combat chaque homme de l'équipage put ramasser un « souvenir ». Il y en avait partout, sur le pont, autour des machines, mais personne ne fut atteint. Nous remontâmes la rivière et jetâmes l'ancre plus haut que la première fois. Tandis que les servants de la pièce de 6 pouces arrière fixaient l'ancre, deux obus tombèrent, dont l'un traversa le pont supérieur. Notre position était critique. Encore quelques obus et nous étions probablement perdus.

» Peu à peu, sur les indications de l'aéroplane, notre tir fut réglé. Enfin, après la septième salve, nous touchâmes le *Kœnigsberg* huit fois sur douze. C'était terriblement excitant. Le *Kœnigsberg* ne nous répondait plus qu'avec trois pièces. Notre aviateur nous signala que nos coups ne portaient qu'à l'avant et que nous devions viser plus à gauche pour atteindre le milieu du croiseur. Soudain, l'aviateur nous signala : « suis touché ; je descends ; envoyez un canot. » Il descendit en vol plané à peu près à mi-distance entre nous et le *Kœnigsberg*. Il continuait à repérer nos coups. Enfin, il tomba dans la rivière. L'aviateur fut repêché et ramené à bord sain et sauf. Nous avions continué à tirer environ une salve par minute. Deux canons seulement nous répondaient du croiseur.

» Peu de temps après, une forte explosion se produisit dans la direction du *Kœnigsberg*, et depuis lors, il y eut toujours plus ou moins de fumée au-dessus du croiseur ; un nuage de fumée, tantôt jaune, tantôt noire, et de temps à autre, de petites explosions. Nous continuâmes à tirer régulièrement une salve par minute, et parfois deux salves par trois minutes. Une forte colonne de fumée fut projetée par une explosion à une hauteur double de celle des mâts du *Kœnigsberg*. Pendant quelque temps, le croiseur ne tira plus, puis j'ai dans l'idée qu'il riposta encore vers 12 h. 53 avec une seule pièce, mais je n'en suis pas très sûr. De minces colonnes de fumée noire, blanche et jaune... des bruits sourds...

» Un autre aéroplane arriva et nous signalâmes au *Mersey* de remonter le courant et d'ouvrir le feu à courte distance...

» Nous hissâmes notre mât de hune et pûmes alors apercevoir le *Kœnigsberg*. Un de ses mâts était penché en avant, l'autre brisé vers le haut. Il en sortait de la fumée comme d'une cheminée. Les cheminées avaient disparu, le croiseur n'était plus qu'un bloc compact de fumée et de flammes. A nous seuls, nous l'avions détruit, le *Mersey* restant à distance. C'était du reste prévu dans le plan de l'opération. Un monitor après l'autre devait tirer. Le *Mersey* tira encore environ 20 salves et eut un grand nombre de touchés ; puis nous nous préparâmes à descendre la rivière. Deux remorqueurs nous attendaient au delà de la barre, et après nous avoir acclamés, nous prirent en remorque et nous ramenèrent rapidement à la baie de Tirène.

» Le *Weymouth*, avec l'amiral à bord, nous dépassa en vitesse. L'équipage, dominé par la mince silhouette blanche de l'amiral, debout sur la passerelle, nous applaudit trois fois magnifiquement. Ce fut un des plus beaux spectacles de ma vie...

» Vers 8 heures, nous étions de retour à la baie de Tirène, très frais...

» La soirée était merveilleuse, et nous avions peine à

croire que nous venions de quitter un bateau (trois fois plus gros que nous et qui dans d'autres conditions nous eût hachés comme chair à pâté en cinq minutes) réduit à une carcasse de fer tordu, toute en feu... [1] »

---

[1] L'Amirauté anglaise a publié, en automne 1915, un rapport sur ce combat.

QUATRIÈME PARTIE

La Guerre de course.

CHAPITRE PREMIER

Deux corsaires mort-nés : Le Kaiser Wilhelm der Grosse. — Le Cap Trafalgar.

Dans les premiers jours d'août 1914, le paquebot *Kaiser Wilhelm der Grosse* (14 350 tonnes), du Norddeutscher Lloyd, quittait le port de Brême. Transformé en croiseur auxiliaire, il allait, grâce à sa vitesse de 23 nœuds, pratiquer la guerre de course. Sa première prise fut celle d'un bateau de pêche anglais, le *Tubal Cain*.

« Partis de Grimsby le 25 juillet [1], nous nous trouvions au large de l'Islande le 4 août, au moment de la déclaration de guerre. Le lendemain, nous en eûmes connaissance par un autre bateau de pêche, et le capitaine nous dit que, vu l'état de guerre, nous devions toucher un port d'Islande avant de revenir chez nous. Deux jours plus tard, le *Kaiser Wilhelm der Grosse* apparut sur la scène et nous donna l'ordre de quitter notre bâtiment. Lorsque le

[1] D'après le journal de bord du capitaine W. Smith du *Tubal Cain*. *Times*, 8 septembre 1914.

transbordement fut terminé, il tira contre notre bateau et le perça de 45 coups. Un des officiers allemands s'approcha de moi et me dit : « C'est un bateau anglais, il est dur à couler. » Cependant, je ne puis faire assez l'éloge des officiers, en ce qui regarde leur bienveillance envers moi et tout mon équipage. Nous étions bien nourris et fûmes traités avec tout le respect désirable. Tous disaient être vraiment fâchés d'avoir à nous considérer comme prisonniers. Le capitaine et le mécanicien-chef dînèrent avec les officiers allemands, qui étaient de parfaits gentlemen, toujours prêts à faire n'importe quoi pour notre confort et toujours de bonne humeur. »

Vers le 15 août, au large des Canaries, le croiseur auxiliaire rencontra le vapeur anglais *Galician*.

« Les Anglais reçurent l'ordre de descendre dans l'entrepont. Deux soldats allemands furent placés à bord du vapeur, qui suivit le navire allemand toute la nuit, à la vitesse de 12 nœuds. Le jour suivant, on le relâcha, à cause des femmes et des enfants qui étaient à bord. »

Le lendemain, vers les 7 heures du matin, le vapeur anglais *Kaipara* fut aperçu. Le commandant du *Kaiser Wilhelm* lui signifia : « Si vous vous servez de votre T. S. F., je me servirai de mes canons. » Un équipage de prise vint à bord, détruisit les appareils de T. S. F., plaça des explosifs dans la cale et fit prisonnier l'équipage. « A bord[1] du *Kaiser Wilhelm*, nous fûmes traités avec une grande courtoisie. Le commandant nous dit que c'était pour lui un pénible devoir d'avoir à couler notre navire. »

Le même jour, au soir, le vapeur *Nyanga* fut capturé.

Le *Kaiser Wilhelm* était arrivé en vue de la colonie espagnole de Rio-de-Oro, où les charbonniers *Arucas*,

---

[1] Rapport du capitaine Hubert Wilde, du *Kaipara*.

Bethania et *Magdeburg* l'attendaient. Le croiseur jeta l'ancre à environ 2000 mètres au large du port de Rio-de-Oro et commença de charbonner. « Les prisonniers anglais, voyant le navire à l'ancre, espéraient qu'ils seraient surpris par un croiseur anglais arrivant à l'improviste. Mais, au bout d'un jour ou deux [1], il leur parut évident que les Allemands avaient cette place pour eux seuls, et ils abandonnèrent toute idée de voir un de leurs croiseurs.

» Je pense [2] qu'il était environ 11 heures et demie, le *Kaiser Wilhelm* étant occupé à charbonner à Las Palmas, lorsque nous entendîmes le maître d'équipage donner des ordres ; les marins s'élancèrent sur le pont, avec des pistolets et des baïonnettes. Un sous-officier qui parlait anglais me dit : « C'est vous qui aurez raison tout à l'heure, car c'est probablement un croiseur anglais ! » Comme rien n'arrivait et que le charbonnage prit fin peu après, nous eûmes l'impression d'une fausse alerte.

Pourtant, vers 2 h. 30, le lieutenant de vaisseau vint vers nous et nous dit : « Messieurs, vous êtes priés de vous rendre sur-le-champ à bord du charbonnier. Un croiseur anglais va ouvrir le feu. » Nous fîmes aussi vite que possible et sautâmes sur l'*Arucas*. Ordre fut aussi donné à un grand nombre d'officiers et marins du *Kaiser Wilhelm* de passer à bord du charbonnier. Ce qu'ils firent ; beaucoup, en sautant du transatlantique, jetèrent leurs armes à la mer. »

« Tout l'équipage était occupé depuis plusieurs jours [3]

---

[1] Rapport du capitaine Smith.

[2] Rapport du capitaine H. Wilde.

[3] Rapport d'un témoin oculaire, *Unsere Flotte im Weltkriege* : « Die gesamte Besatzung war *seit Tagen* bei der Kohlenübernahme beschäf-

au charbonnage. Les soutes n'étaient qu'à moitié garnies lorsque, vers midi (le 26 août 1914), un bâtiment vint en vue, que l'on reconnut être le croiseur protégé anglais *Highflyer*. Les signaux suivants furent échangés :

Croiseur anglais *Highflyer* : Rendez-vous !

Kaiser Wilhelm : Pas de réponse.

Highflyer : Je vous demande de vous rendre.

Kaiser Wilhelm : Les navires de guerre allemands ne se rendent pas. Je vous prie de respecter la neutralité espagnole.

Highflyer : C'est la seconde fois que vous charbonnez dans ce port. Je vous demande de vous rendre. Sinon, j'ouvre le feu immédiatement.

Kaiser Wilhelm : Je charbonne ici pour la première fois. Au reste, c'est l'affaire des Espagnols.

Highflyer : Rendez-vous immédiatement.

Kaiser Wilhelm : Je n'ai plus rien à vous dire.

Là-dessus, le *Highflyer* ouvrit le feu à 1 h. 16. Le *Kaiser Wilhelm* riposta aussitôt et combattit, se trouvant à l'ancre, à 2000 mètres environ de la côte, c'est-à-dire dans les eaux espagnoles. Pour éviter des pertes inutiles, le commandant fit transborder sur les deux charbonniers, qui étaient de chaque côté du croiseur, le personnel qui n'avait pas de poste de combat, de même que les prisonniers anglais (en tout 114 officiers et marins). Dès qu'ils eurent quitté le croiseur auxiliaire, les vapeurs firent route vers le Sud. Entre temps, le *Highflyer* avait ouvert le feu à bonne distance (environ 9000 mètres). En se maintenant à la même distance, il passa de tribord à bâbord du

tigt. » *Depuis plusieurs jours.* Or, d'après l'usage admis, un navire de guerre étranger ne peut séjourner plus de vingt-quatre heures en eaux neutres. La violation de neutralité semble, dans le cas présent, flagrante.

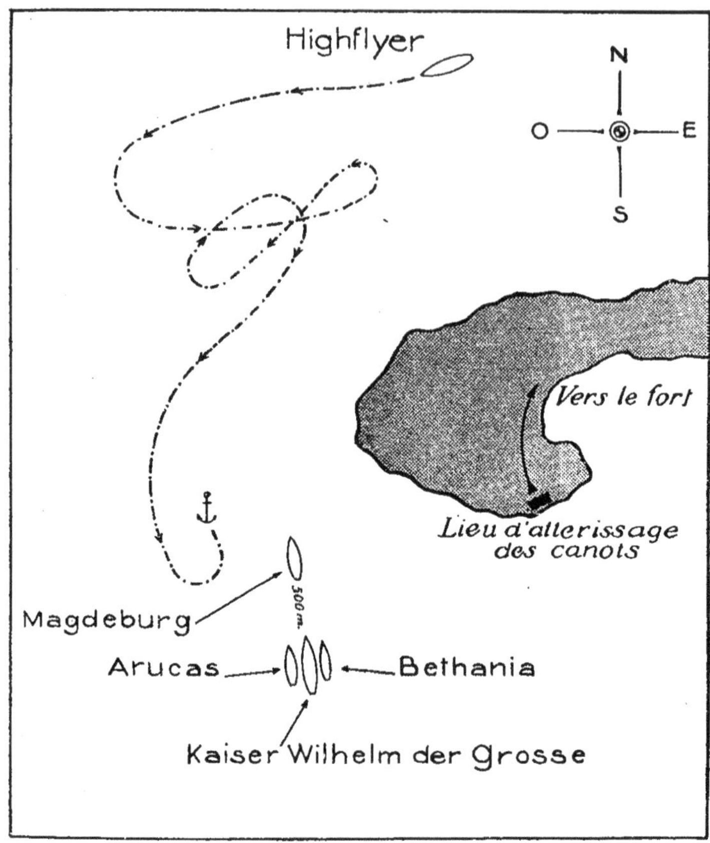

croiseur auxiliaire, puis s'éloigna lorsqu'il eut reçu quelques projectiles. Après une heure et demie de combat, le feu du *Kaiser Wilhelm* se ralentit, faute de munitions. Juste au début de l'action, deux projectiles avaient atteint la cale avant où était placée la moitié des munitions ; la cale s'était remplie d'eau et le service des munitions devint impossible à l'avant. Le transport des munitions de l'arrière à l'avant prenait beaucoup de temps et causa un ralentissement du feu. Lorsque la munition des pièces de l'arrière fut épuisée, le commandant donna l'ordre de couler le bâtiment pour ne pas le laisser aux mains de l'ennemi. Douze pétards furent disposés et l'on se prépara à ouvrir les prises d'eau. Le croiseur auxiliaire avait reçu en tout dix projectiles qui n'auraient, à eux seuls, pas coulé le bâtiment. Lorsque ses canons se turent, le *Highflyer*, cessant le feu, se rapprocha lentement jusqu'à 5600 mètres. Comme l'unique canon allemand qui eût encore des munitions, un canon-revolver, lui tirait dessus, l'anglais rouvrit le feu pour le démolir et continua, même après que le canon-revolver eut été réduit au silence, ayant épuisé ses munitions. Le commandant allemand estime que le bâtiment anglais a lancé de 4 à 600 projectiles. Le nombre des touchés ayant été d'environ 2% contre un bâtiment aussi grand et aussi haut que le *Kaiser Wilhelm*, qui était en outre à l'ancre, immobile, prouve un tir franchement mauvais [1]. Lorsque le *Kaiser Wilhelm* commença, ensuite de l'irruption de l'eau, à s'incliner, l'équipage descendit dans les canots. Le commandant quitta le dernier son bâtiment, qui était déjà couché sur le flanc. Les mâts avec les flammes de guerre au bout des vergues avaient disparu sous les flots. [2]»

---

[1] Le tir du *Kaiser Wilhelm* ne fut guère meilleur. « Nous vîmes les obus du *Kaiser Wilhelm* manquer le croiseur », dit le capitaine Wilde. Il est bon d'ajouter que le *Highflyer* est un navire-école.

[2] Une curieuse photographie représente le *Kaiser Wilhelm* chaviré. Seul un flanc noir émerge, léché par les lames écumantes. Une passerelle se dresse encore, carcasse ajourée. L'énorme lévrier de la mer est blessé à mort. Quelque temps encore ses débris se dresseront, lamentables. Vienne la tempête : le cadavre déchiqueté sera recouvert à jamais par la mer.

Ceux de l'équipage qui avaient pris part au combat débarquèrent sur la côte espagnole de Rio-de-Oro, soit : le commandant, 7 officiers, 2 hommes de barre, 72 sous-officiers et marins. Deux blessés, placés sur des brancards improvisés, furent emmenés et toute la troupe arriva, après deux heures et quart de marche, au fort espagnol.

Le croiseur anglais s'était avancé à 3000 ou 4000 mètres de la terre et avait mis à la mer deux canots, qui poursuivirent les canots allemands. Ils abordèrent au moment où l'équipage allemand se mettait en marche vers le fort. Sur un signal du croiseur, les canots anglais revinrent à bord.

Les marins allemands furent reçus par le commandant du fort. Ils furent internés et transportés ensuite à Las Palmas (Canaries).

* * *

Avant de succomber sous les coups du *Highflyer*, le *Kaiser Wilhelm* avait réussi à faire quelques prises. Moins heureux, le *Cap Trafalgar*[1] fut coulé avant d'avoir pu capturer un seul navire de commerce. Vers le 1er août 1914, ce paquebot arrivait à Buenos-Ayres.

Il ne pouvait être question de rentrer en Allemagne ; aussi le commandant décida-t-il bientôt de repartir. Il fit route vers Montevideo, où il prit du charbon et débarqua tout le personnel inutile. Le 22 août, il reprit la mer, se rendant à un rendez-vous arrangé d'avance. Il y rencontra la canonnière *Eber*, qui lui remit ses deux pièces de 10 centimètres, ses huit mitrailleuses et des munitions[2]. Désormais croiseur auxiliaire, le *Cap Trafalgar* allait

---

[1] De la Hamburg Südamerika Linie.

[2] Cf. page 197.

essayer de nuire au commerce maritime anglais en agissant en liaison avec le *Karslruhe* et le *Dresden* dans les eaux de l'Atlantique. Il était placé sous le commandement du capitaine de corvette Wirth. Les hasards de la guerre ne lui permirent pas d'opérer une seule prise.

Le 14 septembre, le croiseur était occupé à prendre le charbon de deux vapeurs [1] allemands dans les parages de l'île de la Trinité. Vers midi, un nuage de fumée apparut à l'horizon. C'était le croiseur auxiliaire anglais *Carmania*, qui avait quitté Liverpool le 15 août.

« Contournant les îles britanniques [2], nous avions fait route vers l'Ouest. Quelques jours plus tard, nous aperçûmes une terre devant nous (l'île de la Trinité) et nous étions à table pour dîner, quand sonna le branle-bas. Comme c'était l'habitude chaque fois qu'un navire était en vue, nous pensâmes qu'il s'agissait d'un branle-bas sans suite. Cependant, nous allâmes à nos pièces et cherchâmes à voir le navire signalé. Nous vîmes droit devant nous un grand bâtiment, à peu près pareil au nôtre, mais de meilleure apparence. De chaque côté se trouvait un charbonnier occupé à le ravitailler. En nous voyant, le navire ennemi renvoya évidemment ses deux charbonniers, car nous les vîmes prendre chacun une direction différente, et le navire lui-même partit en avant. Nous crûmes d'abord qu'il essayait de fuir, mais lorsqu'il fut au large des charbonniers, il vira de bord et nous attendit. Notre capitaine donna l'ordre de tirer un coup de canon en veillant à ce qu'il ne portât point. On fit selon ses ordres. A peine notre coup parti, l'ennemi nous envoya

---

[1] Dont l'un était l'*Eleonore Woermann*.

[2] Récit d'un matelot de la *Carmania*. (*Times* du 8 octobre 1914.)

une bordée qui nous surprit tous. Les dés étaient jetés. Nous commençâmes immédiatement l'attaque ; en retour il nous envoyait coup pour coup, droit au-dessus de nous et désagréablement près, tandis que nous placions nos obus dans sa ligne de flottaison avec de bons résultats. Cependant, il parvint à nous bien repérer et l'affaire devint chaude.

» Pendant les premières quinze minutes, pour chacun de nos coups, il nous en envoyait quatre ou cinq, sans parler de ses « pom-poms ». Notre capitaine ne perdit pas son sang-froid et manœuvra le bâtiment, qui est très grand, de telle façon qu'il ne présentait qu'une petite cible, c'est-à-dire la proue ou la poupe. De cette façon il put mettre en action à la fois les 4 grosses pièces de chasse, et quand il présentait la poupe, les 4 pièces de retraite. Au bout de vingt-cinq minutes environ, il n'y eut plus qu'un bâtiment en action, et ce n'était pas l'ennemi. Il prit feu à l'avant et les flammes semblaient augmenter avec une très grande rapidité. La fumée s'élevait d'un bout à l'autre du navire, qui continuait cependant à tirer, bien que nous vissions que ce n'était plus avec autant de bouches à feu.

» A ce moment, il se décida à fuir, mais en vain, car il penchait un peu par tribord pendant le premier quart d'heure ; l'inclinaison s'était accrue pendant l'action, si bien que lorsqu'il voulut prendre la fuite, il put à peine changer de place. Il penchait maintenant tellement qu'on pouvait croire qu'il tournerait sens-dessus dessous. Nous avions cessé notre feu, afin de mieux l'observer. Il nous parut alors que le pointeur de tribord arrière élevait sa pièce et dirigeait un coup contre nous dans un dernier effort, car nous pûmes distinguer un éclair sortant du canon et des projectiles tomber à la mer, à ce qui nous parut être 20 yards de son bâtiment, mais je pense qu'il y avait en réalité 300 à 400 yards. Le navire se mit alors à couler ; on pouvait voir ses hélices.

» Notre capitaine, remarquant qu'il n'avait pas encore amené son pavillon, donna l'ordre de lui envoyer trois bordées, ce qui fut fait par bâbord. »

« Le *Cap Trafalgar* [1] avait une forte déchirure à l'avant par laquelle l'eau pénétrait, sans qu'il fût possible de l'arrêter. Lorsque nous fûmes inclinés de 30° sur tribord, le commandant donna l'ordre de faire sauter le navire pour qu'il ne pût tomber aux mains de l'ennemi. Car on ne pouvait plus le manœuvrer. Des pétards furent placés dans les machines... Le pont offrait une image terrifiante de dévastation... »

« Graduellement, le *Cap Trafalgar* [2] s'inclina jusqu'à ce que l'on pût voir l'intérieur de ses cheminées, qui étaient à fleur d'eau. On entendit alors une explosion et l'avant disparut tandis que l'arrière émergeait. Une seconde explosion parut se produire, et le vaisseau disparut entièrement, laissant derrière lui cinq canots remplis de monde et qui furent recueillis par un des charbonniers... »

« Pour notre bonheur [3], l'*Eleonore Woermann*, qui nous avait apporté du charbon, se trouvait dans le voisinage. Il recueillit les survivants. L'ennemi disparaissait dans le lointain, en flammes... Pendant dix jours, nous avons croisé à bord du vapeur, en perpétuel danger d'être cap-

---

[1] Lettre d'un marin du *Cap Trafalgar*. (*Vossische Zeitung* du 22 décembre 1914.)

[2] *Times* du 8 octobre 1914.

[3] Lettre d'un marin du *Cap Trafalgar*.(*Vossische Zeitung*, du 22 décembre 1914.)

turés par les Anglais. Nous réussîmes enfin à gagner, par une nuit sombre, le port de Buenos-Ayres... »

Le gouvernement argentin décida d'interner à l'île Martin Garcia les marins du vapeur allemand, les considérant comme des belligérants.

« Avant l'action [1], les Allemands avaient lancé un message de T. S. F. disant qu'ils attaquaient un croiseur anglais et plus tard, juste au moment où le combat cessait, nous interceptâmes un message en allemand. Comme il venait d'un navire de guerre, nous pensâmes bien faire

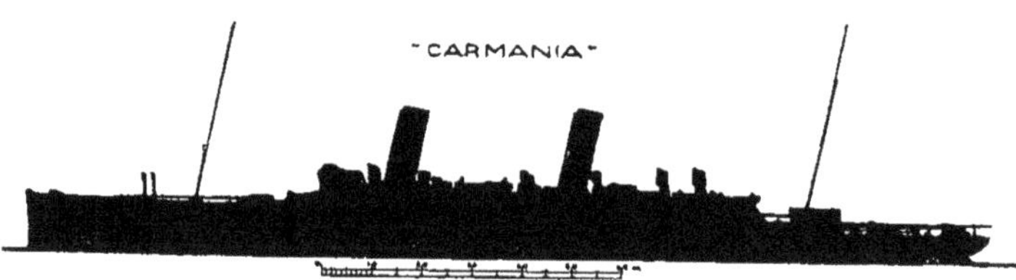

en nous esquivant, car nous n'étions pas sans quelques égratignures... »

Le pont de la *Carmania* avait été ravagé par les obus, les instruments de direction et de commandement étaient détruits.

«Nous marchâmes aussi vite que possible —guère plus vite qu'un escargot — toute la journée et tout le jour suivant, jusqu'à ce que nous fûmes rejoints par un de nos croiseurs qui nous escorta une partie de la route jusqu'ici (Gibraltar [2]). Je crois que nous resterons ici huit ou dix jours pour radouber, car les Allemands nous ont touchés direc-

[1] Lettre précitée du *Times*.

[2] La *Carmania* fut probablement accompagnée par le *Bristol*, relayé ensuite par le *Cornwall*.

tement 73 fois, ce qui nous fit 380 trous ; nous avons donc de quoi réparer. Nous n'eûmes que deux coups vraiment sérieux dans nos flancs, bien que notre bateau émerge de 675 pieds en longueur et 60 pieds en hauteur, ce qui démontre que, d'une manière générale, le tir des Allemands fut très défectueux. Je suis très content qu'il en ait été ainsi, car si nous avions été à la place du navire allemand, nous n'aurions pas pu nous sauver dans les canots ; il n'y en avait pas un seul qui pût tenir la mer. Ils étaient tous percés comme des écumoires.

Le feu fut ouvert à 9000 yards et nous nous approchâmes jusqu'à 3200 yards ; le combat finit à 9600 yards ; nous tirâmes 417 coups. L'action avait duré une heure et demie du commencement à la fin.

Je viens de lire un message disant qu'un charbonnier a débarqué à Buenos-Ayres 279 officiers et matelots du *Cap Trafalgar*, la plupart sérieusement blessés, ce qui fait que j'ignore combien ont coulé avec le navire... »

A bord du croiseur anglais, 9 hommes avaient été tués et 26 blessés.

Ce combat est intéressant en ce sens qu'il montre une tactique inédite. Les grands paquebots sont essentiellement vulnérables. Le moindre obus y découpe de larges brèches. Pour réduire au strict minimum les chances d'avaries, le capitaine Noël Grant manœuvra de telle sorte que la *Carmania* se présentât de pointe à l'adversaire. Il avait disposé ses huit pièces de 152 millimètres en deux groupes de quatre, un à l'avant, l'autre à l'arrière. L'adversaire, armé seulement des deux pièces de 102 millimètres et des six 37 millimètres[1] de l'*Eber*, eut un tir d'abord rapide, quatre ou cinq coups pour un coup

---

[1] Ce que le marin de la *Carmania* appelle des « pom-poms ».

de l'Anglais. Mais il présentait le flanc, longue et haute
cible où les canons anglais ouvrirent de larges voies d'eau.
Au bout de vingt-cinq minutes, le *Cap Trafalgar* était en
flammes et donnait de la bande. Il continua de tirer
pendant quarante minutes. Il coula enfin, pavillon battant,
aux chants de l'équipage.

Comme dit le *Times*, ils se sont battus dans le style
courtois des combats de frégates du temps jadis...

CHAPITRE II

L'«Emden». Le perturbateur du trafic.

Le 26 mai 1908, le nouveau croiseur *Emden*, glissant sur le plan incliné de sa cale de construction, entrait dans les eaux grises du golfe de Dantzig. A l'automne, il ralliait à Kiel l'escadre de réserve, après essais. Au printemps de l'année suivante, le nouveau bâtiment, peint en gris clair, presque blanc, appareille. Il va rejoindre la division du Pacifique, à laquelle il est désormais affecté. Sous le commandement du capitaine de corvette Vollerthun, l'*Emden* réprime une révolte des indigènes de l'île Ponape (janvier 1911). Deux ans après (août 1913), remontant le cours du Yan-Tsé, il essuie le feu des forts riverains tombés aux mains des rebelles. Son nouveau commandant, le capitaine de frégate Karl von Muller, révèle dans cette circonstance de rares qualités d'énergie et de sang-froid. Répondant vigoureusement au feu de l'ennemi, il réussit à ramener son navire indemne.

Il allait bientôt se mesurer avec des adversaires autrement redoutables.

A la déclaration de guerre de l'Allemagne à la Russie l'*Emden* se trouvait à proximité de Tsing-Tao. Vers le 3 ou le 4 août, il capture le vapeur russe *Rezan*, faisant route de Nagasaki à Vladivostock, et le ramène à Tsing-Tao. Converti en croiseur auxiliaire, le *Rezan* rejoignit les croiseurs de von Spee. L'*Emden* l'escorta jusqu'au 22 août. Ce jour-là, chargé d'une mission spéciale, il quitta l'escadre des croiseurs.

Reprenant les traditions de Surcouf, le capitaine von Muller démasque ses sabords et hisse le pavillon de corsaire. Trois mois durant, il va écumer l'Océan Indien et les mers contiguës.

Le navire qu'il commande est particulièrement approprié à la guerre de course. Croiseur léger, déplaçant 3650 tonnes, il appartient au type classique du croiseur protégé [1]. Ses machines à vapeur alternatives, actionnant deux hélices, lui assurent une vitesse maximum de 24,5 nœuds. A vitesse réduite, il peut franchir, sans se ravitailler en combustible, environ 10 000 kilomètres. Son armement comprend 10 pièces de 105 millimètres et 2 tubes lance-torpilles placés sous la flottaison.

Il a été étudié, comme du reste toute la série des croiseurs allemands portant des noms de villes [2], en vue de la guerre de course. Ce n'est pas un navire de combat. Tout au plus ferait-il un excellent éclaireur. Sa vitesse égale celle des paquebots rapides. Son rayon d'action est très étendu.

Il a passé en cale sèche au printemps de 1914 à Tsing-Tao ; sa coque est fraîchement repeinte, ses soutes sont gorgées de munitions et de charbon [3]. Enfin son équipage est au complet : 31 officiers, 330 sous-officiers et « blaujacken [4] ». Le commandant de l'*Emden* a reçu l'ordre de

---

[1] Le croiseur *protégé* diffère du croiseur *cuirassé* en ce sens qu'il ne possède pas de cuirassement vertical, mais seulement un pont blindé à la hauteur de la flottaison.

[2] *Strassburg, Dresden, Nüremberg, Karlsruhe, Leipzig*, etc. Lui-même a pour marraine la paisible ville d'Emden.

[3] Il a fait son plein charbon, du 11 au 12 août 1914, dans une île des Marschall, située au nord-est de Ponape.

[4] *Blaujacke*, jaquette bleue, surnom familier du marin allemand. La même expression se retrouve dans la marine anglaise, *blue-jacket*. En France on dirait *col-bleu*.

troubler les services de paquebots reliant les Indes à la Métropole et de retarder les transports de troupes.

L'Océan Indien est coupé de nombreuses lignes de navigation parcourues par des navires de toutes nations. Les unes relient l'Europe à la Chine et au Japon. Les autres se dirigent vers l'Australie. D'autres encore, les hollandaises, desservent les îles de la Sonde. Sans compter les services de cabotage circulant entre les ports hindous. Colombo est le port d'escale vers lequel convergent les fils de ce vaste réseau commercial.

Le capitaine von Muller connaît par le menu les services des paquebots. Il est seul, sans base navale, très loin de la mère-patrie, entouré de toutes parts d'ennemis. A force d'énergie, de promptitude dans la décision, d'ingéniosité, il réussira.

« C'est le commandant de croiseur idéal, a dit de lui le capitaine Persius[1] qui l'a eu sous ses ordres. Doué de nerfs d'acier, il sait profiter de chaque occasion avec un sang-froid inébranlable et n'éprouve jamais le moindre embarras à exercer une activité menant au succès. D'une ponctualité exemplaire, consciencieux à l'extrême et fabuleusement calme... »

Un visage glabre au nez droit, bien planté. Un front dégagé, abritant des yeux qui regardent de lointains horizons et voient dans leur minutieuse précision les moindres détails du navire. Des lèvres minces, serrées par l'habitude de décider, dominant un menton énergique. Un corps fortement charpenté.

Voilà l'homme, aimant la mer, âme de l'*Emden*[2].

---

[1] Le capitaine de vaisseau L. Persius est le correspondant naval du *Berliner Tageblatt*.

[2] « Notre commandant ! Il n'a presque jamais quitté la passerelle de

Il emmène à son bord le prince François-Joseph de Hohenzollern, neveu de l'empereur.

Quittant le 22 août les Marschall, l'*Emden*, marchant à vitesse réduite, traverse l'archipel des îles Carolines et reconnaît probablement les Moluques pour embouquer le détroit de la Sonde et déboucher dans l'océan Indien [1].

Il a donné rendez-vous à un paquebot de la Hamburg-Amerika-Linie chargé de charbon. Ses provisions de combustible touchent à leur fin, puisqu'il arrive à la limite de son rayon d'action (la distance des Marschall à Calcutta en passant par les Moluques est d'environ 10 000 kilomètres).

Ravitaillé, prêt à l'action, l'*Emden* pénètre dans le golfe du Bengale. Il intercepte les messages de T. S. F. annonçant les départs du port de Calcutta. De cette manière il connaît l'exacte position de chaque bâtiment dans le golfe.

« Le 10 septembre, à 9 heures du matin, l'*Emden* donne l'ordre de stopper au steamer *Indus*. A une heure et quart

commandement. Toujours avec des livres, des cartes, pendant les trois mois de guerre. J'étais aux signaux et je pouvais l'observer à loisir. Pendant la nuit, il restait assis dans un fauteuil sur la passerelle. A peine avais-je gravi trois marches qu'il s'éveillait de nouveau. Je crois qu'il n'a jamais dormi pendant toute la croisière.

J'étais aussi son « steward ». Il mangeait toujours seul. Parfois il invitait un des officiers. Lorsque j'enlevais le couvert, je remarquais qu'il n'avait pris qu'une pomme de terre et un peu de potage. Il était déjà dans la chambre de navigation, à calculer. De temps à autre, cependant, je le vis tenir d'autres livres que ceux du bord. C'étaient des ouvrages sur Gneisenau et Nelson. Il avait beaucoup maigri pendant la guerre. En deux mois, il a vieilli de dix ans. »

Récit d'un matelot de l'« Emden » recueilli par le correspondant à Constantinople du « Berliner Tageblatt » 11 juin 1915.

[1] Je ne possède, sur la route suivie par l'*Emden*, des Marschall à l'Océan Indien, aucune donnée précise. Seul le journal de bord du croiseur pourrait nous apporter les renseignements nécessaires. Mais sera-t-il jamais publié ?

l'équipage est transbordé sur le croiseur allemand. A
3 heures de l'après-midi, l'*Emden* commence à tirer dix
coups contre l'*Indus*, qui n'est coulé qu'au bout d'une
heure dix minutes. Le tir des pointeurs allemands fut
médiocre. L'*Emden* était accompagné par le paquebot
Markomania de la Hamburg-America, qui lui servait de
charbonnier.

» Le jour suivant, à 3 heures après-midi, le *Lovat* arriva
en vue. Deux heures après, son équipage était transbordé
sur le *Markomania*. Ensuite le *Lovat* fut bombardé ; il
coula à 6 h. 30.

» Le 12 septembre, à 11 heures du soir, le *Kabinga* fut
saisi et un équipage de pont fut placé à bord. Deux
heures plus tard, ce fut au tour du *Killin*. Il fut capturé
et le croiseur envoya un équipage armé qui en prit possession. Cette même nuit, trois autres vaisseaux furent
aperçus, mais on ne leur donna pas la chasse.

» Le 13 septembre, à huit heures du matin, l'équipage
que l'on avait placé à bord du *Killin* fut retiré. Immédiatement après, le feu fut ouvert contre ce bâtiment. Une
heure plus tard, le *Killin* alla par le fond.

» Les Allemands accostèrent le *Diplomat*, vers midi,
et transférèrent son équipage sur le *Kabinga*. On plaça
une mine sous l'avant du *Diplomat*, à 4 h. 30. Après cinq
coups de canon il coula par l'avant [1]. »

Le lendemain (14 septembre), les équipages des navires
coulés sont transbordés sur le *Kabinga*, qui reçoit l'ordre
de se rendre à Calcutta. Les Allemands avaient autorisé
le capitaine du *Kabinga* à rester sur son navire, parce-
qu'il avait sa femme à bord.

---

[1] Rapport de Mr. George Road, second officier de l'*Indus*. (*Times*, du
22 septembre 1914.)

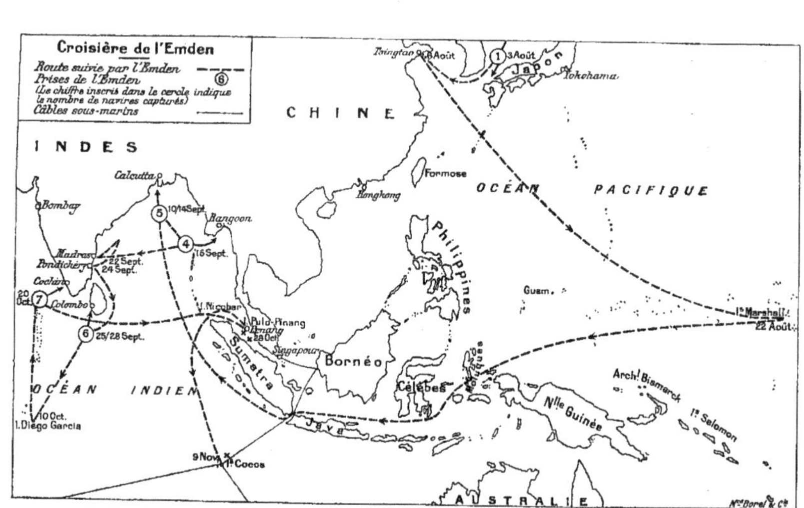
Croisière de l'Emden
Route suivie par l'Emden
Prises de l'Emden
(Le chiffre inscrit dans le cercle indique
le nombre de navires capturés)
Câbles sous-marins
INDES
CHINE
Tsingtao 9/6 Août
3 Août
Japon
Yokohama
Formose
OCÉAN
PACIFIQUE
Hongkong
Calcutta
Bombay
10/14 Sept.
Rangoon
Madras
16 Sept.
22 Sept.
Pondichéry
24 Sept.
Philippines
Guam
I. Marshall
Cochin
22 Août
20 Oct.
Colombo
I. Nicobar
Pulo-Pinang
Pinang
28 Oct.
25/28 Sept.
Singapour
Bornéo
Sumatra
Célèbes
Arch! Bismarck
OCÉAN   INDIEN
Nlle Guinée
I! Salomon
Java
10 Oct.
I.Diego Garcia
9 Nov.
I! Cocos
AUSTRALIE
Nlle Borel & Cie

« Le commandant allemand, dit-il[1], me prévint de m'approcher avec circonspection du Hooghli, car les pilotes avaient quitté leurs postes, les bateaux-phares et les bouées avaient été enlevés. Il avait intercepté le message de T. S. F. par lequel Calcutta donnait ces instructions aux pilotes.

» Mes installations de T. S. F. avaient été détruites aussitôt que je fus capturé, mais les Allemands n'avaient pas remarqué qu'il restait à bord du fil de cuivre — assez pour une nouvelle installation aérienne — et que les appareils fonctionnaient, grâce aux dynamos du navire. Ils jetèrent par-dessus bord tous les accumulateurs, pensant que de cette façon, les appareils Marconi seraient désormais inutilisables. Nous installâmes de nouveaux fils aériens et les opérateurs de la T. S. F. réparèrent les appareils. Le quinze, je pus entrer en communication avec Calcutta. » Le capitaine du *Kabinga* ajoute qu'ils furent traités avec beaucoup de courtoisie par le commandant de l'*Emden*.

J'ai tenu à citer tout au long ces documents, qui donnent une idée de la méthode inaugurée par l'*Emden*.

Le corsaire se place à une centaine de milles d'un grand port et intercepte les messages de T. S. F. annonçant les départs des paquebots. Il en capture une demi-douzaine, qu'il coule, à l'exception d'un seul, à bord duquel est embarqué le personnel des autres navires coulés. Ce dernier navire est dirigé sur le port le plus proche. Cette manière d'agir est conforme aux usages admis pour la guerre de course.

« Un croiseur isolé, en admettant qu'il y réussisse, ne peut garnir de matelots qu'un petit nombre de prises ;

[1] *Times* du 17 octobre 1914.

et alors, chaque prise diminue essentiellement ses forces ; mais un croiseur isolé, en détruisant chaque bâtiment qu'il capture, conserve la force de continuer en toute vigueur son œuvre de destruction, aussi longtemps qu'il peut se procurer des vivres et des munitions dans les ports amis, ou au moyen de celles trouvées à bord des navires qu'il prend [1]... »

Après chaque « coup de filet », l'*Emden* disparaît brusquement pour reparaître, quelques jours après, à une grande distance du théâtre de ses exploits précédents.

Mais, pendant le mois de septembre, le capitaine von Müller sait qu'il ne courra, pour ainsi dire, aucun risque. Les croiseurs anglais et français sont distraits par leur service de convoi. Les croiseurs japonais se bornent à poursuivre l'escadre de von Spee.

Il va donc profiter des circonstances et continuer la série de ses exploits. Vers le 15 septembre, les steamers anglais *Clean-Matheson* et *Trabbock* sont capturés, puis coulés, après que leur équipage a été transbordé sur le vapeur *Dovre*, précédemment capturé.

---

[1] Instructions du gouvernement américain : 1812. Cf. le *Droit de visite et la guerre de course*, par E. Duboc, p. 245.

Ces pratiques de la guerre de course, admises par le droit international, ont cependant quelque chose qui répugne à la conscience humaine. « Quoi qu'il en soit de l'appréciation juridique de la destruction systématique des prises, il y a contre cette conduite un sursaut spontané du bon sens et du sentiment humain. Certes, il n'est pas beau qu'un belligérant s'empare par la force d'un de ces palais flottants que sont les grands paquebots modernes... Enfin, c'est la guerre... ; mais envoyer toute cette fortune au fond des mers, appauvrir l'humanité d'une partie du patrimoine que son travail a arraché à la nature, et cela pour rien, pour le mauvais plaisir de nuire, pour la satisfaction de mal faire et de faire du mal (sans avancer les résultats militaires), c'est un système dont le moins que je puisse dire est que j'aime mieux le voir employer par nos ennemis que par nous-mêmes ou par nos alliés ! » *La guerre maritime et le droit des gens. Joseph Barthélémy*, professeur agrégé à la Faculté de droit de Paris.

Le *Dovre* est ensuite dirigé sur Rangoon [1]. L'*Emden* arrête encore un vapeur grec, le *Pontoporos*, chargé de charbon, et l'oblige à le suivre.

Le 20 septembre [2], on annonce de Singapour que les parages situés à l'ouest de Penang sont fermés à la navigation, à cause de la présence de l'*Emden*.

Le 22 septembre, le croiseur se présente inopinément devant Madras.

« Cette nuit, à la hauteur de Madras [3]. Un homme de l'équipage y a travaillé et renseigne le capitaine au sujet des réservoirs de pétrole situés à l'entrée du port. A 9 h. 30 du soir, l'*Emden* s'avance, dirige ses projecteurs sur les réservoirs et tire deux bordées pour reconnaître la distance. Les projecteurs sont éteints et 125 obus sont tirés par salves ; quelques-uns atteignent un navire à l'ancre dans le port. Les réservoirs sont incendiés et projettent une lueur formidable. L'*Emden* se retire à toute vapeur vers le nord-est. Les batteries côtières ouvrent le feu, mais les obus portent court et aucun n'atteint l'*Emden*. »

« 23 septembre. Ce matin, la lueur de l'incendie de Madras est encore visible à l'horizon, bien que nous soyons à 100 milles environ de distance. L'*Emden* a fait route d'abord vers le nord-est, pour faire croire qu'il se dirigeait vers Calcutta ; mais, dès qu'il est hors de vue, il tourne au sud-ouest pour longer la côte est de Ceylan. »

En cours de route, le 24 septembre, il jette l'ancre devant la ville française de Pondichéry. Il n'y cause aucun dommage, peut-être afin de ménager ses muni-

[1] *Times* du 22 septembre 1914.

[2] *Times* du 22 septembre 1914.

[3] Extrait du journal d'un sous-officier de l'*Emden*.

tions. Son apparition peut avoir eu précisément pour but d'induire l'ennemi en erreur, en lui laissant croire que ses munitions sont épuisées.

Cependant les exploits du corsaire ont ralenti les transactions maritimes dans le golfe du Bengale. Les rares navires qui prennent encore la mer sont sur leurs gardes et changent d'itinéraire en cours de voyage. La guerre de course dans ces parages devient difficile. Aussi le capitaine von Muller a-t-il décidé de passer dans la mer d'Oman, en contournant l'île de Ceylan. Il arrive au large de Colombo et jette son « coup de filet ». Du 25 au 28 septembre, il capture et coule les vapeurs *Tymeric*, *Kind-Lud*, *Ribera* et *Foyle*. Le personnel de ces navires, transbordé sur le *Gryfedal*, est dirigé sur Colombo. Le 29 septembre, le *Gryfedal* arrive à bon port.

Le *Buresk*, capturé à la même date, accompagnera désormais l'*Emden*.

Les capitaines des navires pris par l'*Emden* ont raconté leurs aventures dans le *Times* de Ceylan, du 29 septembre[1]. « Le *Tymeric* fut rencontré le 25 septembre par le croiseur, qui lui signala de s'arrêter ; un officier vint à bord et donna au capitaine et à l'équipage dix minutes pour quitter le navire. On les embarqua sur le croiseur où on leur offrit du whisky-soda, on leur prêta des livres et des cartes, on leur joua même de la musique le dimanche : on était peut-être d'autant plus large pour la nourriture que les provisions venaient des navires capturés. Le capitaine du *Ribera* fut plus heureux : on lui accorda une demi-heure pour quitter son bord. « C'est fortune de guerre, capitaine », lui dit en manière d'excuse celui qui lui en donnait l'ordre. « Une grande politesse régnait

[1] *Temps* du 6 novembre 1914.

sur l'*Emden*, dont un des officiers est un neveu par alliance du kaiser. Cet officier, au moment où les équipages étaient emmenés vers le nord, leur souhaita un sûr et agréable voyage à Colombo. »

Le capitaine du *Kind-Lud* rapporte que l'officier qui vint à bord lui dit : « Nous n'avons malheureusement aucun port où nous puissions amener votre bateau comme vous l'avez fait avec les navires que vous nous avez pris. »

Le 28 septembre, l'*Emden* quitte brusquement les parages de Ceylan et se dirige vers le sud. Le cuirassé anglais *Triumph*, les croiseurs japonais *Nishin* et *Kasuga*, quittent d'urgence Hong-Kong et se mettent à la poursuite du hardi corsaire. Disparaissant une fois de plus, l'*Emden* va trouver un abri à l'écart des grandes voies commerciales. Il tient la mer depuis le mois de juin et dans les régions équatoriales, où se déroule sa carrière de capteur, les algues poussent vite. Sa coque a besoin d'un nettoyage complet ; ses machines sont encrassées, ses soutes à moitié vides, enfin l'équipage accueille avec joie l'idée d'aller à terre après une dure navigation.

« 10 octobre [1]. Visité l'île de Diego Garcia, au milieu de l'océan Indien, à peu près à mi-distance entre l'Afrique et Sumatra. Les quelques familles d'Européens ne savent rien de la guerre, le vapeur qui dessert l'île, n'y venant que tous les trois mois. L'*Emden* fait du charbon toute la journée. Quelques-uns de nos ingénieurs réparent le bateau à moteur de l'endroit, et les habitants nous donnent des paniers de noix de cocos et de poissons. »

Ce qu'il y a d'extraordinaire dans cette aventure, c'est que Diego Garcia est possession anglaise et qu'aucun des

[1] Journal d'un sous-officier de l'*Emden*.

habitants ne s'est douté de la « comédie », qui fut jouée en somme avec esprit, par les gens de l'*Emden*. La lettre suivante [1] en témoigne :

« Les officiers du vapeur *Clan Greham* certifient que, pendant que leur navire était à Port-Louis (île Maurice), un vapeur, faisant le service des îles, arriva de Diego Garcia, une dépendance isolée de l'île Maurice et qui forme le sommet d'un triangle isocèle avec Maurice et les îles Cocos dans les deux autres angles. Selon l'équipage de ce vapeur, l'*Emden* arriva à Diego Garcia un beau matin, quelque temps après que la guerre fut déclarée, et jeta l'ancre au large de l'île. La population, ignorant l'ouverture des hostilités, accueillit le capitaine von Muller et les officiers avec toutes les marques de la plus parfaite cordialité et les fêta généreusement. Le capitaine, qui s'était aperçu de leur erreur, se garda de révéler qu'il était leur ennemi et il en profita pour informer les habitants de l'île que son navire avait grandement besoin d'être mis sur cale. Il proposa d'abattre le croiseur en carène dans le port et d'employer la main d'œuvre indigène pour nettoyer la coque. Ce travail serait grassement rétribué. Tout naturellement, les insulaires acceptèrent. L'*Emden* fut donc échoué à marée haute sur une plage sablonneuse, et des bras de bonne volonté se mirent à racler les bernacles (coquillages attachés à la coque du navire).

Lorsque le nettoyage fut terminé, les insulaires furent largement payés de leur peine, et on remit l'*Emden* à flot. Il resta deux ou trois jours à l'ancre. Pendant ce temps, les mécaniciens du croiseur s'occupèrent à réparer un canot à moteur des Diego Garciens qui se trouvait dans

---

[1] *The Standard*, 1ᵉʳ avril 1915.

le port, désemparé. Cet acte fut grandement apprécié par les insulaires, et tous tinrent à assister au départ de l'*Emden* et poussèrent de vigoureux hourras.

Le capitaine von Muller offrit d'emporter la poste de l'île. En conséquence, un gros sac de lettres fut porté à bord de l'*Emden* au moment de son départ. L'histoire nous dit que ce sac fut en effet régulièrement transmis, car on le transporta à bord d'un vapeur, que le croiseur arrêta, quelques jours après avoir quitté Diego Garcia. »

Coque propre et soutes garnies, l'*Emden* reprend la mer. Il se dirige, une fois de plus, vers Colombo. Jusqu'ici il a été escorté par trois charbonniers, le *Markomania* de la Hamburg-America, le *Buresk* capturé aux Anglais et le *Pontoporos*, vapeur grec. Un quatrième vapeur, d'une compagnie allemande, lui sert d'éclaireur. Possédant une installation de T. S. F. il signale au croiseur les mouvements du commerce maritime. Peut-être, y eut-il encore d'autres éclaireurs de l'*Emden* [1]. Il est certain que la télégraphie sans fil a été, pour le corsaire, un auxiliaire de première importance. Il s'en est servi de deux manières :

1º En captant les messages annonçant les départs et les arrivées des paquebots ;

2º En adressant à des navires en marche des messages trompeurs. C'est ainsi que le commandant du *Paul Lecat*, des Messageries maritimes, reçut un télégramme sans fil lui indiquant une route à suivre pour éviter le croiseur allemand. Le commandant, soupçonnant une ruse, se garda de suivre le conseil télégraphique, et l'*Emden* l'attendit sans succès au rendez-vous [2].

---

[1] Sur ce point encore, le journal de bord de l'*Emden* pourrait nous apporter de précieux éclaircissements.

[2] Il est d'autre part certain que l'*Emden* reçut par T. S. F. des ren-

Le 15 octobre, le croiseur anglais *Yarmouth* coule le *Markomania* et le vapeur muni d'appareils de T. S. F. et capture le *Pontoporos* [1]. Ces pertes n'affectent pas outre mesure le capitaine von Muller. Il va leur trouver une large compensation.

Vers le 20 octobre, il coule au large de Colombo les vapeurs anglais *Chilka*, *Troilus*, *Benmohr* et *Clan Grant*, ainsi que la drague *Pourrabbel*, destinée à la Tasmanie. Les équipages et passagers de ces bâtiments sont transbordés sur le *Saint-Egbert*, qui vient d'être arrêté, et dirigés sur Cochin. Avant de quitter ces parages, l'*Emden* capture encore le charbonnier *Exford*, qui l'accompagnera jusqu'à la fin de sa carrière.

Ces nouveaux exploits du corsaire soulevèrent une certaine émotion en Angleterre.

« Pendant que [2] le croiseur *Yarmouth* coulait le ravitailleur de l'*Emden*, le *Markomania*, quelque part au large des côtes de Sumatra, l'*Emden* agissait vers les côtes ouest des Indes. Il y fit un magnifique coup de filet, qui dépassa de beaucoup le tonnage et la valeur de ses derniers exploits dans le golfe du Bengale. Il a coulé cinq

seignements de Colombo où l'on a découvert une installation de télégraphie sans fil dans une villa, au bord de la mer. — Ce qui prouve une fois de plus avec quelle minutie cette guerre avait été préparée jusque dans les moindres détails par l'Allemagne.

[1] Le *Pontoporos*, de la Compagnie nationale de navigation de Grèce, avait été affrété le 20 juillet, à Londres, par des chargeurs anglais, pour le transport du charbon de Calcutta à Bombay. Il quitta Calcutta le *8 septembre* pour ce dernier port quand, dans le golfe du Bengale, il fut rencontré par l'*Emden*, qui plaça à son bord un équipage de pont et le força à le suivre pour s'emparer de sa cargaison. Quelques jours plus tard, le croiseur *Yarmouth* put l'enlever à l'*Emden* et le conduire à Singapour, où il attend avec confiance le jugement qui établira son innocence. (*Le Temps*, 1er décembre 1914.)

[2] *Times* du 22 octobre 1914.

vaisseaux, dont un grand paquebot tout récent, de la Compagnie Holt, chargé de caoutchouc et de zinc ; de même un bateau de la ligne de Clan et une drague assez coûteuse, construite pour le fleuve Tamar, en Tasmanie. Il a en outre saisi le vapeur *Exford*, ayant un chargement de charbon à bord. Il put ainsi remplacer son charbonnier perdu.

«Jusqu'à ce jour, le public anglais était plutôt enclin à considérer la croisière de l'*Emden* d'un œil amusé et cela, surtout parce que ses officiers s'étaient montrés à différentes reprises comme étant de bons « sportsmen ». Les récits faits par les équipages des vapeurs coulés témoignent tous de la modération, pleine de considération, avec laquelle l'*Emden* accomplit son œuvre de destruction.

«Cependant l'heure a sonné de se demander quand l'Amirauté britannique se décidera d'en finir avec la carrière audacieuse du corsaire. Son raid à l'embouchure du Hoogly et tout le long de la côte de Coromandel, a isolé la Birmanie pendant quinze jours, a paralysé le commerce de Calcutta et doit avoir coûté plus d'un million de livres sterling au pays. Sa réapparition signifie une autre perte directe d'au moins un second million. Donc, en quelques semaines, l'*Emden* nous aura coûté presque le prix d'un dreadnought. L'*Emden* seul est responsable du présent taux élevé des assurances maritimes pour les routes orientales ; on peut prévoir qu'il interrompra la malle des Indes. Maintenant qu'il est de retour dans son ancien repaire, nous pensons que cela entraînera un nouvel arrêt dans le commerce avec les Indes.

«A tort ou à raison, le sentiment général est que l'Amirauté ne fait pas assez de cas de ses responsabilités légitimes touchant la haute mer. »

Répondant à ces critiques et pour rassurer l'opinion publique, l'Amirauté anglaise publia la déclaration suivante [1] :

« On croit que huit ou neuf croiseurs allemands se trouvent dans l'Atlantique, le Pacifique et l'océan Indien. Plus de soixante-dix croiseurs britanniques (y compris

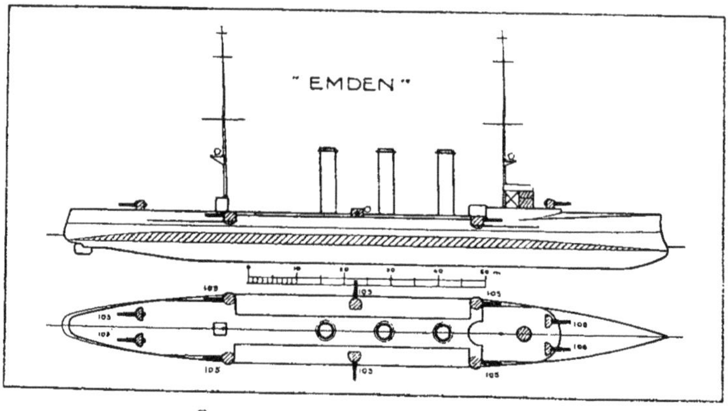

CROISEUR PROTÉGÉ « EMDEN » (1908).

Déplacement 3650 tonnes. Machines 13500 HP. Vitesse 24 nœuds. Armement : X-105 millim. II tubes lance-torpilles. Pont blindé de 50 millim.
De même type : *Dresden* (série des « Villes d'Allemagne »).

les australiens), japonais, français et russes, sans compter les croiseurs auxiliaires, agissent de concert pour la recherche des croiseurs allemands. Dans le nombre se trouvent quelques-uns des croiseurs les plus rapides de la marine britannique.

» La vaste étendue des mers et des océans, ainsi que les milliers d'îles et d'archipels, permettent aux croiseurs ennemis de manœuvrer presque à l'infini. Ils ont réussi, en dépit de difficultés grandissantes, et malgré tous nos

[1] 24 octobre 1914.

efforts, à se ravitailler en charbon. La découverte et la destruction de ces navires est donc surtout une affaire de temps, de patience et de chance. Le public doit être persuadé que les commandants en chef et les officiers sous leurs ordres font tout leur possible et prennent toutes les mesures nécessaires pour obliger l'ennemi au combat. Ils ont, jusqu'à maintenant, été surtout employés à convoyer les transports, mais cet emploi a quelque peu diminué et le nombre des croiseurs en chasse augmente continuellement. En attendant, la marine de commerce doit prendre toutes les précautions indiquées par l'Amirauté. Lorsque ces instructions ont été suivies, elles se sont montrées très efficaces; au contraire, la capture a été souvent la conséquence de leur oubli. L'étendue des mers, qui a permis aux croiseurs allemands d'échapper jusqu'à maintenant, protège aussi le commerce.

» A part les méthodes employées actuellement, on ne pourrait faire qu'une chose : faire des convois de navires de commerce partant à époques fixes. Jusqu'à maintenant, il n'a pas été nécessaire de gêner le commerce par l'adoption de mesures de ce genre. Le pourcentage des pertes est beaucoup moins important qu'on ne s'y attendait avant la guerre. Sur 4000 navires anglais long-courriers, 39 seulement ont été coulés par l'ennemi, c'est-à-dire moins de 1 %.

» Le taux d'assurance des cargaisons qui, au début de la guerre, était de 5 guinées pour cent, est descendu à 2 %. L'assurance pour les vaisseaux mêmes a été aussi considérablement réduite. Sur huit à neuf mille traversées, entre les ports du Royaume-Uni et l'étranger, moins de 5 pour mille ont été entravées par l'ennemi. Un grand nombre de ces pertes ont été causées par l'insouciance d'équipages négligeant toutes précautions. »

La partie devient plus serrée. D'Hong-Kong, sont partis le *Nishin*, le *Kasuga* et le *Triumph* ; d'Aden, une division de croiseurs fait route vers Colombo. Enfin, dans les parages de l'Océan Indien, le croiseur japonais *Ibuki*, les croiseurs anglais et australiens *Minotaur*, *Sydney* et *Melbourne* convoient les transports de troupes australiennes.

L'*Emden* est désormais traqué. Jouant la chance, il échappera quelque temps encore aux griffes attentives de ses adversaires. Une heure viendra où, découvert par une force ennemie supérieure, il perdra la partie.

Avant de le suivre dans ses opérations militaires, établissons un bilan de ses opérations contre le commerce des alliés.

Voici la liste des prises du croiseur allemand [1] :

DÉTROIT DE CORÉE	3-4 août.	*Rezan*, vapeur russe, capturé et converti en croiseur auxiliaire.		
GOLFE DU BENGALE	10 sept.	*Indus*	3413 tonnes	coulé
	11 »	*Lovat*	6102 »	coulé
	12 »	*Kabinga*	4657 »	capturé et envoyé à Calcutta
	13 »	*Killin*	3544 »	coulé
	» »	*Diplomat*	7615 »	coulé
GOLFE DU BENGALE	14 »	*Dovre*	? »	capturé et envoyé à Rangoon
	» »	*Trabbock*	4028 »	coulé
	» »	*Clean Matheson*	4775 »	coulé
	» »	*Pontoporos* (charbonnier)	4049 »	capturé et utilisé par l'*Emden*
MER D'OMAN	25-28 sept.	*Tymeric*	3314 »	coulé
	» »	*Kind-Lud*	3650 »	coulé
	» »	*Ribera*	3500 »	coulé
	» »	*Foyle*	4147 »	coulé
	» »	*Gryfedal*	4437 »	capturé et envoyé à Colombo
	» »	*Buresk* (charbonnier)	4350 »	capturé et utilisé par l'*Emden*

[1] Les indications de tonnage sont celles du *Times*.

	20 octobre.	*Chilka*	5220 tonnes	coulé
	» »	*Troilus*	7562 »	coulé
	» »	*Benmohr*	4806 »	coulé
	» »	*Clan Grant*	3948 »	coulé
MER	» »	*Pourrabbel* (drague)	473 »	coulé
D'OMAN	» »	*St-Egbert*	5596 »	capturé et envoyé à Cochin
	» »	*Exford* (charbonnier)	4596 »	capturé et utilisé par l'*Emden*

Au total, une vingtaine de navires coulés ou capturés.
Le *Times* estime à 2 211 000 livres sterling la valeur des
dix-sept bâtiments coulés, soit plus de 55 millions de
francs. Mais ce qui ne saurait être évalué avec précision,
c'est le trouble apporté par l'*Emden* dans les transactions
maritimes, les retards dans les services, les arrêts non
prévus en cours de route, les changements d'itinéraires,
le commerce de l'Inde momentanément suspendu et livré
aux surprises du hasard. Remarquons encore que les
navires anglais coulés constituent une perte sèche, non
seulement pour leurs propriétaires, mais pour la marine
marchande tout entière.

« Le capitaine von Müller [1] connaît probablement la
biographie de Surcouf, et il doit bien regretter de ne pouvoir placer au crédit de son pays les différentes sommes
auxquelles ses prises ont été évaluées. Les circonstances
ne lui ont laissé aucune autre alternative que d'envoyer
ses prises au fond de la mer. Un autre désavantage, auquel
le capitaine von Müller est subordonné, n'ayant pas de
base de ravitaillement, c'est le manque de munitions.
Certes elles ne lui seront pas très nécessaires pour arrêter
les navires marchands, mais, en tous cas, ses soutes
seront bientôt vides, s'il continue à gaspiller ses poudres

---

[1] *Times* du 23 octobre 1914.

et ses obus en bombardant des places comme Madras. »

Pratiquée par une nation qui n'est pas maîtresse de la mer, la guerre de course ne lui procure aucun gain matériel. Ses effets sont limités et éphémères. D'autre part, l'action de l'*Emden* qui, d'après les vues de l'Amirauté allemande, devait produire une décisive impression sur les populations de l'Inde, n'a causé qu'une émotion passagère et qui a disparu avec lui.

En résumé, disons en langage commercial que les opérations de l'*Emden* soldent par une perte sèche de plus de deux millions de livres dans la balance du commerce anglais, et n'apportent ni gain ni perte au commerce allemand.

CHAPITRE III

L'« Emden » au combat.

a) *La surprise de Pulo-Pinang.*

Le capitaine von Müller a appris qu'à Pulo-Pinang se trouvait le croiseur *Dupleix*. Bien que le croiseur français soit très supérieur à l'*Emden* sous le rapport de l'armement et de la protection, il n'hésite pas à aller l'attaquer. Il ne s'agira pas d'un combat en pleine mer entre deux adversaires prévenus et attentifs, mais d'une surprise nocturne, où la torpille décidera de la victoire avant que l'artillerie ait pu entrer en jeu. Au cas où la torpille manquerait le but, le croiseur allemand battrait rapidement en retraite, ses 24,5 nœuds lui donnant l'avantage sur les 21 nœuds du *Dupleix*. L'entreprise n'est pas si hasardée qu'elle le paraît à première vue, l'essentiel est d'approcher de l'adversaire sans être reconnu.

L'*Emden* usera dans cette circonstance d'un stratagème inédit. Les corsaires d'autrefois, pour cacher leurs intentions, masquaient leurs sabords et hissaient un faux pavillon. Ils apparaissaient alors sous les espèces d'un paisible voilier de commerce. Aujourd'hui, l'aspect d'un navire de guerre diffère radicalement de celui d'un bâtiment commercial. Ses formes sont plus fines, il est plus ras sur l'eau, ses superstructures sont différentes. Un marin ne s'y trompe pas. Le seul stratagème possible sera donc de faire prendre un navire de guerre pour un autre navire de guerre.

Or l'*Emden* offre certaines ressemblances avec les croiseurs anglais du type *Yarmouth,* et il se trouve que précisément le *Yarmouth,* avec le *Sydney* et le *Melbourne,* ses pareils, sont à quelques centaines de milles de Penang, convoyant des transports. La seule différence d'aspect entre l'*Emden* et le *Yarmouth* consiste en ceci, que l'*Emden*[1] a trois cheminées, alors que le *Yarmouth* en porte quatre. Qu'à cela ne tienne, l'ingénieur en chef Ellebroek fait établir une quatrième cheminée en toile peinte[2]. Ainsi maquillé, le croiseur allemand induira l'adversaire en erreur.

Le 27 octobre au soir, l'*Emden* embouque le détroit de Malacca. Au petit jour, il arrive en vue de Pulo-Pinang. Il est quatre heures, « l'heure des torpilleurs ». A bord du croiseur ennemi, les hommes de veille, fatigués, somnolent. Le climat de Pulo-Pinang exerce son action soporifique. L'attention se relâche, les sens n'ont plus leur acuité normale. Qui, d'ailleurs, se méfierait du corsaire? Les dernières nouvelles le montrent capturant des paquebots vers Ceylan, à 1500 milles de Penang.

La mer est paisible, légèrement clapoteuse. Les navires ancrés dans le port reposent. Tout est calme. Le silence est marqué de temps à autre par le grincement d'une vergue contre un mât, le choc de deux poulies, des pas sur le quai.

A bord des navires veillent les vigies. Rien à signaler.

---

[1] Cf. silhouette du *Sydney,* page 185, et plan de l'*Emden,* page 239.

[2] Ce stratagème a été employé à plusieurs reprises par l'*Emden.* D'après le *Völkerkrieg,* cahier 19 (chez Hoffmann, à Stuttgart), l'*Emden* aurait arboré la quatrième cheminée dans un port chinois (?), afin d'échapper à un croiseur japonais signalé au large. La musique joua le « Heil Dir im Siegeskranz » et l'hymne japonais, et l'équipage poussa trois hourras en l'honneur des Japonais, qui prirent l'*Emden* pour un anglais et le « Heil Dir » pour l'hymne anglais. Ils échangèrent les saluts habituels. La farce paraît bien un peu forte !

Cependant, un peu après quatre heures, une fumée monte à l'horizon, un navire approche. Bientôt, sa silhouette se découpe en ombre chinoise sur les grisailles de l'aube, où s'efface le disque pâlissant de la lune. C'est un navire de guerre à quatre cheminées. Le voici tout proche, il entre lentement dans le port et se poste entre le croiseur russe [1] et la côte. La vigie russe demande le nom du navire. L'*Emden* répond « *Yarmouth* ». Tout à coup la vigie remarque qu'une des cheminées bouge ; elle crie aussitôt l'«*Emden*» et donne l'alarme. Mais il est trop tard : l'*Emden* [2], placé à 600 mètres, a lancé une première torpille ; elle frappe, sous la cheminée arrière, le *Jemtschug*, qui paraît s'enfoncer de plus d'un mètre ; la seconde, lancée à moins de 600 mètres, l'atteint sous la passerelle. Une terrible explosion se produit. Pendant ce temps, l'*Emden* tire salve sur salve, en tout 100 coups. Le *Jemtschug* tire quelques projectiles, dont quelques-uns touchent les navires dans le port, derrière l'*Emden*. Aucun ne l'atteint.

Le *Jemtschug* coule rapidement. Les hommes sautent à la mer. Bientôt, du croiseur passé en quelques instants du repos à la mort, il ne subsiste plus qu'un mât avec sa vergue oblique dressée vers le ciel comme la main d'un cadavre.

L'*Emden* s'est enfui à toute vapeur...

Il est intéressant de citer ici le rapport du ministère de la marine russe.

« Petrograd, 30 octobre [3]. Faisant partie de la flotte de l'océan Pacifique, le croiseur *Jemtschug* et le croiseur *Askold* ont quitté le 25 août le port de Vladivostock pour

---

[1] Le croiseur à l'ancre à Pulo-Pinang n'était pas le *Dupleix*, alors en croisière, mais le croiseur russe *Jemtschug*. (1903 — 3200 tonnes.)

[2] Journal du sous-officier de l'*Emden*.

[3] *Recueil des communiqués officiels*, Payot et Cie, Paris.

rejoindre la flotte de nos alliés. Le *Jemtschug*, avec l'autorisation impériale, a été placé sous le commandement du vice-amiral (anglais) Geram.

Le 3 septembre, ayant reçu l'ordre de l'amiral, les croiseurs sortirent de Hong-Kong, et le *Jemtschug* a été chargé de se porter en reconnaissance au Sud de l'île Formose. Après avoir rempli cette mission, le croiseur a été chargé de convoyer et garder les transports des alliés. Le 21 septembre, le *Jemtschug* convoyait avec succès les transports de troupes et matériel de guerre français et anglais, dans la direction de l'océan Indien, lorsqu'il reçut l'ordre de l'amiral de se diriger vers les îles Nicobar, Andaman et Mergoui, et de se rendre ensuite à Penang[1] où, effectivement, il arriva le 27 octobre.

Le 28 octobre, à 5 heures du matin, pendant qu'il faisait encore nuit, un vaisseau à quatre cheminées apparut parmi les vaisseaux au mouillage. C'était l'*Emden*, ainsi maquillé par l'adjonction d'une quatrième cheminée [2].

Sans répondre aux signaux des vaisseaux à l'ancre, qui l'avaient pris pour un allié, l'*Emden* se dirigea à toute vitesse sur le *Jemtschug*, ouvrit le feu et lança une torpille qui fit explosion dans les machines [3].

---

[1] La ville de Penang (ou Georgetown) est la capitale de l'île de Pulo-Pinang, possession anglaise.

[2] On a dit que l'*Emden* battait pavillon russe ou japonais lors de l'attaque du *Jemtschug*, ce qui n'est pas exact. L'*Emden* s'est approché du croiseur russe sans arborer aucun pavillon. « Le corsaire n'est tenu d'affirmer sa nationalité, d'arborer son pavillon qu'en l'appuyant du premier coup de canon à l'ouverture du feu. C'est aux commandants de savoir distinguer la silhouette des adversaires de celles des amis ; ils peuvent consulter l'album publié chaque année par M. Jane. » (E. Bertin, *La Nature*.)
L'*Emden* a hissé le pavillon allemand au moment de l'attaque, conformément à l'usage admis.

[3] « C'est le seul exemple de torpille efficace lancée par les tubes d'un croiseur ou d'un cuirassé. » E. Bertin.

Le *Jemtschug*, qui était en position de combat, a ouvert immédiatement le feu, mais une seconde torpille, le frappant par l'avant, coula le croiseur. Le bateau ennemi a pris immédiatement la fuite.

Le capitaine Sipaillo et 85 hommes de l'équipage ont été noyés. Le lieutenant Venianinoff est gravement blessé. Sont blessés légèrement : les lieutenants Selesneff et Mardatieff. Parmi les sauvés, au nombre de 250 hommes, il y a 112 blessés. »

Après le combat, le corsaire allemand a pris le large à toute vitesse. A trente milles de distance, il aperçoit un steamer et lui signale de stopper. C'est le vapeur anglais *Glenturret*. L'*Emden* met à l'eau ses embarcations et s'apprête à le capturer, lorsqu'un navire de guerre apparaît à l'horizon. L'*Emden* rentre ses embarcations et se prépare au combat. Le navire de guerre paraît très gros. « Ce n'est qu'un effet du mirage du matin[1]. Comme les navires se sont approchés à environ 3500 mètres, l'*Emden* reconnaît que le bâtiment ennemi est un contre-torpilleur... »

b) *L'héroïque défense du Mousquet.*

> Un torpilleur aigu et sombre,
> filant droit comme une flèche,
> double la passe...
>
> ANDRÉ SUARÈS.

C'est le *Mousquet*, contre-torpilleur français en patrouille. Il est parti de Pulo-Pinang le dimanche 25 octobre pour accomplir le service de surveillance[2] dont il est chargé. Le mercredi 28 octobre, au matin, il rallie son port d'attache afin de s'y ravitailler. Il fait route au Sud-

---

[1] Journal du sous-officier de l'*Emden*.

[2] De l'entrée nord du détroit de Malacca.

ouest et se trouve à 14 milles au nord du Swimming-Club de Penang. Tout va bien à bord, rien d'anormal. Les hommes sont heureux de rentrer au port, car le service est dur à bord du léger contre-torpilleur, qui fatigue et roule et tangue au moindre grain. Vers six heures et demie du matin, en doublant la pointe pour rentrer en rade, le second maître de timonerie aperçoit soudain un croiseur « à quatre tuyaux » le long de la rade, à demi caché. Il va prévenir le commandant, qui décide de laisser le croiseur faire lui-même sa demande des signaux de reconnaissance [1]. Il fait augmenter la vitesse pour aller l'araisonner. Le pavillon tricolore est déployé dans l'air vif du matin. A sept heures, le croiseur, que le commandant avait pris pour un anglais, hisse le pavillon allemand et au même moment ouvre le feu. Ses obus dépassent le but et tombent au-delà du torpilleur. L'ennemi règle son tir. Un silence de quelques secondes. Le commandant Théroinne fait sonner au combat. Le pavillon de combat est arboré. Les hommes sont à peine à leurs postes qu'une première salve tombe sur le *Mousquet*. Un projectile blesse grièvement le mécanicien Houzé et le timonier Pégé. Les enseignes de vaisseau Carissan et de Torey montent sur la passerelle , précédés par le quartier-maître de timonerie Cozic, qui prend la barre, pendant que le timonier Stephan descend aux signaux. Le quartier-maître canonnier Heurtaux, le matelot Perrot, le mécanicien Lefort ouvrent le feu à tribord.

L'*Emden*, qui avait cessé le feu, attendant que le français coule ou se rende, recommence à tirer. Le *Mousquet*

[1] Les détails de ce récit ont été pris principalement dans les lettres parues dans les numéros du 4 décembre 1914 et 26 mars 1915 du *Temps*, en se guidant sur le récit très complet, publié par le *Courrier Saïgonnais*. Maints passages sont cités textuellement.

lance une dizaine d'obus. Aucun ne porte, bien que quelques-uns tombent à 150 mètres en avant de l'*Emden*. Deux torpilles lancées du contre-torpilleur manquent le but. Une deuxième salve du croiseur atteint le poste d'équipage, où elle fait une voie d'eau.

Le personnel des chaufferies monte sur le pont. MM. Le Gall et Bretj sont tués par des éclats de projectiles, ainsi que M. Bourcier, coupé en deux par un éclat de tôle, et le

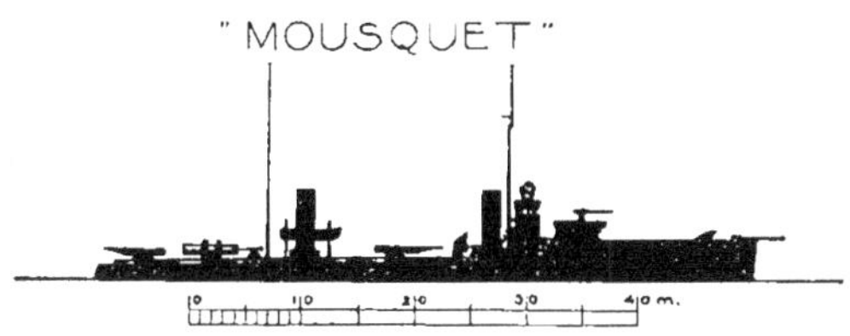

CONTRE-TORPILLEUR « MOUSQUET » (1899).
310 tonnes. 27 nœuds. II tubes lance-torpilles. I-65 millim. VI-47 millim.

chauffeur Goffic, qui se trouvait près de la cuisine. Le quartier-maître Heurtaux est tué au moment où il venait de crier : « Et surtout, visez bien ! »

Le contre-torpilleur commence à s'enfoncer par l'avant. L'*Emden* se porte sur son arrière.

L'enseigne de vaisseau Carissan quitte la passerelle pour aller à l'arrière. En chemin, il est grièvement blessé à la cuisse.

Il n'y a plus de canonniers, les pièces ont volé en éclats. La chaudière ayant fait explosion, le collecteur I de la machine tribord est transpercé ; le registre n'étant plus alimenté, tout stoppe, et le *Mousquet* n'est plus qu'une épave flottante servant de but au tir de l'*Emden*.

« Dans les intervalles de la canonnade, on s'envoie des

blagues [1], on rigole... on est certain de mourir, pourquoi avoir peur ? Non il ne faut pas flancher, et on n'a pas flanché une seconde... »

L'*Emden* interrompt le feu lorsque le *Mousquet* commence à s'enfoncer par l'avant[2]. Le commandant, à ce moment-là seulement, descend de la passerelle et se met à passer des bouées de sauvetage et des caillebotis aux blessés. Lui-même est blessé à la tête : deux filets de sang venant de dessous sa casquette courent de sa tempe à la joue.

Au moment où les hommes peu blessés sautent à la mer, l'*Emden* fait feu de nouveau ; le second maître torpilleur Marbeuf est décapité par un boulet. Le commandant Théroinne s'est précipité à l'avant, pour porter secours à deux de ses matelots qui viennent d'être blessés. Il leur lance des bouées quand le destroyer coule par l'avant, incliné à 45°. Le commandant se jette à l'eau.

L'enseigne de vaisseau Carissan, demandant alors du secours, est saisi par le matelot Colloch, qui va le déposer sur le coffre à pavillons retourné, parvenant à l'y maintenir jusqu'à l'arrivée d'une embarcation de l'*Emden*.

Mais un Annamite, nommé Tri, qui se maintenait du côté opposé du coffre, a le malheureux geste de lâcher cette épave. Le coffre chavire ; le lieutenant de vaisseau Théroinne et le matelot Colloch disparaissent tous deux, seul Colloch revient à la surface. Le commandant ne reparaît plus.

---

[1] Lettre d'un matelot du *Mousquet*, publiée par *Le Temps*, du 26 mars 1915.

[2] « On voyait le *Mousquet* se tordre et se recroqueviller comme une feuille de papier, pourtant il avançait toujours. » *Récit d'un témoin.*

Le croiseur a mis à la mer deux embarcations qui recueillent les survivants.

Sur trois officiers et 78 hommes d'équipage, il reste un officier et 29 marins.

«Nous avons été reçus comme des amis[1]. Nous étions nus, ils nous ont habillés, donné à manger. Tous les officiers étaient au garde-à-vous » et nous saluaient au fur et à mesure que nous embarquions. Ils nous demandaient pourquoi on n'avait pas hissé un pavillon quelconque pour faire des signaux ; alors on a tous répondu en chœur: « Parce qu'on ne voulait pas se rendre. » Le commandant n'a rien dit, mais il avait les larmes aux yeux... »

Soudain, un autre contre-torpilleur est signalé, venant de Penang. L'*Emden* file à toute vapeur. Après quatre heures de poursuite, le croiseur entre dans une tempête de pluie ; le contre-torpilleur est perdu de vue...

Les blessés furent installés dans l'infirmerie du bord ; les plus gravement atteints furent opérés les premiers ; mais, bien qu'en danger de mort, l'enseigne de vaisseau Carissan voulut l'être le dernier.

Dans la nuit du 28 au 29, Barbaroux et Stéphan moururent des suites de leurs blessures, à bord de l'*Emden*. Il y eut, pour leur immersion, de la part des officiers et de l'équipage du croiseur, une émouvante démonstration. Tout l'équipage prit la tenue n° 1. Un détachement en armes rendit les honneurs militaires, et tous les officiers en tenue, parmi lesquels le prince de Hohenzollern, se trouvèrent groupés autour du commandant de l'*Emden*, qui avait fait envelopper les dépouilles mortelles dans deux pavillons aux couleurs de la France. Le commandant récita les prières des morts. Puis il prononça une allocu-

---

[1] Lettre d'un matelot déjà citée.

tion en allemand, qu'il termina par ces mots dits en français : « Nous prions pour ces braves, qui sont morts des blessures reçues dans un combat glorieux. »

Les survivants français furent transportés ensuite par le cargo anglais *Newburn*, rencontré en haute mer, jusqu'à Sabang (Indes néerlandaises). En y arrivant, l'enseigne de vaisseau Carissan mourut. Le gouvernement hollandais lui fit faire de solennelles funérailles.

Par décision du 5 janvier 1915[1], le ministère de la marine a porté à l'ordre du jour de la flotte l'état-major et l'équipage du torpilleur d'escadre *Mousquet*, pour la conduite héroïque dont ils ont fait preuve lors du combat de ce petit bâtiment avec le croiseur allemand *Emden*, le 28 octobre 1914[2]...

c) *Le combat des îles Keeling.*

Abandonné par le contre-torpilleur de Penang, l'*Emden* se dirige à grande allure sur les îles Nicobar. Il en traverse

---

[1] *L'Officiel.*

[2] Sont inscrits au tableau spécial de la médaille militaire :
Gozic (Jean-Marie-René), quartier-maître de timonerie ; Colloch, matelot canonnier. Ont fait preuve de beaucoup d'énergie et de courage au cours de l'attaque du *Mousquet*...
Sont cités à l'ordre de l'armée :
L'enseigne de vaisseau Carissan ; grièvement blessé au cours du combat, a continué jusqu'au dernier moment à faire courageusement son devoir. Recueilli à bord d'un croiseur allemand, n'a voulu être soigné qu'après tous les autres blessés de l'équipage du *Mousquet*. Est mort des suites de ses blessures à Sabang, après avoir, par son courage, excité l'admiration des ennemis mêmes.
Le mécanicien principal A.-V. Bourcier; est resté jusqu'au dernier moment dans la machine, dont il n'est sorti que quand elle a été presque complètement envahie par l'eau ; a été coupé en deux par un éclat de tôle au moment où il arrivait sur le pont.
Le premier maître mécanicien Provost, Camaret 1077 ; grandes qualités professionnelles et sang-froid ; est sorti le dernier de la machine envahie par l'eau.

l'archipel et se retrouve une fois encore dans l'océan
Indien. Il a accompli seul son raid autour de Sumatra ;
ses charbonniers, l'*Exford* et le *Buresk*, pris aux Anglais,
l'attendent près des îles Keeling sur lesquelles maintenant
il met le cap.

Les îles Keeling, ou des Cocos, au sud-est de Java,
forment un groupe d'îlots et de récifs coralliens. Il
s'y trouve une station importante de radio-télégraphie.

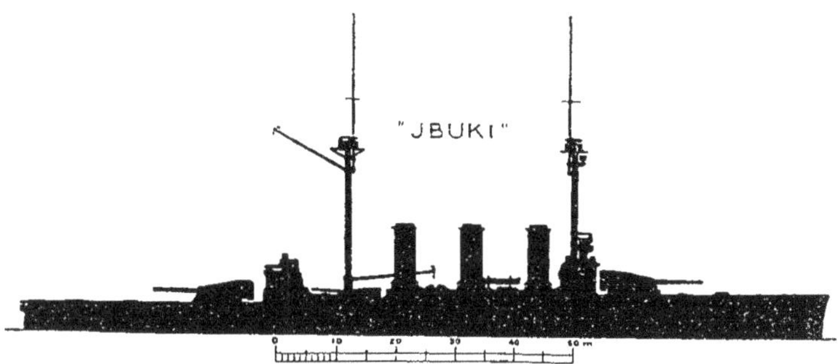

CROISEUR CUIRASSÉ « IBUKI » (1907).

Déplacement 14 850 tonnes. Machines alternatives 24 000 HP. Vitesse 22 nœuds.
Armement ; IV-305 millim. VIII-203 millim. XIV-120 millim. III tubes lance-torpilles. Poids d'une bordée : *2138 kilogrammes*. Ceinture cuirassée de 178 millim. au
centre, de 102 millim. aux extrémités.
Du même type : *Kurama*.

C'est là que se rejoignent les câbles télégraphiques sous-
marins de Singapour, de l'île Maurice et de Perth (Australie).

Cependant la meute des croiseurs alliés lancés à la
poursuite du corsaire se rapproche. « Les opérations[1]
combinées contre l'*Emden* occupent un immense espace.
Les croiseurs anglais, dans les recherches du croiseur allemand, sont aidés par des navires français, russes et japo-

[1] *Le Temps* du 14 novembre 1914.

nais, agissant en liaison avec le *Melbourne* et le *Sydney*, de la force navale australienne. Le réseau se resserre autour de l'*Emden*... »

Traqué de toutes parts, il court à sa perte. L'heure approche où, enfin découvert, il succombera sous les coups d'un adversaire supérieur.

Le capitaine de vaisseau Kato, commandant le croiseur *Ibuki*, de la flotte japonaise, convoyant avec le *Sydney* et le *Melbourne*, de la flotte australienne, trente-huit transports, emmenant en Europe 10 000 Australiens, raconte ce qui suit [1] :

« L'*Emden* tenant la mer devant nous, et notre convoi se composant de navires non armés, nous avons autant que possible évité de suivre la route ordinaire ; le chemin adopté étant compris dans la zone tropicale, la chaleur était des plus pénibles ; malgré les ordres formels, on ne pouvait obtenir des marins de fermer les hublots pendant la nuit, et ce n'est qu'après avoir appris que l'*Emden* avait torpillé le croiseur russe *Jemtschug*, qu'ils se décidèrent à obéir, ce qui rendit le séjour à l'intérieur du bâtiment presque intolérable. »

Un jour on signale l'*Emden* à une distance de 100 milles, se rapprochant peu à peu, mais il passe inaperçu et aussi sans apercevoir le convoi. Les marins se désespéraient de ne pouvoir le poursuivre et l'attaquer, empêchés qu'ils étaient par la garde du convoi.

Quelques jours plus tard, l'occasion tant attendue se présente enfin.

---

[1] L'interview du commandant Kato, paru d'abord dans le journal japonais *Jiji*, a été reproduit par *Le Temps* du 3 février 1915.

* * *

Rapport du capitaine Glossop, commandant du Sydney [1].

I. — Pendant que nous étions chargés du convoi, sous les ordres du capitaine Silver, commandant le bâtiment australien de Sa Majesté *Melbourne,* le lundi 9 novembre, à 6 h. 30 du matin, un message sans fil venant des îles Cocos, nous apprit qu'un vaisseau de guerre étranger était au large du port. A 7 heures du matin, je reçus l'ordre de chauffer au maximum et de m'y rendre à toute vapeur. Nous atteignîmes 20 nœuds ; à 9 h. 15 j'aperçus la terre et, presque immédiatement après, la fumée d'un bâtiment que nous reconnûmes être le bâtiment de Sa Majesté impériale germanique *Emden.* Il nous venait dessus à grande vitesse. A 9 h. 40, le feu fut ouvert, l'*Emden* tirant le premier. Je me maintins, autant que possible, à bonne distance, afin de conserver la supériorité de mes canons. Au début, le feu de l'*Emden* fut très précis et très rapide, mais il parut se ralentir assez vite, car nous ne subîmes des avaries qu'au commencement de l'action [2].

Tout d'abord sa cheminée d'avant fut détruite, puis ce fut le tour de son mât de misaine. Ensuite il prit feu à l'arrière ; sa seconde cheminée fut démolie et enfin sa troisième, et je le vis se diriger vers la côte de l'île Keeling Nord, où il s'échoua [3]. Je lui envoyai encore deux bordées

---

[1] Daté de Colombo, 15 novembre 1914.

Cf. *Annexes* pièce II *Lettre d'un officier du Sydney sur le combat des îles Keeling.*

[2] « Notre tir fut d'abord bon, mais bientôt les grosses pièces anglaises prirent le dessus, causant de grandes pertes parmi nos canonniers. »

Rapport du commandant de l'*Emden.*

[3] « Bien que notre gouvernail eût été endommagé par le feu de l'ennemi, nous avons essayé d'approcher du *Sydney* à portée de torpille, mais la

et le quittai pour poursuivre un navire marchand qui s'était approché pendant l'action.

II. — Bien que j'eusse fait pointer deux canons contre ce navire marchand pendant le combat, je n'avais pas fait feu, et comme il s'éloignait maintenant rapidement, je le poursuivis et le rejoignis à midi dix, après avoir tiré un coup à travers son avant et avoir hissé le signal de stopper du code international ; ce qu'il fit aussitôt. Je lui envoyai un canot armé, et j'appris que c'était le vapeur *Buresk*, un charbonnier anglais précédemment capturé. Il avait à bord un équipage composé de 18 Chinois, 1 commis des vivres anglais, 1 cuisinier norvégien et un équipage de prise allemand de 3 officiers, un sous-officier et 12 matelots. Malheureusement, le vapeur était en train de couler ; le «kingston»[1] était démoli à moitié et si endommagé qu'on ne pouvait le réparer. Je pris donc tout le monde à bord, tirai quatre obus contre le *Buresk* et revins à l'*Emden*, en passant auprès de quelques hommes qui se soutenaient à la nage. Je leur laissai les deux canots du *Buresk*, que j'avais pris en remorque.

III .— En arrivant près de l'*Emden*, je vis que ses couleurs étaient toujours hissées au grand mât. Je lui demandai par signaux du code international : «Vous rendez-vous ?» Il me répondit en Morse : « Quel est ce signal ? avons plus code signaux. » Je demandai donc en Morse : « Vous rendez-vous ? » et encore : « Avez-vous reçu mon signal ? » Il ne répondit ni à l'une ni à l'autre de ces questions. Les officiers allemands[2] que j'avais à bord me donnèrent à comprendre que le capitaine ne voudrait jamais se rendre,

tentative n'aboutit pas, car nos cheminées avaient été détruites, fait qui diminuait beaucoup notre vitesse... »

Rapport du commandant de l'*Emden*.

[1] Soupape permettant de faire couler rapidement un navire.

[2] Pris sur le *Buresk*.

et je fus obligé, bien malgré moi d'ailleurs, de rouvrir le feu contre l'*Emden* à 4 h. 30, l'arrêtant à 4 h. 35. Il arborait des drapeaux blancs, et un homme était envoyé dans la mâture pour amener le pavillon [1].

IV. — Je quittai l'*Emden* et retournai prendre les deux canots du *Buresk* ; à 5 heures, je sauvai encore deux hommes qui avaient séjourné dans la mer toute la journée. Je revins et envoyai à l'*Emden* un canot du *Buresk* monté par l'équipage de prise et un officier, leur disant que je reviendrais le lendemain matin pour leur porter assistance.

V. — Je me tins au large toute la nuit. A 8 heures du matin, le 10 novembre, je communiquai avec l'île Direction [2]. J'appris alors que le détachement de l'*Emden* comprenant 3 officiers, 40 hommes, une chaloupe et deux canots, avait saisi et approvisionné un schooner de 70 tonneaux (l'*Ayesha*), avec à bord 4 maxims et deux bandes de cartouches par pièce. Ils étaient partis la nuit précédente à 6 heures. La station de T. S. F. était complètement détruite, un des câbles sous-marins coupé, un autre endommagé et le troisième intact. Je pris avec moi un médecin et deux assistants et me portai à toute vapeur à l'aide de l'*Emden*[3].

---

[1] « Afin d'éviter une nouvelle effusion de sang, nous nous sommes rendus... »	Rapport du commandant de l'*Emden*.

[2] Du groupe des îles Keeling.

[3] L'*Emden* avait envoyé à terre un détachement sous les ordres du lieutenant de vaisseau von Mücke, avec mission de couper les câbles sous-marins et de détruire la station de télégraphie. Les télégraphistes anglais eurent le temps, avant d'être pris, de signaler dans toutes les directions la présence de l'*Emden*. Leur message fut capté par les croiseurs australiens. On sait le reste....
Lorsque le *Sidney* fut aperçu, l'*Emden* rappela le détachement, mais il était trop tard et le combat commença avant que les hommes débarqués eussent pu rejoindre le croiseur. Que faire ? von Mücke arma de ses quatre mitrailleuses un schooner à l'ancre dans le port et prit le large. Errant au gré des vents, il aborda enfin, après avoir changé trois

VI. — J'envoyai un officier à bord pour parler au capitaine et, vu le grand nombre de prisonniers, de blessés, le manque de place sur mon bâtiment, et vu aussi l'impossibilité de les laisser sur l'*Emden*, le capitaine fut d'accord que si je voulais recevoir ses officiers, ses hommes et ses blessés, « dès maintenant et pendant tout le temps qu'ils resteraient sur le *Sydney* ils ne causeraient aucun dérangement et ne toucheraient pas à son armement ; ils se soumettraient à la discipline du navire ». Je me mis donc tout de suite à les faire transborder — opération des plus difficiles, car le bateau était au vent de l'île, et les lames assez fortes le long du bord. L'état du navire était indescriptible. Le dernier homme fut transbordé vers 5 heures du soir ; je dus ensuite aller par bâbord pour recueillir encore 20 matelots qui avaient pu se rendre à terre depuis le vaisseau.

VII. — La nuit arriva avant que nous eussions pu terminer cette opération, et le *Sydney* se tint au large toute la nuit, reprenant le travail à 5 heures du matin, le 11 novembre. L'équipage d'un cutter dut débarquer des brancards afin de faciliter le transport des blessés vers le pont d'embarquement. Un officier allemand, un docteur, était mort à terre le jour précédent. Le croiseur, entre temps, ramena à l'île Direction le médecin et ses deux assistants. Il expédia des télégrammes et revint à 10 heures pour embarquer les derniers blessés. A 10 h. 35 du matin, il partit pour Colombo. C'était le mercredi 11 novembre 1914.

fois de bâtiment et navigué en dernier lieu sur deux « sambuk » (barques turques), sur la côte turque de la mer Rouge. De là, bataillant contre lse tribus arabes, von Mücke conduisit sa petite troupe à Damas. Enfin, le 24 mai 1915, il arrivait à Constantinople. Von Mücke a raconté ses aventures dans une brochure éditée par Auguste Scherl, à Berlin, sous le titre : *Ayesha*.

VIII. — Les pertes du *Sydney* s'élèvent à 3 tués, 1 blessé grièvement (mort depuis) ; 4 blessés grièvement ; 4 blessés légèrement.

Quant aux pertes de l'*Emden*, je ne puis les indiquer qu'approximativement, d'après les indications du commandant : tués, 7 officiers et 108 matelots. J'avais pris à bord 11 officiers, 9 sous-officiers et 191 hommes, parmi lesquels 3 officiers et 53 hommes étaient blessés. De ces derniers, 1 officier et 3 hommes moururent de leurs blessures.

IX. — Les avaries à la coque et à l'armement du *Sydney* sont insignifiantes. En tout, environ dix coups ont porté. Les machines, les chambres de chauffe sont indemnes.

X. — Je signale avec un réel plaisir que la conduite de l'équipage du *Sydney* a été excellente sous tous les rapports, surtout si l'on considère qu'il y avait à bord de jeunes matelots et des mousses en grande proportion.

«Le capitaine von Müller a été fait prisonnier[1]; il n'est pas blessé. Tous les honneurs de la guerre ont été accordés aux survivants. Le commandant et les officiers garderont leur épée. »

La presse anglaise couvrit von Müller d'éloges : «Il s'est battu en gentleman (fought like a gentleman)». «Il n'y a pas trace que durant son œuvre destructrice[2], il ait agi autrement que d'une manière digne de toute la considération des gens de mer. »

«Le vaillant capitaine von Müller[3] a conduit son navire avec l'habileté d'un officier de marine accompli, et la courtoisie d'un gentilhomme chevaleresque. »

Les Anglais furent peut-être d'autant plus portés à l'ad-

---

[1] Communiqué du 12 novembre 1914.
[2] Rapport de l'Amirauté.
[3] *Daily Chronicle* du 11 novembre 1914.

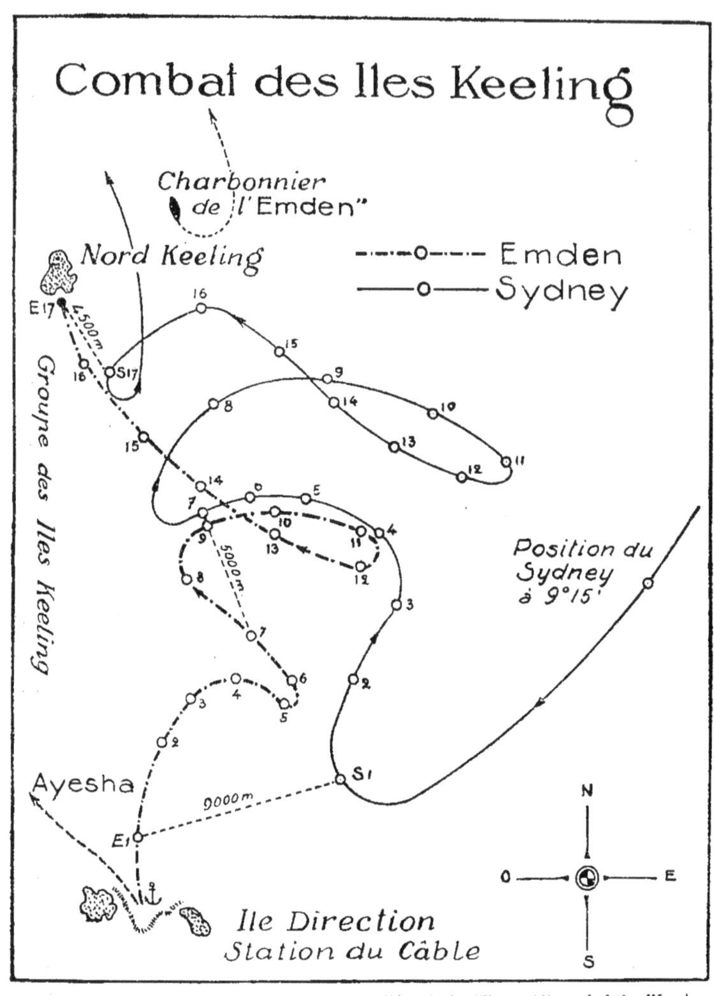

Les chiffres placés sur les tracés indiquent les positions des deux croiseurs uae mêmes moments. Le tracé du *Sydney* se déploie comme un lasso, enveloppant l'adverx saire. L'*Emden*, par de brusques volte-faces, cherche en vain à se dérober. Moin rapide et moins robuste, il est enfin abattu, à bout de souffle, sur la grève ds Keeling-Nord.

miration, qu'ils éprouvaient un très réel soulagement. L'*Emden* était enfin détruit. Le commerce maritime pouvait reprendre en toute sécurité ses transactions, troublées pendant deux mois par l'audacieux corsaire.

Le requin tué, les poissons se risquent au large. L'océan glauque étend d'un continent à l'autre le réseau mouvant, et désormais imperturbé, de ses lames vertes, bleues et noires.

* * *

Il y aurait un parallèle saisissant à établir entre le corsaire français Surcouf et le corsaire allemand von Müller. L'un et l'autre ont causé au commerce anglais de graves préjudices dans l'Océan Indien. Surcouf, comme von Müller, n'avaient à leur disposition que de petits bâtiments, à la merci du premier navire de combat [1]. Les mêmes qualités de hardiesse, d'audace et de décision rapide, les mêmes succès. « On vit bien [2] — en 1801 — combien il était difficile de mettre un terme aux ravages commis par un seul bateau habilement commandé, même si son champ de croisière était connu à une distance relativement faible, et même s'il y avait une force navale importante presque sur place. Une telle difficulté peut se présenter à nouveau; un même problème peut être résolu sur place. Mais, en ce cas présent, comme d'ailleurs en tous les cas semblables, il vaut mieux être averti, et être averti signifie, ou devrait signifier, être prêt au combat. »

Il y aurait encore une autre comparaison qui offrirait matière à d'amples réflexions, celle de l'*Alabama* à l'*Em-*

---

[1] Avec cette différence que l'*Emden* était un navire de guerre bien étudié, alors que les bâtiments de Surcouf n'étaient le plus souvent que des voiliers de commerce, mal armés et sans valeur militaire.

[2] John Langhton. *Life of Surcouf*, 1887.

den. Le croiseur confédéré captura, dans les deux premiers mois de sa croisière, 22 navires de commerce. Lorsque le *Kearsage* le détruisit en vue de Cherbourg, le nombre de ses prises s'élevait à 56. Comme l'*Emden*, il apparaissait et disparaissait partout à la fois, échappant aux navires de guerre.

Nous touchons ici au caractère propre de la guerre de course. Le corsaire agit comme une bête traquée, changeant sans cesse de direction pour dépister ses poursuivants. D'où l'impression d'ubiquité.

« Un capitaine a prétendu [1] qu'il y avait probablement *deux* navires de guerre allemands, agissant dans l'Océan Indien. Il considérait comme une impossibilité matérielle pour l'*Emden* seul d'accomplir ce qu'il a accompli, et disait qu'il existait deux bateaux portant le nom d'*Emden*, l'un d'entre eux ayant changé de nom et s'étant maquillé pour ressembler à l'*Emden* original. »

Trois corsaires : Surcouf, Semmes, von Müller. L'un, du temps de la marine à voiles ; l'autre, commandant un voilier avec machine auxiliaire à vapeur ; le troisième, à bord d'un vapeur [2].

---

[1] *Times de Ceylan*, du 29 septembre 1914.

[2] « Il n'y a, dans les guerres navales modernes, que l'*Alabama*, dont les exploits soient comparables aux siens (*Emden*). Sa tâche était d'autant plus difficile qu'il ne pouvait, comme cela était possible au croiseur américain, naviguer à la voile et que, n'ayant aucun point d'appui, aucune base allemande où relâcher et amener ses prises, il devait se ravitailler en pleine mer. Sa croisière prouve que, même sans bases, poursuivi par des forces considérables, loin de tout secours, un capitaine intelligent et résolu peut jouer encore, de nos jours, un rôle digne des Surcouf et causer au commerce ennemi des craintes et des dommages importants. Le temps des grands corsaires n'est pas fini. » *Correspondant* du 25 novembre 1914.

CHAPITRE IV

La croisière du « Karlsruhe ».

La carrière du *Karlsruhe*, mystérieusement terminée quelques jours avant que l'*Emden* succombât sous les coups du *Sydney*, n'a été ni moins mouvementée, ni moins riche en exploits que celle de son émule. Chose curieuse, alors que l'*Emden* atteignait du coup à la célébrité et suscitait toute une littérature[1], le *Karlsruhe* est demeuré presque ignoré. Alors que tout est clair, ou presque, dans la carrière de l'*Emden*, le mystère subsiste encore sur les combats et sur la fin du *Karlsruhe*.

Le *Karlsruhe* avait sur l'*Emden* l'avantage d'être plus rapide (29,3 nœuds). Même armement. La forte différence de tonnage (*Karlsruhe* 4900 t., *Emden* 3650 t.) est due à la recherche d'une vitesse supérieure, qui entraînait pour le *Karlsruhe* une très forte consommation de combustible[2].

Le *Karlsruhe*, lancé en 1912 et complètement terminé en 1913, croisait en juillet 1914 dans les eaux des Antilles. Il y échangea ses officiers et son équipage contre ceux du *Dresden*, affecté avec le *Strassburg*[3] à la station d'Amé-

---

[1] *Unsere Emden ging nicht unter*, brochure de propagande ; *Die Fahrten der Emden.* par Emil Ludwig ; *Ayesha*, par le lieutenant de vaisseau von Mücke ; etc.

[2] Le *Karlsruhe* avait des turbines Parsons développant une puissance de 26 000 HP, alors que les machines alternatives de l'*Emden* n'en donnaient que 13 500.

[3] Le 2 août 1914, le *Strassburg* charbonnait à Saint-Thomas (Grandes

rique orientale. Le capitaine de frégate Erich Köhler en prit le commandement.

Le 30 juillet, le *Karlsruhe* était mouillé à la Havane, dans l'attente des nouvelles. Le même jour, à minuit, il gagnait la haute mer et fixait par T. S. F. un rendez-vous au transatlantique *Kronprinz Wilhelm*, parti de New-York. Il le rencontra, le 4 août, au sud des îles Bermudes. La mer était calme ; le paquebot ravitailla le croiseur en charbon et en vivres ; en revanche, le *Karlsruhe* transborda sur le *Kronprinz Wilhelm* des officiers, un équipage, des canons et des munitions. Converti en croiseur auxiliaire, le paquebot du Norddeutscher Lloyd allait opérer dans les parages ouest de l'Atlantique.

Pendant les opérations du transbordement, apparut soudain sur l'horizon un bâtiment de guerre ennemi. C'était le croiseur anglais *Suffolk*, qui se mit immédiatement à la poursuite des navires allemands. Le *Kronprinz Wilhelm* avait une avarie qui diminuait sa vitesse. Le *Karlsruhe* l'escorta et engagea le combat, pendant que le paquebot gagnait le large et disparaissait dans la nuit. Le *Suffolk*, moins rapide, était placé sous le commandement du vice-amiral Cradock, qui, voyant que l'ennemi se retirait grâce à sa vitesse supérieure, envoya, par T. S. F., l'ordre au croiseur protégé *Bristol* d'attaquer. Le *Bristol*, marchant à 27 nœuds, rejoignit le *Karlsruhe* et ouvrit le feu. Le combat dura environ une demi-heure, puis le *Karlsruhe* vira et prit la fuite, poursuivi par le *Bristol*. Ni l'un ni l'autre croiseur n'avait été sérieusement touché.

Antilles), puis, quittant les eaux américaines, faisait route vers l'Europe. Grâce à sa grande vitesse, il réussit à déjouer la poursuite des croiseurs et torpilleurs anglais, surveillant la mer du Nord. Le 20 août, en compagnie du *Stralsund*, il coulait un sous-marin anglais dans la mer du Nord.

Le combat avait eu lieu à 200 milles au sud des Bermudes. Le lendemain, le *Suffolk* rejoignit pendant la nuit le bateau-citerne allemand *Léda,* qui se rendit aussitôt. On lui envoya un équipage de prise qui amena le vapeur aux îles Bermudes.

Pendant ce temps, le *Karlsruhe,* poursuivi par des croiseurs anglais, était entré à San Juan (de Porto-Rico).

« Le 7 août au matin [1], nous nous trouvions à Porto-Rico, lorsque le croiseur allemand *Karlsruhe* entra dans le port. Un bateau de guerre français et un anglais, tous deux d'une valeur militaire supérieure à celle du *Karlsruhe,* l'attendaient pour lui couper l'entrée du port, où les Allemands voulaient faire du charbon. Le commandant du *Karlsruhe* se fraya un passage en tirant sur les bâtiments ennemis. Il reçut des avaries. En entrant dans le port, il fit les saluts d'usage, auxquels les Yankees, sur l'ordre du gouverneur, ne répondirent pas. Le commandant de la garnison et le commandant du port intervinrent alors et notifièrent les instructions du président des Etats-Unis. Suivant le règlement de guerre, le croiseur allemand était autorisé à prendre du charbon en quantité suffisante pour atteindre le port le plus proche. Le croiseur prit même plus de charbon qu'il n'était nécessaire, et resta dix heures dans le port. A 7 h. 30 du soir, il prit le large, tous feux éteints. Le spectacle du croiseur, marchant de toute la puissance de ses machines, était impressionnant. En dehors du port, l'attendaient non plus deux, mais quatre navires ennemis, encore plus puissants que ceux qui étaient là ce matin. Le croiseur allemand avait toute sorte de motifs de revenir en arrière, d'abord à cause des avaries qu'il ve-

---

[1] Lettre d'un officier du dreadnought argentin *Rivadavia. Reichspost.* Vienne, 26 novembre 1914.

nait de subir, ensuite parce que la supériorité de l'adversaire semblait lui ménager une fin certaine. Ayant à choisir entre rester au port pour y être désarmé et s'élancer au-devant du danger menaçant, le commandant pencha pour cette dernière alternative. Comme un éclair, le *Karlsruhe* sortit du port à la vitesse de 28 nœuds. Lorsqu'il fut à 1000 mètres, les quatre croiseurs ennemis se mirent à tirer ; le *Karlsruhe* échappa, déjouant nos prévisions... Non content de cela, le *Karlsruhe* mit le cap sur l'île Barbade (Angl.) où il hissa le drapeau allemand, prit à bord autant de vivres et de charbon que possible, et brûla le reste. Auparavant il avait envoyé par le fond deux bateaux de commerce, dont l'équipage fut sauvé... »

Ensuite, le croiseur se rendit à Curaçao, possession hollandaise où il prit du charbon. Le même soir il repartit. Les colons allemands de San Juan et Curaçao remirent à l'équipage des cigares et du curaçao authentique, qui furent acceptés avec reconnaissance[1].

Le croiseur entreprit alors la guerre de course, suivant une méthode originale. Après qu'il eut capturé quelques navires de commerce, il s'en servit comme « rabatteurs », les disposant autour de lui comme une toile d'araignée. Munis de T. S. F., ils lui signalaient les navires de commerce à capturer, les croiseurs anglais à éviter. Il utilisait l'îlot Rocas (en face du cap S. Roque, Brésil), comme base et y déposait le charbon saisi[2]. Aidé de ses rabatteurs, il se mit à l'affût au large des côtes du Brésil. Ces parages sont sillonnés de nombreuses lignes de navigation, reliant les

---

[1] Lettre d'un lieutenant de vaisseau du *Karlsruhe*. (*Hamburger Nachrichten* du 22 avril 1915.

[2] *Illustr. London News* du 14 novembre 1914.

ports européens aux ports de l'Amérique du Sud. Voici quelques précisions sur les méthodes du croiseur :

« Le *Pruth*, vapeur anglais [1] se trouvait à 30 milles au sud de l'Équateur, à 200 milles des côtes du Brésil, lorsqu'il fut sommé de s'arrêter, par un coup de canon tiré du *Karlsruhe*. C'était vers une heure du matin, par une nuit claire. Le *Pruth* stoppa, et bientôt un canot, manœuvré par des matelots, l'accosta. Un officier et quelques hommes montèrent à bord. Jusqu'à ce moment, nous ne savions pas à quelle nationalité appartenait le bâtiment de guerre, mais nous vîmes bientôt qu'il s'agissait du croiseur allemand *Karlsruhe*. L'officier nous serra la main et nous dit que nous aurions à quitter notre navire dans une demi-heure. Cet officier fut très poli ; il nous autorisa, après de longs pourparlers, à rester à bord jusqu'au lever du jour. A 7 heures, nous quittâmes le *Pruth*. Les Allemands le firent sauter à la dynamite. Le bateau coula au bout de trois quarts d'heure. Les Allemands ne touchèrent pas à la cargaison ni au charbon. Ils ne prirent que les provisions de bouche et les papiers du bord. Le commandant du *Karlsruhe* remit au capitaine du *Pruth* un reçu pour le navire [2]. Cinq vapeurs accompagnaient les croiseurs, le *Rio Negro*, le *Crefeld*, le *Farn*, l'*Asuncion* et l'*Indrani*. L'équipage du *Pruth* fut transbordé sur le *Crefeld*. où se trouvait déjà le personnel des autres vapeurs capturés [3]. »

[1] *Daily Telegraph* du 11 novembre 1914.

[2] C'est bien le comble de l'ironie !

[3] Des photographies prises par un Anglais, prisonnier à bord d'un des *rabatteurs* du *Karlsruhe*, montrent les vapeurs *Asuncion* et *Indrani* suivis du *Karlsruhe* et s'avançant en formation d'éclairage. Un second cliché est pris au moment où le *Rio Iguassu* coule sous l'explosion des pétards de dynamite. Enfin, sur le dernier, on voit le *Karlsruhe* marchant à

Le commandant du *Karlsruhe* était renseigné exactement sur les mouvements des navires. C'est ainsi qu'il dit
au capitaine du *Pruth* : « Vous arrivez un jour trop tard,
nous vous attendions hier soir déjà. ». Et en effet, tout
avait été préparé pour recevoir l'équipage du navire capturé.

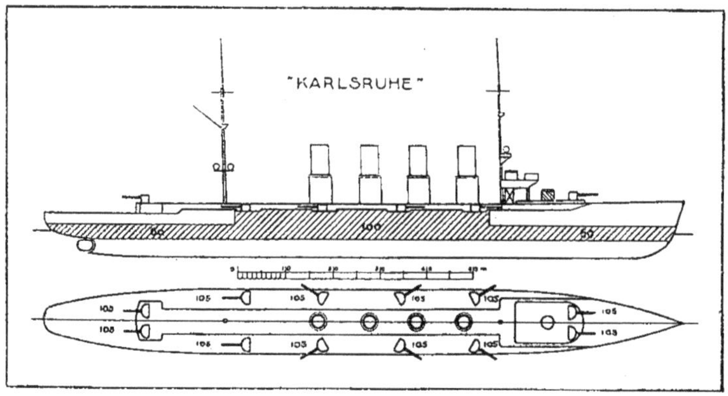

CROISEUR LÉGER « KARLSRUHE » (1912).

Déplacement 4900 tonnes. Turbines 26000 HP. Vitesse 28 nœuds 5. Armement:
XII-105 millim. II tubes lance-torpilles. Ceinture cuirassée de 100 millim. au centre,
de 60 millim. aux extrémités. Pont blindé de 50 millim.
Du même type : *Rostock* (série des « Villes d'Allemagne ».

Un lieutenant de vaisseau du *Karlsruhe* donne, sur
l'activité d'un « rabatteur » du croiseur, des précisions
intéressantes :

« Le 5 octobre 1914 [1], le vapeur *Farn* fut capturé par le
Karlsruhe dans l'Atlantique-Sud et je fus envoyé, par
notre commandant, à bord de ce navire, pour y agir comme
premier officier suppléant ; un de mes camarades du

grande allure à la rencontre du vapeur *Niceto de Larinaga*, qui vient de
stopper.

[1] *Hamburger Nachrichten* du 22 avril 1915.

Norddeutscher Lloyd, le lieutenant de vaisseau R. Lublimus, fut désigné comme capitaine. Le soir, comme nous nous éloignions, nous reçûmes du *Karlsruhe* un message d'avertissement : « Attention ! croiseurs ennemis à proximité. » Nous continuâmes notre route, comptant sur la bêtise des Anglais. Ils ne nous eurent pas. Plus on est hardi et mieux cela vaut, surtout à la guerre. Seigneur Dieu, que c'était beau de capturer des vapeurs à la barbe des croiseurs anglais ! Un capitaine anglais me demanda où se trouvaient donc les bâtiments de guerre anglais. « Il n'y en a point ici. » Mais le *Glasgow* ? « Ah oui ! il est tout près de nous. » Et le *Monmouth* ? celui-ci aussi et bien d'autres.

» Il faisait une tête, le gaillard ! A un autre, je racontais (étant officier de prise à son bord) : « L'Angleterre se soucie du *Karlsruhe comme une mère de son enfant.* Le charbon vient-il à manquer, elle nous expédie un navire charbonnier ; nos vivres touchent-ils à leur fin, elle nous envoie un vapeur avec des provisions. » Le gaillard m'aurait volontiers sauté à la gorge, il se contint pourtant et ferma son bec. Sur le *Strathroy* (également capturé et plus tard coulé), le mécanicien anglais refusa de nous expliquer le fonctionnement des diverses soupapes et autres organes de la machine ; sur ce, notre ingénieur fit simplement passer son revolver de la poche droite à la poche gauche. Si vous aviez vu sauter le gaillard[1] ! Quelques exemples pour caractériser les sentiments anti-patriotiques et en partie malpropres des Anglais : le capitaine d'un vapeur capturé demanda s'il était le premier, et lorsqu'il apprit qu'il y en avait déjà plusieurs à bord du *Crefeld* (du Nord-

---

[1] Le métier de corsaire va décidément bien à ce lieutenant de vaisseau, homme de proie et de rapine.

deutscher Lloyd), il s'écria : « Alors ça m'est égal, pourvu que je ne sois pas le seul. » Un autre nous confia qu'un autre vapeur avait quitté Buenos-Ayres un jour avant lui. Il fut grandement étonné d'apprendre que ce navire avait déjà été envoyé par le fond. Un autre nous raconta même qu'il avait rencontré à telle place un vapeur anglais, trahissant ainsi ses propres compatriotes. Les prisonniers à bord du *Crefeld* pariaient entre eux si le vapeur en vue était anglais ou non et s'il serait pris. Un autre, troisième officier d'un bateau capturé, nous apporta volontairement de l'huile et d'autres marchandises le long du *Karlsruhe*, en nous disant : « Que ce soient les Allemands ou n'importe qui d'autre qui reçoivent tout cela, ça m'est complètement égal. Je suis socialiste [1]. »

...Et maintenant, en route vers notre navire-amiral. Nous mîmes le cap sur un point convenu de l'Atlantique-Sud et fûmes un certain temps sans être inquiétés. Une après-midi, nous vîmes une fumée sur l'horizon ; lorsqu'il y a une fumée sur mer, elle provient les trois quarts du temps d'un vapeur ; et c'était bien cela. A grande distance déjà, il hissa son pavillon et fit des signaux. Nous l'attendîmes sans bouger. Comme il nous demandait si des navires de guerre allemands se trouvaient dans le voisinage, nous répondîmes naturellement que non.

Il nous indiqua aussi la route que nous devions suivre pour n'être pas aperçus des croiseurs allemands. « Merci beaucoup. » A ce moment nous virâmes, hissâmes le pavil-

---

[1] Ces réflexions des capitaines anglais, que l'officier allemand prend au pied de la lettre, ne sont, somme toute, que des expressions de dépit. A supposer qu'elles soient textuellement rapportées par l'officier allemand, elles seraient représentatives de l'état d'esprit d'une partie du peuple anglais au début de la guerre. — Depuis lors un grand changement s'est produit, tout le peuple se dressant en face de l'ennemi commun.

lon allemand et vînmes derrière lui, car, inaperçu de l'anglais qui nous faisait des signaux, le *Karlsruhe* était venu
sur l'horizon, et la fin de la chanson fut qu'une heure après
le pavillon anglais était abattu sur le *Condor* et que nous
nous mîmes à « faire notre cueillette » à bord du vapeur.
Tout ce qu'il y avait dans sa cargaison était bon, même
les souliers. Mais honnêtes, comme sont les Allemands,
nous prîmes note de tout avec soin et tout ce qui servait
à l'usage personnel fut payé comptant[1].

La seconde fois que nous allions charbonner avec le
Karlsruhe, nous prîmes un oiseau encore plus beau, le
paquebot *Van Dyck*. »

« Nous avions quitté Bahia[2] le 23 octobre. Vers 10 heures du matin, le 26, nous vîmes une fumée au loin, et aussitôt après, un navire ; une minute plus tard, un deuxième
navire ; tous deux se dirigeaient si directement sur nous,
que nous n'eûmes aucun doute sur leurs intentions. Cependant, le plus grand nombre pensait que le croiseur à quatre
cheminées, qui fut bientôt visible avec son charbonnier,
était anglais ou français. Cette illusion subsista, même
après que le croiseur eut hissé le pavillon de guerre, blanc
comme le pavillon anglais. Soudain l'on reconnut la croix
de fer sur le pavillon. Une minute après, on nous signala :
« Stoppez! » Heureusement, nous renonçâmes à demander
du secours par T. S. F. Cela n'aurait du reste servi à rien ;
le télégraphiste du *Karlsruhe* avait la main sur la manette
pour troubler nos communications, et cela n'aurait pu que
nous nuire.

Alors vint un canot du *Karlsruhe* ; un lieutenant, suivi

---

[1] Cette honnêteté allemande ne manque pas de saveur ! Elle détruit
le navire et... paye les souliers des passagers.

[2] Récit d'un passager du *Van Dyck*.

de quelques matelots brunis par le soleil, aux yeux bleus, prit possession du navire, fit mettre hors d'usage le poste de T. S. F. et demanda les papiers du bord. Il fit ensuite publier que les passagers et l'équipage auraient vingt-quatre heures pour quitter le navire avec tous leurs bagages. Il n'y avait à ce moment qu'un seul navire sur place, le cargo capturé *Farn*; mais, le matin suivant, arrivèrent un autre vapeur capturé, l'*Indrani*, et deux vapeurs de la Hamburg-Sud America. La journée s'écoula très tranquillement. Aucun passager ou matelot, qu'il fût Anglais ou neutre, n'eût à subir la moindre atteinte à sa liberté ou à ses biens ; et l'on se mit à considérer l'aventure comme une agréable interruption du voyage. Les officiers et marins allemands se comportèrent d'une façon exemplaire. Le fait qu'ils étaient les maîtres de la situation se montrait seulement par leur maintien paisible, obligeant et amical. L'équipage anglais du *Van Dyck* fut sollicité de signer un engagement d'honneur, de ne pas combattre contre l'Allemagne dans cette guerre. A part cela, on ne leur demanda pas même s'ils avaient des armes (?)... Les canots du *Van Dyck* faisant eau, le transbordement fut opéré par les canots des vapeurs allemands. D'une manière générale, les marins allemands se montrèrent polis, gais et serviables. On ne leur vendait pas d'alcool, bien plus, les «jaquettes bleues» refusaient d'accepter la cigarette ou le cigare qu'on leur offrait. Le commandant leur avait sévèrement interdit d'accepter n'importe quel présent. ...Officiers et équipages étaient la politesse même. Aux dames qui demandaient des souvenirs, on donna des rubans et des boutons d'uniforme. L'on se sépara avec un salut courtois. »

Quelques jours avant la prise du *Van Dyck*, le *Crefeld*

avait déposé à Santa-Cruz de Ténériffe les passagers des douze vapeurs capturés et coulés précédemment.

Vers le 1er novembre, l'*Asuncion* déposait à Para (Brésil), les passagers et équipages du *Van Dyck*, du *Hurtsdale* et du *Glanton*. Le *Karlsruhe* avait capturé et coulé en tout 17 bâtiments anglais [1].

Les succès du *Karlsruhe* eurent un certain retentissement. Le 9 novembre, l'empereur conféra au capitaine Köhler la croix de fer de Ire et de IIe classe, et à tous les officiers, ainsi qu'à 50 sous-officiers et marins, la croix de fer de IIe classe.

Soudain, les exploits du *Karlsruhe* cessent, ses rabatteurs semblent s'être réfugiés dans des ports neutres. Qu'est devenu le corsaire ? A-t-il eu une rencontre malheureuse avec le *Glasgow* ? Des passagers du *Van Dyck* prétendent avoir remarqué des toiles masquant l'arrière fortement endommagé du croiseur [2]. Les canons du *Glasgow* auraient démoli son appareil à gouverner. Enfin, le *Karlsruhe* aurait eu de nombreux tués et blessés et se

[1]

18 août 1914.		*Powicastle*	4650	tonnes	vapeur	anglais
31 » »		*Strathroy*	4336	»	»	»
3 » »		*Maple Branch*	{ 4338	»	»	»
14 » »		*Highland Hope*	5150	»	»	»
21 » »		*Indrani*	5706	»	»	»
» » »		*Cornish City*	3816	»	»	»
» » »		*Rio Iguassu*	3817	»	»	hollandais
5 octobre 1914.		*Farn*	4393	»	»	anglais
? » »		*Niceto de Larinaga*	5018	»	»	»
» » »		*Cervantes*	4365	»	»	»
» » »		*Pruth*	4408	»	»	»
» » »		*Lynrowan*	3384	»	»	»
» » »		*Maria*	4018	»	»	»
» » »		*Condor*	3053	»	»	»
» » »		*Glanton*	3021	»	»	»
» » »		*Hurtsdale*	2752	»	»	»
26 » »		*Van Dyck*	10328	»	»	»

[2] *Temps* du 15 décembre 1914, d'après les *Central News*.

serait trouvé à bout de combustible après le combat ; il aurait pu toutefois remplacer son gouvernail par celui d'un navire capturé...

Faut-il admettre l'hypothèse d'un retour dans les eaux allemandes ? Elle paraît peu plausible. L'Amirauté allemande n'aurait eu aucun motif de dissimuler l'événement, et la presse allemande l'aurait annoncé. Il semble plus conforme à la vérité d'admettre l'explosion du croiseur, telle qu'elle nous a été annoncée par un journal danois [1] : « L'équipage prenait le thé un soir, quand une explosion se produisit subitement. Le navire fut séparé en deux parties, dont une coula aussitôt avec une partie de l'équipage, tandis que l'autre partie du croiseur flotta encore quelque temps. Les 150 à 200 hommes qui se trouvaient sur cette partie du croiseur purent être sauvés par un vapeur accompagnant le *Karlsruhe*. Ce vapeur, le *Rio Grande*, réussit à retourner dans un port allemand avec les survivants, qui ont reçu l'ordre de ne rien dire sur cette affaire. »

Il s'agirait en somme soit d'une explosion par inflammation spontanée des poudres, analogue à celle de la *Liberté*, et dans la présente guerre du *Bulwark*, soit d'un incendie par court-circuit, suivi d'explosion.

Sur le lieu et la date de l'accident, les avis diffèrent. Les uns disent : il a eu lieu le 4 novembre dans la mer des Caraïbes, les autres sont moins affirmatifs et placent l'ex-

---

[1] Le *Ribe Stiftstende*, publié à Ribe (Jutland), donne ce renseignement comme venant de source sûre. Il n'a pas, à ma connaissance, été démenti. La traduction donnée est celle du *Temps*. En attendant plus ample informé, cette version peut être admise. Le correspondant, à Copenhague, de la *Gazette de Westminster*, dit avoir eu un long entretien téléphonique avec le rédacteur du *Ribe St.* Cette conversation l'aurait convaincu de l'exactitude du renseignement.

plosion près des côtes d'Amérique, à la fin de 1914 ou au commencement de 1915.

Quoi qu'il en soit et en l'absence de démenti, la disparition du *Karlsruhe* peut être admise comme certaine.

Le sort du vapeur *Farn*, capturé aux Anglais et transformé en éclaireur du *Karlsruhe*, avec des officiers et un équipage de prise, nous apporte de précieux éclaircissements sur ce qu'a pu être la fin du *Karlsruhe*.

« Après avoir été en route durant neuf semaines [1], nous n'avions plus rien à manger, bien que nous eussions vécu constamment de viande salée, de pommes de terre et d'eau condensée. Il nous fallut alors prendre une décision. Nous essayâmes d'abord d'entrer en relations avec un consulat allemand au Brésil ; comment je m'y pris, vous le saurez plus tard. Je me suis trouvé dans un pays où les indigènes tirent encore avec des flèches et des arcs ! Mais bref, notre plan échoua complètement, et comme nous étions exposés à être trahis par les indigènes, nous mîmes à exécution un projet que j'avais proposé déjà auparavant. Nous vînmes ici (San Juan de Porto-Rico), et ce fut bien ainsi, car il est permis d'entrer les prises dans un port américain, lorsqu'elles sont en danger, ce qui était notre cas. Nous n'avions ni eau ni vivres. Lorsque nous arrivâmes, il n'y avait littéralement plus rien dans nos soutes à provisions, et avec la meilleure volonté, on n'aurait pu y découvrir ni viande ni pommes de terre. Plus rien. Si le voyage avait duré un jour de plus seulement, nous n'aurions plus rien eu, et comme le blaireau en hiver, nous aurions pu nous sucer les pattes ! Naturellement, nous n'avions aussi plus rien à nous mettre : tout

---

[1] Lettre d'un lieutenant de vaisseau du *Karlsruhe*, nommé second officier à bord du *Farn*. (*Hamburger Nachrichten* du 22 avril 1915.)

nous fut apporté par la colonie allemande, vêtements, sous-vêtements, souliers, etc. Lorsque nous voulûmes repartir, trois croiseurs anglais se trouvaient devant le port, qui auraient eu trop de plaisir à nous avoir. Treize jours après, vint de Washington l'ordre : « *Farn* doit quitter le port dans les vingt-quatre heures ou bien être interné.» Comme il ne nous plaisait pas du tout de tomber aux mains des Anglais, nous préférâmes rester ici. Le *Farn* fut donc interné avec son équipage. »

Les corsaires allemands sentaient maintenant tout le poids de la maîtrise de la mer. Cinq mois durant, ils avaient pu se jouer de l'adversaire, grâce à d'habiles manœuvres. Un beau jour, tout s'effondre, les rabatteurs, traqués à leur tour, se dispersent. La faim les tient et la soif. Le combustible manque[1], et le corsaire sans vie erre, ballotté sur les lames où luisent les requins, voué à la mort.

---

[1] Lorsque le *Karlsruhe* entra à San Juan de Porto-Rico le 7 août, ses soutes étaient vides. (*Hamburger Echo* du 26 mars 1915). Sa consommation de charbon était très élevée et il a dû, pour dépister les croiseurs lancés à sa poursuite, marcher souvent à grande allure, c'est-à-dire avec la plus forte dépense de combustible.

CHAPITRE V.

Le croiseur auxiliaire « Prinz Eitel Friedrich ».

Le paquebot *Prinz Eitel Friedrich*, du Norddeutscher Lloyd (8800 t.), avait quitté Brême, en mai 1914, pour Yokohama et se trouvait à Shanghaï vers la fin de juillet. Sur un ordre de l'Amirauté, il se rendit à Tsing-Tao à la disposition des autorités. Les canonnières *Luchs* et *Tiger* lui remirent munitions et canons, 4 pièces de 105 mm., 12 de 37 mm. et des mitrailleuses. Tout bagage inutile fut débarqué. On prit autant de charbon que l'on put.

Le capitaine de frégate Thierichens, de la canonnière *Luchs*, prit le commandement du nouveau croiseur auxiliaire. Le capitaine ordinaire fut placé sous ses ordres. Les équipages des canonnières se joignirent aux hommes de l'ex-paquebot. La coque fut repeinte en brun, couleur de guerre. Le *Prinz Eitel Friedrich* n'était pas très rapide (15 nœuds). Grâce à une chance extraordinaire, grâce aussi à l'habileté de son commandant, il a réussi à écumer les mers pendant huit mois, sans être rejoint par les croiseurs lancés à sa poursuite.

« Le 6 août [1], nous quittâmes Tsing-Tao. Naturellement, les feux étaient éteints et les canons parés. Nous avions correspondu par T. S. F. avec l'escadre des croiseurs, composée du *Gneisenau*, du *Scharnhorst* et des autres bâtiments, et nous nous mîmes en devoir de la retrouver. Nous

[1] Récit du capitaine Thierichens, commandant du *Prinz Eitel Friedrich*. (*Leipziger Neueste Nachrichten* du 15 avril 1915.)

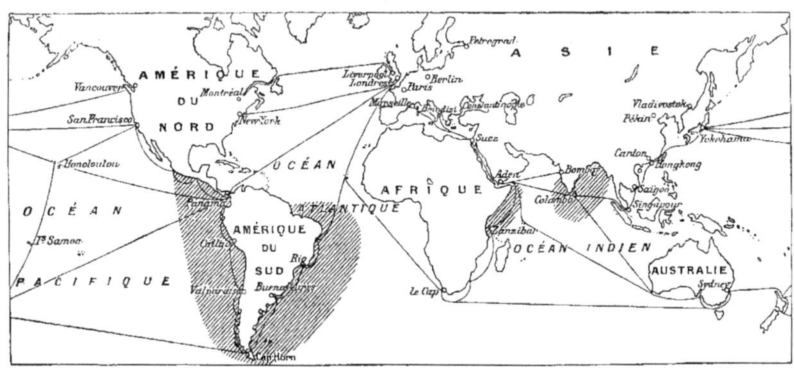

CARTE DE LA GUERRE DE COURSE

(Les hachures indiquent les parages où s'est principalement exercée l'action des corsaires allemands.)

L'action des corsaires allemands qui, au début de la guerre, s'éparpillait sur toutes les mers, se concentre, vers la fin d'octobre 1914, autour de l'Amérique du Sud. Après le combat de Coronel (1er novembre) les corsaires, sous la pression des croiseurs japonais et australiens, quittent l'Océan Pacifique et passent dans l'Atlantique Sud. Ils se font battre aux îles Falkland. C'est la fin de la guerre de course. Déjà l'*Emden* et le *Kœnigsberg*, qui exerçaient leurs ravages dans l'Océan Indien, ont été mis hors d'état de nuire. Seuls subsistent encore le *Dresden*, traqué, le *Kronprinz Wilhelm* et le *Prinz Eitel Friedrich*, ces enfants perdus de la guerre maritime.

On remarquera que les corsaires allemands n'ont jamais osé s'attaquer aux lignes maritimes de l'Atlantique Nord, protégées par les croiseurs des alliés. On remarquera aussi que la guerre de course a été surtout pratiquée autour de l'Amérique du Sud.

la rejoignîmes peu de temps après. A la fin d'août, nous arrivâmes aux îles Marschall. C'est là que nous eûmes le premier culte militaire sur le *Prinz Eitel Friedrich*. L'aumônier de l'escadre y vint prêcher... »

«La première prise de l'*Emden*, le vapeur russe *Rezan*, transformé en croiseur auxiliaire et appelé désormais *Cormoran*, se joignit à nous. La canonnière allemande *Cormoran* avait transbordé à Tsing-Tao son équipage et son armement sur ce bâtiment, qui reprit la mer comme croiseur auxiliaire. Il est maintenant interné à Guam. Aux îles Marschall, nous fûmes détachés de l'escadre en même temps que le *Cormoran*, et désormais nous nous mîmes à agir de concert.»

«Nous voulûmes d'abord faire route vers les côtes australiennes, pour y troubler le commerce[1]. Il nous fallait aussi du charbon, nos provisions avaient passablement diminué. Nous allâmes dans ces parages, espérant y rencontrer des navires qui pourraient nous en fournir. Notre espoir fut déçu. A part cela, nous reçûmes la nouvelle que tous les passages vers l'Australie étaient barrés par les Anglais et les Japonais. Nous abandonnâmes notre plan. Il nous fallait chercher ailleurs. Il nous vint à l'idée de revenir aux colonies allemandes, et nous décidâmes de mettre à réquisition, en premier lieu, les îles Palau. Nous mîmes le cap sur Angaur, où la Société allemande des phosphates a de grandes plantations. Angaur était vide. Pas de charbon, rien. Nous continuâmes vers le port de Malakal, qui est dans le voisinage, et le *Cormoran* se dirigea vers Vapu. La navigation dans ces parages fut très difficile ; beaucoup d'îles de corail ; il fallait se diriger depuis la hune pour découvrir les taches vert-clair qui ré-

______
[1] et, sans doute, agir en liaison avec l'*Emden*.

vèlent la présence des coraux. En guise de nid de pie, nous avions installé un tonneau de hareng, drapé de toile à voile. Nous réussîmes à passer, non sans être demeurés plusieurs heures échoués sur un fond de coraux. Nous n'eûmes pas d'avaries, jamais la moindre éraflure.

«Quelle joie d'arriver au port! On ne peut rien imaginer de plus beau. La mer était paisible, pas la moindre ride. Et, sur le rivage, nous trouvâmes, comme s'il avait été préparé pour nous, un tas d'environ 2000 tonnes de charbon. Le comique, dans cette affaire, était que ce charbon avait été amené ici, du Japon, après la déclaration de guerre. Le vapeur allemand, qui l'avait transporté, était parti du Japon peu de temps avant la guerre et n'en savait rien. Il n'y avait naturellement pas d'allèges. Mais nos gens sont inventifs. Les grands canots de passagers furent largués. Des draps, dressés sur des mâts en bambou, servirent de voiles pour aller à terre. Une fois remplis, les canots étaient ramenés au navire par un câble, et repartaient vides avec leurs voiles improvisées. En sept jours, tout le charbon fut embarqué, et nous pûmes lever l'ancre.

«Nous avions convenu de retrouver le *Cormoran* à Port Alexis, en Nouvelle-Guinée. Nous y allâmes et embouquâmes, tout seuls, l'étroite entrée du port. Des deux côtés, des rives escarpées et d'épaisses palmes de cocotiers. Sans nous douter de rien, nous entrions dans le port, le 28 septembre, lorsqu'un père jésuite allemand arriva en courant sur le rivage, agitant ses mains en l'air. Nous crûmes qu'il nous adressait un salut. Lorsque nous eûmes jeté l'ancre, le père vint à bord. Dès qu'il me vit, il s'écria tout tremblant : « Hâtez-vous de partir, la Nouvelle-Guinée est anglaise depuis deux jours ! »

Vous voyez d'ici le tableau. Le père ajouta qu'à six lieues de distance, à Friedrich Wilhelmshafen, se trouvaient des vaisseaux de guerre anglais, et qu'un de ceux-ci était attendu le jour-même, qui devait faire prêter aux habitants de Port Alexis le serment de neutralité. Cette nouvelle, si grave fût-elle, produisit un effet si extraordinaire, que nous éclatâmes de rire. Le père raconta ensuite que le *Cormoran* y était allé. Les Anglais, après s'être emparés de Friedrich Wilhelmshafen, avaient envoyé un croiseur à sa poursuite. Le *Cormoran* se glissa promptement dans un chenal qui formait une entrée secondaire recourbée, ombragée de palmes de cocotiers, qui la recouvraient, ne fit plus de fumée et se tint coi et silencieux. Le croiseur anglais fourra son nez à l'entrée du port et patrouilla tout le jour sur la rade.

« Au crépuscule, le croiseur reprit la route de Friedrich Wilhelmshafen, et le *Cormoran* se glissa dehors, protégé par la nuit. Nous sûmes plus tard que, deux jours après notre départ de Malakal, trois croiseurs japonais et un anglais avaient pris possession de l'archipel. Nous étions donc à Port Alexis, nous attendant à chaque instant à voir surgir le croiseur anglais. Après m'être encore entretenu avec le père jésuite, je repris la mer avec tout ce que je pus emporter. Approvisionné de charbon en suffisance, je pensai que la distance ne jouait plus aucun rôle pour nous. Je décidai donc de faire route vers l'Amérique et je mis le cap sur la côte ouest. Je n'ai plus jamais revu le *Cormoran*.

« A fin novembre, nous approchâmes de la côte du Chili. Pour la première fois, nous pûmes correspondre de nouveau avec l'escadre des croiseurs. J'allai à Valparaiso, où l'on me procura obligeamment tout ce que je pouvais raisonnablement demander, mais, bien entendu, je dus repartir dans les vingt-quatre heures. Nous nous trouvâmes éloignés d'environ 30 milles du lieu de la bataille dans laquelle notre escadre de croiseurs donna le coup de grâce au *Monmouth* et au *Good Hope*. Nous captâmes les signaux de T. S. F. « branle-bas de combat » et les autres. Pendant tout le combat, je restai dans la cabine de l'opérateur. L'équipage se tenait silencieux sur le pont, à l'affût des nouvelles ; dès que nous apprenions quelque chose, je le faisais savoir à mes hommes. Nous rejoignîmes ensuite l'escadre. Nous avions rendez-vous auprès d'un îlot rocheux inhabité. Nous nous y trouvâmes très bien. Il y avait de grandes quantités de langoustes, de homards sans pinces. Nous en prenions des cinquante par jour que nous mîmes au frais, si bien que, des semaines après, nous eûmes les plus délicats des homards en mayonnaise. Nous prenions les homards avec des corbeilles où de la viande pourrie était placée en guise d'appât. Ils y venaient très vite et étaient ensuite ramenés à bord.

« A partir de ce moment, commença pour nous une guerre de course couronnée de succès. Nous étions, entre temps, devenus très soucieux, notre charbon diminuait et nous ne savions comment le remplacer. Soudain, un beau matin, un vapeur surgit à notre avant dans le brouillard. Nous le regardons avec envie et hissons le signal : « Donnez votre nom et montrez vos couleurs. » A la joie de tous, le pavillon anglais s'éleva. Le vapeur stoppa. Un équipage de prise fut envoyé à bord. Les papiers du navire furent examinés, la cargaison inspectée. C'était le vapeur anglais *Charcas*, transportant principalement des colis et des objets de métal. Notre première prise. Après que l'équipage eut été pris à notre bord, avec tous ses bagages, le vapeur fut coulé par l'ouverture des prises d'eau et quelques obus. Le *Charcas* coula, droit comme un cierge. Pour la première fois depuis longtemps, il nous était donné de revoir une femme européenne et un enfant, la famille du capitaine.

« C'est un trait particulier du marin d'aimer n'importe quel bateau. Sans le vouloir, ma main se porta à ma casquette pour saluer le *Charcas* disparaissant dans les flots. C'est un spectacle bien émouvant qu'un bateau qui sombre pour ne jamais reparaître. La main monte involontairement à la casquette. Le même état d'esprit régnait chez les autres officiers et chez les hommes. Lorsque venait une prise, c'étaient des hourras, mais lorsqu'elle coulait, nous étions tous sérieux, du plus vieil officier au dernier homme de l'équipage ; tous étaient saisis d'émotion.

« Plus tard, je débarquai tout l'équipage du *Charcas* dans le voisinage de Valparaiso. Après la disparition de l'escadre anglaise, cette côte avait cessé d'être dangereuse pour nous. L'équipage, qui était trés mélangé et composé de matelots allemands, anglais et américains, p rit congé, en nous disant : « Au revoir, messieurs. »

Après cette première prise, le *Prinz Eitel* accompagna l'escadre de von Spee vers les îles Falkland. Avec le *Dresden*, il réussit à échapper aux coups des croiseurs anglais et se réfugia pendant quelques semaines dans les canaux du Chili méridional, après une brève apparition à Punta-Arenas.

Vers le 20 décembre, il rencontra le voilier français *Jean*, qui avait à bord 3000 tonnes de charbon pour l'escadre an-glaise du Pacifique (du vice-amiral Cradock). Il lui prit autant de charbon qu'il put. Ensuite il le remorqua sur un parcours de 1500 milles à travers le Pacifique, jusqu'à l'île de Pâques, lui prit tout son charbon, le coula et débarqua son équipage dans l'île.

« Pendant qu'il remorquait le charbonnier français, apparut un voilier, le 23 décembre [1]. Dieu merci, il régnait un calme plat et nous pûmes prendre notre temps. C'était le navire anglais *Kildalton*. Grâce à l'absence de vent, il ne pouvait nous échapper. Sa cargaison fut la bienvenue : du minerai, du charbon, du minium (couleur rouge), des seaux de fer-blanc et des pelles à charbon. D'abord, le charbon avec les pelles, puis la couleur pour le navire sérieusement rouillé. Le *Kildalton* fut aussi coulé, après que l'équipage eut été transbordé avec une partie de la cargaison. Le navire coula lentement, toutes voiles dehors. La lune se levait.

« Nous décidâmes ensuite d'aller sur la côte Est de l'Amérique du Sud, en passant au large du Cap Horn, car le détroit de Magellan nous paraissait, à juste titre, dangereux. En route nous croisâmes un voilier norvégien, chargé de salpêtre. Il nous confirma la nouvelle de la disparition de notre escadre de croiseurs (au combat des Falkland), et nous apprit que le *Nüremberg* était aussi coulé. Plus nous approchions de la terre et plus les signaux de T. S. F. devenaient distincts, ce qui nous prouva qu'il y avait de nombreux vaisseaux de guerre anglais dans ces parages. Spécialement près des îles Falkland. Mais si j'ouvrais l'oreille aux signaux de T. S. F. ,je gardai bouche close pour ne pas trahir notre présence. Je décidai alors de me frayer passage vers l'Allemagne. C'était au commencement de janvier 1915. Nous étions arrivés sur la route des

---

[1] Récit du capitaine Thierichens.

voiliers, à quelque huit cents milles de la côte sud-américaine. Le 26 janvier, la veille de l'anniversaire de l'empereur, surgit un premier voilier, le russe *Isabel Brown*, à dix heures du soir. Cargaison de salpêtre. Le temps était paisible ; nous transbordâmes l'équipage ce soir-là encore et laissâmes le navire aller toutes voiles dehors, pendant la nuit. Il y avait calme plat. Le lendemain matin, à huit heures, après avoir transbordé les bagages de l'équipage, nous coulâmes le navire. Le jour suivant, nous fêtâmes le jour de naissance de l'empereur. Après le repas de midi, je tins un discours à l'équipage. Tous étaient encore à table lorsque l'homme de vigie signala deux voiliers.

« C'étaient le *William P. Frye* et le *Pierre Loti*. Ce dernier fut découvert à l'horizon, à la distance de 27 milles, par les yeux perçants de notre vigie. Nous avions le temps, nous finîmes de déjeuner paisiblement et nous nous dirigeâmes sur l'américain *William P. Frye*[1]. Nous lui envoyâmes un équipage de prise et donnâmes ensuite la chasse au français. Il avait une cargaison de froment. Nous prîmes l'équipage à bord, de même que les vivres destinés à le nourrir, puis la barque fut coulée. Pendant la nuit, nous revînmes au *William P. Frye*. Le matin suivant, nous prîmes le capitaine, sa femme et ses deux fils, deux beaux gaillards de sept et dix ans, ainsi que l'équipage, avec les papiers du bord. Les Américains furent des hôtes parfaits. Je fis préparer près du pont une cabine d'officier, que je mis à la disposition dn capitaine et de sa famille. L'équipage américain eut pleine liberté de mouvements sur tout le navire. Le voilier fut coulé.

[1] La prise du *William P. Frye* a amené un échange de notes diplomatiques entre les Etats-Unis et l'Allemagne. Finalement, l'Allemagne désavoua le capitaine Thierichens et offrit de payer des dommages-intérêts aux armateurs du navire.

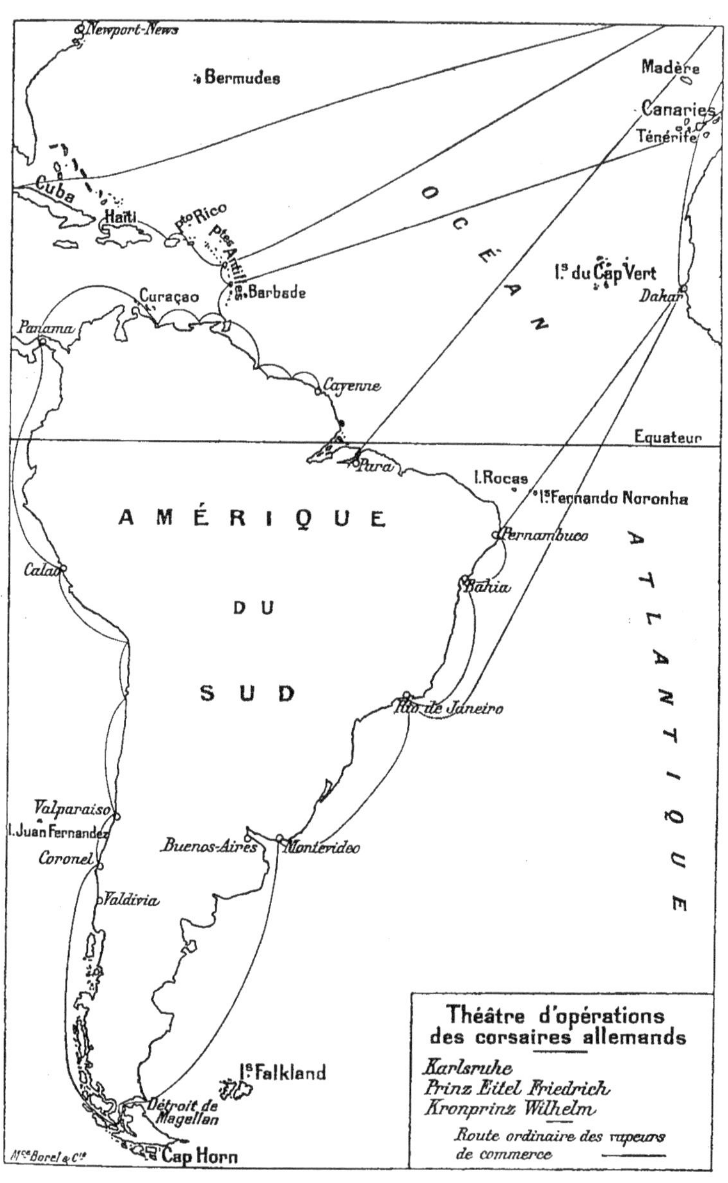

Newport-News
Bermudes
Madère
Canaries
Ténérife
Cuba
Haïti
Pto Rico
ptes Antilles
Curaçao
e. Barbade
Panama
Cayenne
Is du Cap Vert
Dakar
OCÉAN
Equateur
Para
I. Rocas
Is Fernando Noronha
AMÉRIQUE
Pernambuco
Calao
Bahia
DU
ATLANTIQUE
SUD
Rio de Janeiro
Valparaiso
I. Juan Fernandez
Buenos-Aires
Montévideo
Coronel
Valdivia
Is Falkland
Détroit de Magellan
Mson Borel & Cie
Cap Horn
Théâtre d'opérations
des corsaires allemands
Karlsruhe
Prinz Eitel Friedrich
Kronprinz Wilhelm
Route ordinaire des vapeurs
de commerce

« Février était venu, et nous abandonnâmes l'idée de retourner en Allemagne. Quatorze jours durant, nous avons croisé dans ces parages, restant immobiles pendant la nuit et marchant de jour. Pendant longtemps nous n'aperçûmes plus rien. Le 12 février enfin, notre croisière eut sa récompense. Le voilier anglais *Invercoe*, d'Aberdeen, apparut sur l'horizon. Il fut rapidement expédié. Le signal disait seulement : «Se préparer à la rencontre ! » Nous disions « d'après le schéma F » et tout était si bien préparé, qu'à chaque prise nous allions plus vite. Le temps était toujours extraordinairement beau. Pour changer, nous croisâmes de nouveau un norvégien chargé de salpêtre, que nous relâchâmes, naturellement. Nous approchions maintenant, dans notre course au Nord, de la route suivie par les vapeurs, vers l'Amérique du Sud. Cependant nous nous en tenions intentionnellement assez éloignés. »

Dans ces parages, le *Prinz Eitel* rencontra un vapeur français qui, à dessein, s'était écarté de la route ordinaire, la *Floride*, capitaine Moussion.

«Partis de Dakar [1], nous nous trouvions, le 19 février, par 2 degrés 28' de latitude Sud et 31 degrés 10' de longitude Ouest, faisant route vers Bahia (Brésil). Je m'étais écarté légèrement de la route normale, espérant ainsi ne rencontrer personne, ni ami, ni ennemi. Il était 2 heures, le temps était superbe, lorsque j'aperçus, sur ma droite, un bateau d'un tonnage plus fort que celui de la *Floride*, qui hésita d'abord, prêt à fuir, puis se rapprocha et s'arrêta à 5 milles de nous. Il nous donna l'ordre de stopper et envoya à bord deux officiers, qui prirent possession du bâtiment. Équipage et passagers furent alors transbordés

---

[1] Récit du capitaine Moussion, paru dans le *Temps* ; il est ici fortement abrégé.

sur le *Prinz Eitel*. Dès qu'il n'y eut plus personne sur la *Floride*, le pillage commença. Il y avait un bœuf vivant à bord, des vins fins, du champagne, environ 30 tonnes de pommes de terre. Les marins allemands s'en emparèrent. Ils manquaient depuis longtemps d'eau douce. Ils prirent sur la *Floride* un distillateur qui leur permit d'en faire. Le pillage dura jusque vers 5 heures du soir. Vers 6 heures, ils placèrent quatre grosses cartouches de dynamite ; mais ces cartouches, que l'on place d'ordinaire au-dessous de la ligne de flottaison, furent posées au contraire au-dessus de cette ligne. Lorsqu'elles explosèrent, la *Floride* ne s'ouvrit pas par le bas mais par le haut. Un incendie se déclara, et la *Floride*, qui refusait de couler, brûla ainsi toute la nuit, jusqu'à 2 heures du matin. C'était un spectacle effrayant : la nuit était très claire ; les flammes de l'incendie projetaient des lueurs sur la mer et sur le ciel, dans un embrasement à la fois douloureux et féerique. Le *Prinz Eitel* ne s'éloigna que lorsque la *Floride* eut complètement sombré. Dès mon arrivée à bord du croiseur allemand, j'avais été conduit auprès du capitaine, qui parlait très bien le français. Il me dit tout de suite tout son regret d'avoir fait sauter la *Floride*, me demandant pardon pour toute la peine que sa perte, à moi, commandant, devait me causer. Il me dit que les Français seraient à son bord l'objet d'attentions particulières, et effectivement nous fûmes bien traités.

»Le 21 février, à 2 heures de l'après-midi, apparut par bâbord un navire anglais de commerce, le *Willerby*. Le *Prinz Eitel* lui enjoignit de stopper ; l'anglais répondit qu'il préférait se rapprocher, puisqu'il se trouvait en face d'un croiseur plus fort que lui, mais en se rapprochant, il manœuvra de telle sorte que ce fut miracle si le croiseur allemand ne fut pas coulé. Le capitaine anglais, interrogé à bord, avoua très nettement l'intention qu'il avait eue de périr avec le croiseur allemand. Le capitaine allemand répondit qu'il pardonnait cette tentative, et qu'en revanche il promettait d'accompagner l'équipage et le navire anglais au premier port de la côte. Le capitaine anglais refusa : ordre fut alors donné de faire sauter le *Willerby* ; les cartouches de dynamite, mieux placées, explosèrent au bon endroit ; ce fut terrible, en trois minutes le navire avait disparu [1].

» Sur le *Prinz Eitel*, il y avait une discipline très forte et un esprit d'initiative qu'on ne peut pas ne pas admirer. Pour ne pas signaler leur présence, les Allemands avaient fait disparaître les antennes et appareils de T. S. F. du bord. Mais, à certaines heures, ils lançaient des cerfs-volants construits sur fils de fer légers. Sur ces antennes improvisées, ils recevaient sans risque aucun les nouvelles d'Allemagne et d'Angleterre.

« Pendant la journée, on évitait soigneusement toute fumée et toute vapeur. De nuit, toute lumière. »

« La question [2] du charbonnage devenait angoissante. Les provisions de charbon étaient insuffisantes pour retourner en Allemagne et, dans ces parages, il n'était pas

---

[1] Ce fut la dernière prise du *Prinz Eitel* qui captura et coula en tout onze navires :

5 décembre 1914.	*Charcas*	? tonnes	voilier	anglais
? » »	*Jean*	2207 »	»	français
? » »	*Kildalton*	1784 »	»	anglais
27 janvier 1915.	*Isabel Brown*	1315 »	»	russe
» » »	*Pierre Loti*	2106 »	»	français
28 » »	*William P. Frye*	3374 »	»	américain
» » »	*Jacobsen*	2196 »	»	français
12 février 1915.	*Invercoe*	1421 »	»	anglais
18 » »	*Mary Ada Short*	3605 »	vapeur	anglais
19 » »	*Floride*	6629 »	»	français
20 » »	*Willerby*	3630 »	»	anglais

[2] Récit du capitaine Thierichens.

question de les renouveler. Les chaudières et les machines commençaient à donner des signes de fatigue. Il devenait nécessaire de gagner un port pourvu de grands ateliers de réparations. C'est pourquoi nous mîmes le cap sur Newport News. Lorsque nous eûmes atteint la route des vapeurs, recommença le dangereux voisinage de la T. S. F., et, pendant toute cette navigation vers la côte, nous dûmes être recherchés, accompagnés ou poursuivis par des bâtiments de guerre ennemis. Plus nous approchions des Bermudes, et ensuite de la côte américaine, et plus le crépitement de la T. S. F. devenait intense, mais il semble qu'un destin favorable nous conduisit à travers les lignes ennemies. »

Le 12 mars 1915, le *Prinz Eitel Friedrich*, rouge de rouille, sa coque couverte de coquillages et d'algues, ses cheminées noires couvertes du sel de trois océans, entrait à Newport News. Il débarqua les 350 prisonniers, ennemis et neutres, qu'il gardait à bord.

L'arrivée du corsaire eut un grand retentissement en Amérique, surtout lorsque fut connu le cas du *William P. Frye*, qui reçut depuis une solution satisfaisante.

Mais ce qui porta l'émotion publique à son comble, ce furent les velléités du croiseur de reprendre la mer, après réparations. Ce faisant, il aurait violé la neutralité américaine. Enfin, après de longs pourparlers, où le gouvernement anglais exprima son avis énergiquement, le bâtiment fut interné.

«Le secours que j'attendais[1] ne m'est pas parvenu à temps. Le nombre et la force des croiseurs ennemis, qui surveillent l'entrée de la baie, nous rend impossible l'espoir de gagner la haute mer... C'est pourquoi, j'ai décidé de ne pas sacrifier sans espoir mon équipage et mon navire. »

[1] Récit du cap. Thierichens.

CHAPITRE VI

Le corsaire « Kronprinz Wilhelm ».

Le transatlantique *Kronprinz Wilhelm*, du Norddeutscher Lloyd, a été l'un des corsaires allemands les plus
redoutés. Il a opéré dans les mêmes parages que le *Karlsruhe* et le *Prinz Eitel*, c'est-à-dire près des îles brésiliennes
de Fernando da Noronha et Rocas, au sud de l'équateur,
à quelques 200 milles de la côte, en face de Pernambuco
où s'étaient réfugiés 23 navires marchands allemands.

« Nous avons quitté New-York le 3 août [1], gagnant la
haute mer. A ce moment, nous n'étions pas encore bâtiment de guerre, mais trois jours plus tard, nous rejoignîmes, à la hauteur des Bermudes, le croiseur allemand
Karlsruhe qui nous remit deux canons de trois pouces.
Nous les plaçâmes sur l'avant du navire. Nous reçûmes le
lieutenant de vaisseau Thierfelder, officier de navigation
à bord du *Karlsruhe*, comme commandant de notre bâtiment, ainsi que 17 jeunes officiers et marins. Il nous remit
aussi du charbon et des vivres... » Le paisible transatlantique devenait croiseur auxiliaire. A peine le transbordement fini, survinrent les croiseurs anglais *Bristol*, *Suffolk*
et *Berwick*. Tandis que le *Karlsruhe* était engagé avec le
Bristol, le *Kronprinz Wilhelm* prenait le large. Il reçut un
projectile du *Berwick*.

[1] Récit du lieutenant Warneke du *Kronprinz Wilhelm*. (*Deutsche Tages-
zeitung Berlin* du 6 mai 1915.)

« Nous fîmes route vers l'Atlantique-Sud [1]. Le 4 septembre 1914, nous fîmes notre première prise, en coulant le navire anglais *Indian Prince*. Le 7 octobre, nous rencontrâmes le vapeur *La Correntina*. Après que nous lui eûmes pris ses canons, nous nous sentîmes plus rassurés. *La Correntina* ne put faire usage de ses pièces, n'ayant pas de munitions. Nous ne l'attaquâmes pas, parce qu'elle était sans défense, mais, après avoir pris ses canons et une partie de la cargaison, nous plaçâmes quelques bombes et le navire coula rapidement. Nous fabriquâmes ensuite des projectiles pour les canons de *La Correntina*. »

Le *Kronprinz Wilhelm* agissait en liaison avec trois vapeurs allemands, dont il était le chef. C'étaient le *Sierra Cordoba*, l'*Otavi* et l'*Holger*. Ce dernier bâtiment, réfugié à Pernambuco, y avait reçu, de Valparaiso, l'ordre de rejoindre le *Kronprinz Wilhelm* à un point déterminé, afin de ramener les équipages et passagers des navires coulés. Après cinquante-six jours de navigation, au cours desquels il rencontra, à plusieurs reprises, le *Kronprinz Wilhelm* à la hauteur de Fernando da Noronha, — évitant les croiseurs anglais, — il arriva à Buenos-Ayres, où il fut interné.

Le *Sierra Cordoba* transporta le personnel de *La Correntina* et du voilier français *Union* à Montevideo. Il y arriva vers la fin de novembre 1914. A son départ il fut pris en chasse par des croiseurs anglais, et réussit à s'enfuir. En janvier 1915, il se réfugia à Punta Arenas ; il en repartit par une nuit sombre, échappant une seconde fois aux Anglais. Dès lors, nous perdons sa trace. Peut-être, après avoir rejoint le *Dresden* dans les canaux chiliens, fut-il interné dans quelque port du Chili.

[1] Récit du lieutenant Warneke.

Les notes prises au jour le jour par un passager du *Highland Brae*, capturé par le *Kronprinz Wilhelm*, vont nous donner, sur l'activité du croiseur allemand, des précisions inédites.

Jeudi 14 *janvier* 1915 [1], 2 degrés 46' nord, 26 degrés 9' Ouest.

A 10 h. 30, aperçu, par bâbord avant, un bâtiment venant sur nous à toute vitesse. A 300 mètres, il nous envoie un boulet par l'avant et se range de côté. La fumée de ses cheminées nous cache son pavillon, mais, comme il nous envoie ses canots, nous supposons que le bâtiment est allemand. Les canots nous amènent 20 matelots, armés de mausers et de baïonnettes, et deux lieutenants. Notre pavillon est amené, mais n'est pas remplacé par le drapeau allemand. Dans cette circonstance, l'équipage du *Highland Brae* se comporta d'une façon blâmable ; ce ne fut pas le cas des passagers. A midi on nous donna l'ordre de plier bagages, car ces derniers seraient transbordés sur le *Kronprinz Wilhelm*. A 1 heure, on nous servit un lunch dans le restaurant, tout le monde était gai. J'eus une conversation intéressante avec le premier lieutenant du *Kronprinz Wilhelm*, à bord du *Highland Brae*. A 4 h. 30, passagers et bagages sont transbordés sur le croiseur allemand. Aussitôt après le transbordement de l'équipage, le *Kronprinz Wilhelm* donna la chasse à un schooner à trois mâts, le *Wilfred M.* de Bridgetown (Barbade). Il le captura, prit l'équipage à bord et coula le voilier à coups d'étrave. Il le coupa en deux. Seule, la poupe continua d'émerger. Puis le *Konprinz Wilhelm* revint au *Highland Brae,* continua de transborder les passagers (en tout

---

[1] Journal abrégé de M. A. H. Conner, passager à bord du *Highland Brae.* (*The Standard* du 25 février 1915.)

160 personnes) et partit vers l'Est, suivi du *Highland Brae*.

Vendredi 15 *janvier*. Route maintenue à l'Est, nous marchons à 8 ou 10 nœuds, suivis du *Highland Brae*.

Samedi 16 *janvier*. Nous stoppons. Les cheminées du *Highland Brae* ont été repeintes en gris. Un charbonnier s'approche et vient se ranger le long du bord ; c'est le *Holger* de Brême. On y remarque un certain nombre de prisonniers anglais. Ils sont transbordés sur le *Kronprinz Wilhelm* ; ce sont les officiers et l'équipage (en tout 26 hommes) du vapeur *Hemisphere* de Liverpool, capturé par le *Kronprinz Wilhelm* le 28 décembre. Ils avaient été placés sur le charbonnier pour être débarqués dans un port neutre. L'*Hemisphere* fut capturé par 4°30' sud et 27° ouest, le 28 décembre 1914. Nous marchons toute la nuit, à toute vapeur.

Dimanche 17 *janvier*. A 7 heures du matin, le *Highland Brae* se range par bâbord et le transbordement des marchandises commence. Temps calme.

Lundi 18. Nous n'avons pas bougé de la nuit. Transbordement continue. Le soir, partons lentement.

Mardi 19. *Potaro* [1] en vue ; nous nous tenons à distance.

Mercredi 20. Le *Holger* nous a quittés.

Samedi 23. A 5 heures après-midi, le transbordement est interrompu. Nous faisons route au Sud, à 10 nœuds, suivis du *Highland Brae*.

Mercredi 27. Faisons toujours route au Sud. C'est la fête de l'empereur. A midi l'équipage est passé en revue sur le pont. Le capitaine lui adresse une allocution, suivie de trois hourras au kaiser et à la patrie absente.

Jeudi 28. A 10 heures du soir, le charbonnier *Holger* nous

[1] Le *Potaro* avait été capturé le 10 janvier.

quitte ; le *Highland Brae* et le *Potaro* nous suivent toute la journée. Nous marchons à 10 nœuds. Espérons être placés sur le charbonnier. Mer agitée, puis calme, quelques averses.

Vendredi 29. Ce matin, le *Highland Brae* et le *Potaro* par bâbord. *Highland Brae* continue à transborder charbon, etc. Apparemment, on veut le couler aujourd'hui ou demain.

Samedi 30. A 7 heures du matin, le *Highland Brae* est encore là. On y travaille continuellement. On démonte ses machines, dont certaines pièces sont transbordées. A 6 heures du soir, après qu'on y eut tout cassé, nous nous éloignons. Avant d'être enfermés sous le pont, nous pouvons voir le *Highland Brae* fortement incliné par l'avant. Le *Potaro* par tribord. A 6 h. 30, deux canots pleins d'hommes s'en détachent. Sera-t-il coulé cette nuit ? Le charbonnier *Holger* est hors de vue.

Dimanche 31. Le *Highland Brae* a été coulé, apparemment à 8 h. 30 du soir. Ensuite, nous filons à 10 nœuds.

Lundi 1eʳ *février*. Ce matin, nous faisons route au Nord-Ouest, à 11 nœuds. L'*Holger* est toujours invisible.

Mardi 2. A 7 heures du matin, nous allons au Sud-Est à 17 nœuds ; plus tard, je remarque que nous faisons des zig-zags. Vitesse 14 nœuds. Dispute avec un homme de l'*Hemisphere* ; les capitaines des trois bâtiments capturés sont appelés devant le commandant du *Kronprinz Wilhelm* et informés que, si l'homme en question était molesté, nous serions tous détenus ici indéfiniment. A midi, nous marchons à 20 nœuds. A 7 heures, schooner en vue ; c'est un norvégien ; à 5 h. 30, fausse alerte, nous sommes envoyés en bas.

Mercredi 3. Le *Potaro* vient se ranger contre le *Kron-*

prinz Wilhelm, pour décharger. A 6 heures, aperçu un grand voilier ; nous lui donnons la chasse. A 7 h. 30, par 26°30' de latitude sud et 27° de longitude ouest, le quatre mâts *Semantha* de Liverpool est capturé (faisant route de Portland (Oregon) à Queenstown ; 3700 tonnes de blé ; cent jours de mer). Les 27 hommes de l'équipage sont transbordés immédiatement. A 9 h. 30 du soir, à 200 mètres, on tire contre le voilier seize obus ; trois atteignent la coque et le pont, un, les agrès. On envoie un canot pour le saborder. Nous partons à 15 nœuds.

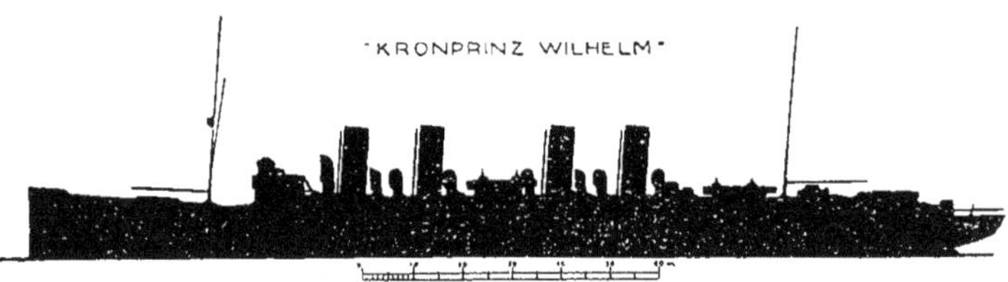

Jeudi 4. A 10 h. 30 du soir, en vue du *Potaro*, nous le rejoignons à 11 h. 30 du matin. Le déchargement reprend.

Vendredi 5. Toute la nuit, immobiles. Diane à 4 h. 15, sur le pont à 6 heures, une heure plus tôt que d'ordinaire.

Avec la permission du commandant, nous avons une petite soirée entre nous. A 10 heures, extinction des feux. Nous signons une pétition pour demander des cigarettes.

Samedi 6. A 2 h. 30 matin, quittons le *Potaro*. A 5 heures, faisons route au Sud-Ouest ; vitesse 8 nœuds. Le *Potaro* coule par l'arrière, la proue hors de l'eau. A 10 heures, inspection des passagers du *Highland Brae*, qui reçoivent cigarettes et allumettes. Route au Sud-Sud-Ouest.

Dimanche 7. Direction Sud-Ouest, 8 nœuds. Mer calme. Lunch dominical : glaces, conserves d'abricots et oranges sont les bienvenues. Vers 5 heures du soir, aperçu un voilier, par bâbord avant. Nous le croisons à 5 h. 40 ; c'est un schooner italien ; nous échangeons des signaux. Continuons au sud-ouest.

Lundi 8. Direction Ouest-Sud-Ouest, 9 nœuds. Froid. Les Allemands sont pleins d'égards pour nous et s'occupent de leur mieux de notre confort. Vers 5 heures du soir, nous faisons 16 à 19 nœuds ; direction Ouest. On me rapporte avoir aperçu le charbonnier *Holger* et qu'on allait bientôt le rejoindre. A toute vitesse toute la nuit. Ralentissons à 9 nœuds, vers 5 h. 30 matin ; direction Sud. Tout le monde en bas. Les sabords sont fermés à 9 h. 30 matin. A 11 heures, les signaleurs s'exercent.

Mercredi 10. Direction Sud-Ouest-Sud. A 10 heures matin, odre est donné de prréparer les bagages pour l'inspection, avant le transfert sur le *Holger*, demain. A 7 h. 20 soir, le *Holger* se range contre notre bord. Toute la nuit, transbordement de provisions, surtout rhum et vin.

Jeudi 11. Mer houleuse, qui nous oblige à abandonner le *Holger*. Direction Nord-Est, à 8 nœuds. Distribution de cigarettes et tabac. A minuit, la mer est toujours houleuse. Toute la nuit, marchons au Nord-Est, suivis du *Holger*.

Vendredi 12. A 6 heures du matin, par forte houle, nous essayons vainement d'approcher le *Holger*. Enfin, à 10 heures, nous réussissons à transborder vivres et bagages. A 4 h. 30 soir, nous sommes transbordés sur le charbonnier. La mer est agitée. Arrivé le premier, je parviens à réserver des lits pour mon équipage. Tout est primitif ici, l'espace manque. Les rats sont aussi gros que les poneys du Shetland. Nous avons été bien traités sur le *Kronprinz Wilhelm*. Le commandant nous fit ses adieux. Plus tard, parlant de sa passerelle au moyen d'un mégaphone, il s'adressa aux officiers et à l'équipage : « Officiers et marins, souvenez-vous du papier que vous avez signé » (par lequel ils juraient de ne plus participer à la guerre contre l'Allemagne et ses alliés). L'orchestre joua le « Deutschland über alles ». En hissant le pavillon du *Kronprinz Wilhelm*, la drisse cassa et le pavillon retomba sur le pont. Etait-ce un présage ? Nous le crûmes.

Samedi 13. Mer agitée, beau temps. Nous préparons un concert pour ce soir. Lectures, chœurs, chansons comiques et sentimentales. J'ai composé l'affiche et les programmes. Grande excitation et grand succès.

Dimanche 14. Mer agitée. Les bagages sont descendus à fond de cale.

Lundi 15. Pendant la nuit, les lames passaient pardessus notre pont ; au matin, elles tombent un peu. Midi, temps brumeux. J'espère être à Buenos-Ayres mercredi, car j'ai parié 21 sh. pour ce jour-là. A 10 heures matin, nous dépassons un remorqueur allant au Nord-Est, et à 5 h. 10 après-midi, un second allant à l'Est.

Mardi 16. A 9 heures matin, la terre est en vue. A 9 h. 45, nous reconnaissons le bateau-phare *Recoleta*. A 10 h. 04, le pilote monte à bord. Vers midi, l'*Amiral Troude* (Compagnie des chargeurs réunis), cheminées jaunes, bandes blanches, quatre étoiles, passe tout près de nous, chargé de viande et de chevaux. Des deux côtés, on agite les casquettes. Il y avait hier 28 semaines que le *Kronprinz Wilhelm* avait quitté New-York. Pris en chasse le 16 août par le *Berwick*, il tira trois coups de canon. Dégâts : armement à l'arrière ; trou passerelle du commandant et entre les cheminées.

Cent-vingt quatre hommes du *Kronprinz Wilhelm* sont à bord du charbonnier.

Mercredi 17 février 1915. Nous sommes arrivés hier soir, à 9 heures, en rade de Buenos-Ayres. Ce matin, nous attendons le médecin...»

Après le départ du *Holger*, le *Kronprinz Wilhelm* captura le vapeur anglais *Chaserhill*, le 22 février. Le lendemain, ce fut le tour de la *Guadeloupe*, de la Compagnie générale transatlantique.

La *Guadeloupe* avait fait escale à Rio et faisait route vers Dakar. Elle avait, sur les conseils de l'Amirauté anglaise, modifié sa route et se trouvait à trois degrés au nord de l'équateur, lorsque le croiseur allemand apparut, suivi du *Chaserhill*. A huit heures, le paquebot français fut rejoint et capturé. Équipage et passagers furent transbordés sur le *Kronprinz Wilhelm*. La *Guadeloupe* fut pillée, après quoi les prises d'eau furent ouvertes.

Le personnel du paquebot passa quatorze jours à bord du *Kronprinz Wilhelm*. Il fut bien traité, mais la nourriture laissait à désirer.

Le 9 mars, il fut transféré sur le *Chaserhill* et envoyé à Pernambuco, où il arriva deux jours après.

Cependant, les navires à capturer se faisaient rares. Un mois durant, le corsaire ne fit pas une seule prise. Vers la fin de mars enfin, il saisit deux vapeurs anglais, le *Tamar* et le *Colebry* [1].

[1] Le *Kronprinz Wilhelm* avait capturé et coulé, au total, quinze vapeurs et voiliers :

4 sept. 1914.	*Indian*	2846 tonnes	vapeur	anglais
7 octobre 1914.	*La Correntina*	8529 »	»	»
28 » »	*Union*	2183 »	voilier	français
21 nov. 1914.	*Anne de Bretagne*	? »	»	»
4 déc. »	*Bellevue*	3814 »	vapeur	anglais
» » »	*Montagel*	4803 »	»	français
28 » »	*Hemisphere*	3486 »	»	anglais
10 janvier 1915.	*Potaro*	4419 »	»	»
14 » »	*Highland Brae*	7634 »	»	»
» » »	*Wilfred M.*	250 »	voilier	»

La chasse des croiseurs anglais et français rendait sa position précaire. Plutôt que d'être à son tour capturé, le capitaine Thierfelder décida de faire interner son navire dans un port américain.

« Nous fîmes route de l'équateur [1] vers le nord, avec de minces réserves de charbon et de vivres à bord. Ensuite de l'éternelle monotonie dans la nourriture et du manque de légumes frais, nous avions des malades. Nous avions d'abord espéré rencontrer des navires d'approvisionnement allemands, mais hélas, aucun ne se montra. Une fois seulement nous aperçûmes un charbonnier, que nous avions attendu, poursuivi par deux croiseurs anglais. Par bonheur, ils ne nous virent pas. Malheureusement, dans notre course vers le Nord, nous ne rencontrâmes plus aucun bâtiment de commerce, auquel nous eussions pu prendre du charbon ou des vivres et, en cette occurence, il était pour nous d'absolue nécessité de trouver un port, et aussi une cale sèche. Comme nous entendions constamment des navires de guerre anglais s'entretenir par T. S. F. nous crûmes, pendant plusieurs jours et plusieurs nuits, qu'il y avait au moins huit navires de guerre dans un rayon de quelques 100 milles. Mais nous poursuivîmes notre route vers le Nord, aussi rapidement que possible. Une nuit, nous captâmes la nouvelle de l'arrivée du *Prinz Eitel* à Newport

3 février 1915.	*Semantha*	3700 tonnes	voilier hollandais *
22 » »	*Chaserhill*	? »	vapeur anglais
23 » »	*Guadeloupe*	6600 »	» français
25 mars 1915.	*Tamar*	3207 »	» anglais
27 » »	*Colebry*	? »	» »

*Le capitaine du voilier *Semantha* fit adresser, par voie diplomatique, une protestation au gouvernement allemand, auquel il réclame une indemnité pour la perte de son navire, coulé sans aucun motif plausible.

[1] Récit du lieutenant Thierfelder, commandant du *Kronprinz Wilhelm*.

News. Quelques jours après, nous apprîmes, par un radio-télégramme anglais, que ce navire était interné. Immédiatement après, la conversation entre les navires anglais cessa. Nous en conclûmes que leur flotte s'était dispersée, et décidâmes de risquer, le samedi soir, l'entrée près du Cap Virginia. Avec nos feux éteints, nous nous y dirigeâmes à toute vapeur ; nous n'étions pas allés bien loin, lorsque nous entendîmes de nouveau les signaux de T. S. F. des alliés. Malgré cela, nous maintînmes notre route sans changement vers la côte, car il nous parut, d'après les signaux, qu'il n'y avait que trois navires anglais et un français, à une distance de trente à cinquante milles. Et plus nous nous approchions du cap, plus il nous paraissait que, de ces quatre bâtiments, un seul se trouvait dangereusement près. »

Enfin, avarié par les tempêtes, sans vivres et sans charbon [1], donnant de la bande, le corsaire arriva à Newport News. Il y fut interné en compagnie du *Prinz Eitel*. C'était en avril 1915.

---

[1] Il n'y en avait plus que 21 tonnes à bord.

ANNEXES

I

Rapport du contre-amiral Christian sur le combat d'Helgoland [1].

Euryalus, 28 septembre 1914.

Monsieur,

J'ai l'honneur de vous rapporter que, suivant vos ordres, une reconnaissance en force a été effectuée dans la baie d'Helgoland, le 28 août, avec objectif d'attaquer les croiseurs légers et les contre-torpilleurs de l'ennemi.

Les forces placées sous mes ordres (soit celle des croiseurs, sous le commandement du contre-amiral H. H. Campbell, C. V. O., l'*Euryalus*, l'*Amethyst*, la première et la troisième flottille de contre-torpilleurs et les sous-marins) prirent les positions qui leur avaient été assignées, le soir du 27 août, et, suivant les instructions données, allèrent de l'avant pendant la nuit afin de se rapprocher de la baie d'Helgoland.

La division des croiseurs commandée par le contre-amiral Campbell, avec l'*Euryalus* (portant mon pavillon) et l'*Amethyst*, se plaça de façon à arrêter tout bâtiment ennemi chassé vers l'Ouest. A 4 h. 30 du soir, le 28 août, ces croiseurs, ayant avancé vers l'Est, rejoignirent le *Lurcher* et trois autres contre-torpilleurs. Les blessés et les prisonniers qui se trouvaient sur ces bâtiments furent transbordés en canots sur le *Bacchante* et le *Cressy*, qui nous quittèrent, se dirigeant au Nord. L'*Amethyst* prit le *Lurcher* en remorque, et, à 9 h. 30 du soir, le *Hogue* fut détaché pour

[1] Cf. Première Partie, chapitre III, le combat d'Helgoland, page 44. — Bien que ses croiseurs n'aient pas pris une part effective au combat, le contre-amiral Christian donne, sur l'engagement du 28 août 1914, des indications intéressantes qui complètent celles du commodore Tyrwhitt et du vice-amiral Beatty.

prendre en remorque l'*Arethusa*. Ce dernier fait est relaté dans le rapport du Commodore R. Y. Tyrwhitt, et je me joins à lui pour faire remarquer l'habileté et la rapidité avec lesquelles cette manœuvre fut exécutée, dans l'obscurité et sans lumière permise.

Le Commodore Reginald Y. Tyrwhitt avait le commandement des flottilles de contre-torpilleurs..... Son attaque fut opérée avec beaucoup d'habileté et de bravoure, et il fut remarquablement secondé par le capitaine William F. Blunt du *Fearless*, et les officiers des contre-torpilleurs, qui dirigèrent leurs bâtiments d'une manière digne des meilleures traditions de la marine britannique.

Le Commodore Roger J. B. Keyes, à bord du *Lurcher*, avait escorté, le 27 août, quelques sous-marins jusqu'aux positions qui leur avaient été assignées dans le voisinage immédiat des côtes ennemies. Le matin du 28 août, accompagné du *Firedrake*, il fouilla tout l'espace s'étendant au Sud des croiseurs de bataille, à la recherche des sous-marins ennemis. Plus tard, ayant été détaché, il assista à la destruction du croiseur allemand *Mainz* et s'approcha courageusement de ce bâtiment, sauvant 220 hommes de l'équipage, parmi lesquels beaucoup de blessés. Ensuite, il escorta le *Laurel* et le *Liberty* hors du combat, et les accompagna, jusqu'au moment où les croiseurs du contre-amiral Campbell vinrent en vue.

En ce qui regarde les officiers des sous-marins, je voudrais mentionner spécialement les noms de :

a) Lieutenant-commandant Ernest W. Leir. Avec un sang-froid et une habileté remarquables, il sauva les équipages des canots du *Goshawk* et du *Defender*, à un moment critique de l'action.

b) Lieutenant-commandant Cecil P. Talbot. A mon avis, la bravoure et l'habileté des officiers commandant les sous-marins, dès le début de la guerre, sont dignes des plus hauts éloges.

J'ai l'honneur d'être, Monsieur,

votre obéissant serviteur,

A. H. CHRISTIAN,
contre-amiral.

Au Secrétaire de l'Amirauté.

II

Rapport du vice-amiral von Spee sur le combat de Coronel.

3 novembre 1914.

L'escadre placée sous mes ordres, comprenant les grands croiseurs *Scharnhorst* et *Gneisenau* et les petits croiseurs *Nüremberg*, *Leipzig* et *Dresden*, faisait route au Sud, le 1ᵉʳ novembre, à 14 nœuds, et à environ 20 milles de la côte chilienne, dans l'intention de capturer un petit croiseur anglais qui, selon des nouvelles certaines, avait jeté l'ancre la veille à Coronel. En route, les petits croiseurs furent à plusieurs reprises détachés et allèrent reconnaître des vapeurs et voiliers rencontrés.

A 4 h. 15 après-midi, chargés d'une telle mission, le *Nüremberg* était hors de vue au Nord-Est, et le *Dresden* était resté à 12 milles environ en arrière ; je me tenais avec le gros à environ 40 milles au nord de la baie d'Arauco.

A 4 h. 17, furent aperçus au Sud-Ouest d'abord deux, puis, à 4 h. 25, un troisième navire, à environ 15 milles de distance. Nous reconnûmes bientôt deux navires de guerre, apparemment le *Monmouth* et le *Glasgow;* le troisième était le croiseur auxiliaire *Otranto*. Ils paraissaient faire également route au Sud. L'escadre les poursuivit à toute vapeur, les tenant à quatre quarts à tribord[1] ; le vent soufflait bon frais du Sud, les lames et la houle étaient, de ce fait, fortes, si bien que je dus faire attention de n'être pas placé sous le vent. La route choisie servit aussi à couper l'adversaire de la côte neutre. Vers 4 h. 35, on eut l'assurance que les bâtiments ennemis se tenaient plus à l'Ouest et, peu à peu, je modifiai ma route à l'Ouest-Sud-Ouest. Le *Scharnhorst*, marchant à 22 nœuds[2], gagnait lentement de vitesse, tandis que le *Gneisenau* et le *Leipzig* restaient en arrière.

L'échange actif de signaux de T. S. F. de l'ennemi fut troublé autant que possible.

A 5 h. 20, fut signalée l'approche d'un nouveau bâtiment de guerre qui se plaça, à 5 h. 30, en tête de ligne. Nous reconnûmes le *Good-Hope*, battant pavillon du contre-amiral Cradock.

La ligne ennemie se forma alors, hissa les pavillons de mât et chercha à se rapprocher lentement, en faisant route au Sud. A

---

[1] La rose des vents est divisée en 32 quarts de 11⁰ 15″ chacun.

[2] Exactement : « ses machines tournaient pour donner 22 nœuds ». Mais il n'est pas certain que cette vitesse ait été atteinte.

partir de 5 h. 35, je fis route le plus souvent au Sud-Ouest, plus tard
au Sud, et diminuai de vitesse afin de laisser mes propres bâtiments
se rapprocher.

A 6 h. 07, les deux lignes (le *Dresden* à environ un mille en arrière,
jusqu'au *Nüremberg*, qui était assez éloigné), se trouvaient en face
l'une de l'autre, suivant une route à peu près parallèle au Sud, à la
distance de 135 hectomètres.

A 6 h. 25, distance 124 hectomètres. J'inclinai d'un quart vers
l'adversaire, et à 6 h. 34 après-midi, je fis ouvrir le feu. La distance
était alors de 104 hectomètres. Nous avions vent et mer debout, les
navires fatiguaient beaucoup, notamment les petits croiseurs des
deux partis. Les observations et la mesure des distances étaient
très difficiles sous les lames qui passaient par-dessus l'avant et la
passerelle de commandement. La houle, très violente, cachait le but
aux canonniers des pièces de 105, de telle sorte qu'ils ne voyaient
pas du tout l'arrière de leur adversaire, et de temps en temps seulement, son avant. Par contre, toutes les pièces des deux croiseurs cuirassés pouvaient être utilisées et elles tiraient bien ; à 6 h. 39 déjà,
nous pûmes observer que le *Good-Hope* venait d'être touché. A
ce moment, je fis reprendre la ligne de file. Alors seulement, les
Anglais ouvrirent le feu ; je reconnais que l'agitation de la mer
leur causait plus de difficultés qu'à nous. Leurs deux croiseurs
cuirassés demeurèrent constamment sous notre feu, même lorsqu'il commença à faire obscur et que la distance diminua, tandis
qu'eux-mêmes, comme nous l'avons établi, n'atteignirent le *Scharnhorst* que deux fois, et le *Gneisenau* quatre fois.

A 6 h. 53 après-midi, à 60 hectomètres de distance, je m'éloignai d'un quart de l'adversaire, dont l'artillerie tirait alors plus
lentement, tandis que nous pouvions observer que nous l'avions
atteint de nombreuses fois. Entre autres, on remarqua que le cou-
vercle de la tourelle double avant du *Monmouth* avait été arraché,
et qu'un violent incendie s'était déclaré dans cette tourelle. Le
Scharnhorst croit pouvoir mettre à son compte les quelque trente-
cinq coups qui frappèrent le *Good-Hope*.

Comme la distance, malgré notre manœuvre, était ramenée à
49 hectomètres, il devenait évident que l'adversaire, désespérant
de nous réduire par le feu de son artillerie, manœuvrait pour
nous torpiller. La position de la lune, qui s'était levée vers 6
heures, l'aurait favorisé dans cette opération. C'est pourquoi, vers
7 h. 45, je m'éloignai avec l'escadre, qui suivit son chef de file
s'écartant. Pendant ce temps, l'obscurité était venue et, sur le
Scharnhorst, on ne pouvait plus mesurer les distances qu'en utilisant comme points de repère l'éclat des incendies qui avaient

éclaté sur le *Good-Hope*. Mais, peu à peu, les calculs et les observations devinrent si imprécis, qu'à 7 h. 26 le tir fut suspendu. A 7 h. 23, fut observée, à bord du *Good-Hope*, une forte colonne d'explosion entre les cheminées ; dès lors, à ce qu'il me parut, ce bâtiment ne tira plus. Le *Monmouth* semble avoir cessé son feu déjà à 7 h. 20.

Les petits croiseurs, y compris le *Nüremberg*, qui avaient dû rallier entre-temps, reçurent à 7 h. 30, par T. S. F., l'ordre de poursuivre l'ennemi et de l'attaquer à la torpille. La visibilité était alors diminuée par des averses. Les petits croiseurs ne réussirent pas à trouver le *Good-Hope* ; par contre, le *Nüremberg* rejoignit le *Monmouth* qui, donnant fortement de la bande, marcha, d'abord devant, puis, à côté de lui. A 8 h. 58, en le canonnant à courte portée, il le coula sans qu'il eût répondu à son feu. Son pavillon flottait encore. La mer était trop grosse pour que l'on pût songer aux travaux de sauvetage. En outre, le *Nüremberg* crut apercevoir immédiatement derrière lui la fumée d'un second navire ennemi et dut prendre de l'avance.

L'*Otranto* avait viré au début du combat, au premier obus, et avait probablement fui à grande allure. Le *Glasgow* a pu continuer le plus longtemps son feu, vraisemblablement sans effet, puis, a pris la fuite dans l'obscurité. Le *Leipzig* et le *Dresden* croient encore avoir observé qu'il était atteint par plusieurs salves. Les petits croiseurs n'ont subi ni pertes ni avaries durant le combat. Le *Gneisenau* a deux blessés légèrement.

Les équipages des croiseurs sont allés avec enthousiasme au combat ; chacun a fait son devoir et a contribué au succès.

Vice-Amiral von Spee.

III

Lettre d'un officier du «Sydney» sur le combat des îles Keeling[1].

A 9 h. 15 du matin, le sommet des cocotiers des îles Keeling était en vue ; à 9 h. 20, nous découvrions l'*Emden*, ou plutôt le haut de ses cheminées, à une distance de 12 à 15 milles. A 9 h. 40, il ouvrit le feu à très longue portée et peu après nous tirions sur lui. Pendant toute l'action, je dus presque continuellement courir de l'avant à l'arrière, entre le monte-charge pour les munitions et le canon de l'avant, ou entre le monte-charge et le canon n° 1 de tribord.

[1] Publiée par le *Times*; nous donnons ici la traduction du *Temps* (17 décembre 1914).

Pour nous, la partie la plus chaude de l'engagement fut la première demi-heure. Nous ouvrîmes d'abord le feu avec nos pièces de bâbord. Je me tenais derrière la pièce n° 1, et mon pointeur Atkins me demanda : « Dois-je charger, monsieur ? » J'étais bien un peu surpris, mais décidé à ce qu'il n'y eût pas d'anicroche. « Attendez que nous en recevions l'ordre », lui répondis-je. Peu après, il dit : « On tire sur l'*Emden*. — C'est bien, dis-je, chargez, mais ne tirez pas. » Je m'aperçus ensuite que les autres pièces avaient reçu l'ordre de charger dix minutes plus tôt, de sorte que mes précautions étaient exagérées. En tout cas, durant tout le cours de l'action, mon pointeur resta « froid comme un concombre ».

Un peu plus tard, j'entendis un coup violent, et, en regardant en arrière, je vis qu'un obus était tombé près de la pièce n° 2. Mais, le bouclier me bouchant la vue, je ne savais pas que, pratiquement, tous les servants de cette pièce avaient été mis hors de combat.

Pendant tout le temps que l'action dura, nous marchions à 25, et même, par moments, à 26 nœuds. Nous étions plus rapides que l'*Emden*, et, par conséquent, nous menions le combat comme il nous plaisait. Nous changeâmes bientôt de bord et nous employâmes nos pièces de tribord. Alors, je m'aperçus que le chef de pièce du canon n° 1 à tribord avait été touché, et je donnai l'ordre à Atkins de venir pointer. J'étais à ce moment complètement sourd. Dans la hâte d'entrer en action, nous avions oublié de nous garnir les oreilles avec de la ouate. Voilà une précaution que je ne négligerai pas la prochaine fois...

Comme je me dirigeais vers l'arrière du navire, je rencontrai un groupe de matelots qui criaient « hourra ! » et agitaient leurs bérets. « Qu'y a-t-il ? » leur demandai-je. « Il est coulé, monsieur, il est coulé », répondirent-ils. J'allai à hauteur du bastingage et, en effet, je ne vis plus le moindre signe de l'*Emden*. Aussitôt je donnai l'ordre : « Tout le monde aux canots de sauvetage. Il doit y avoir des marins à sauver. » Les hommes se dispersaient déjà pour exécuter mon ordre, lorsque quelqu'un cria : « Mais ils tirent encore. » Chacun courut reprendre son poste de combat. Ce qui était arrivé, c'était qu'un nuage de fumée jaune, ou très légèrement colorée, avait masqué un moment le navire ennemi, de sorte qu'on avait l'impression qu'il avait complètement disparu.

Mais déjà nos obus lui avaient enlevé ses trois cheminées et son mât d'avant, tandis que des flammes s'élevaient de l'arrière. Nous tournâmes de nouveau, et après lui avoir envoyé une salve ou deux avec nos pièces de tribord, nous le vîmes se mettre au plein sur l'île Keeling-Nord. A 11 h. 20, nous cessâmes le feu ; l'action avait duré une heure quarante.

Nos avaries n'étaient pas très sérieuses ; nous avions été frappés à la coque, en trois endroits. Un obus avait éclaté dans le poste des mousses. La seule avarie importante avait été à la plate-forme arrière de direction du tir. Les autres coups, bien qu'intéressants, ne signifiaient rien.

Le 10 novembre, dans la matinée, nous nous rendîmes à la station du câble, où nous découvrîmes que les hommes débarqués par l'*Emden*, avec instructions de couper le câble, s'étaient emparés d'une goélette et étaient partis. Il est probable qu'ils n'iront pas loin avec un bâtiment qui fait eau et des pompes sans garniture.

A 11 heures, nous arrivâmes de nouveau près de l'*Emden*, et je partis pour gagner son bord avec une de nos embarcations. Les brisants rendaient la manœuvre assez difficile ; mais les Allemands m'aidèrent à me hisser à bord, et je fus reçu par le capitaine de l'*Emden*. Je lui dis, de la part de notre capitaine, que s'il voulait me donner sa parole, nous étions prêts à les prendre à bord, lui et son équipage, et à les emmener à Colombo. Au mot de « parole », il commença par refuser, puis accepta quand je lui expliquai sa signification exacte.

Et alors vint la terrible besogne de descendre les blessés dans des embarcations. Il y en avait quinze. Nous mîmes trois blessés griè-vement dans chaque bateau. Les Allemands souffraient beaucoup de la soif..

Je saisis l'occasion de saluer le commandant de l'*Emden* et lui dis : « Vous vous êtes très bien battu, monsieur ! » Il sembla surpris et me répondit que non. Puis, après s'être éloigné de quelques pas, il revint à moi et reprit : « Je vous remercie beaucoup de ce que vous venez de me dire, mais je ne suis pas satisfait. Nous aurions dû mieux faire. Vous avez eu de la chance d'emporter dès le début de l'action tous mes tuyaux de porte-voix. »

Je fis alors le tour du bâtiment, et je m'aperçus qu'à l'exception de l'avant, qui n'avait que peu souffert, le reste du bâtiment était comme un abattoir...

IV

Les conditions de la guerre de course.

La guerre de course est essentiellement liée à la possibilité du ravitaillement en charbon. Les croiseurs modernes consomment d'énormes quantités de combustible. Un croiseur cuirassé du type *Scharnhorst*, par exemple, dépense 2000 tonnes de charbon pour

parcourir 7500 milles à vitesse réduite (14 nœuds), et seulement
5000 milles environ à bonne allure (18 nœuds). Il lui faudra donc,
après chaque navigation de 5000 milles, regarnir ses soutes vidées.

Or, l'Allemagne, tard venue au partage du monde, ne possède
hors d'Europe que trois points d'appui : Tsing-Tao, le plus important, Dar-es-Salam et Duala, en Afrique. En outre, quelques dépôts
de charbon dans les archipels océaniens[1]. Points d'appui et archipels ont été occupés ou bloqués par les alliés dès le début des hostilités.

Les croiseurs allemands se sont alors trouvés réduits à leurs
seules ressources, et bientôt, privés de charbon et de vivres, n'au-
raient-ils plus été que des épaves, errant au gré des vents et des
courants sur l'immense Océan. Mais cette éventualité avait été
prévue par l'Amirauté allemande. Elle y avait paré par l'organisa-
tion du ravitaillement au moyen de navires charbonniers. Ce furent,
pour la plupart, des paquebots allemands qui, à la déclaration de
guerre, avaient trouvé un refuge dans les ports neutres des deux
Amériques ; considérés comme bâtiments de guerre, ils avaient été
internés[2]. Ils n'avaient donc pas le droit de repartir sans autorisation expresse des gouvernements neutres. Mais l'Allemagne n'en
est pas à une violation près de la foi jurée. Sur mer comme sur terre,
« nécessité ne connaît pas de loi ». Ces navires internés sont partis
clandestinement, chargés de charbon qu'ils ont livré aux croiseurs
allemands.

Ces départs de ravitailleurs ont été nombreux, au moment
où l'escadre de von Spee, quittant les parages océaniens, a fait
route vers les côtes du Chili. « En octobre 1914[3] arrivait à Valparaiso un vapeur allemand du Lloyd, qui avait échappé aux Anglais,
et venait se réfugier dans le port. Il était rempli de charbon et de

---

[1] « Plus on va et plus il est démontré que les Allemands se prépa-
raient de longue date à la guerre et que leurs représentants étaient au
courant. Le charbon qui a permis à l'*Emden* de nuire au commerce anglais, avait été acheté à Brisbane et Newcastle (Australie), plusieurs mois
auparavant et emmagasiné à un endroit spécial, permettant son embarquement facile. »
Communiqué de la Chambre de commerce britannique de Paris. *Temps*
du 15 déc. 1914.

[2] Suivant la loi allemande, aussitôt que la guerre est déclarée, les navires de commerce sont considérés comme transports de guerre et passent sous les ordres du gouvernement.

[3] Lettre d'un Allemand de Valparaiso. *Vossische Zeitung*, 19 décembre 1914.

vivres. Il déclara ensuite qu'il allait à Brême. La sortie lui fut alors interdite, apparemment parce que les Anglais avaient fait des histoires. Mais l'envoyé allemand arriva aussitôt ici, et tint un langage énergique aux autorités du port et au gouvernement à Santiago. Sur ce, tout alla bien et le vapeur prit la mer, un beau soir. Où allait-il ? Personne n'en savait rien, mais les matelots connaissaient parfaitement sa destination.

En outre, un autre vapeur avec du charbon partit quelques jours avant la bataille de Coronel. Sur celui-ci également les matelots devaient fort bien savoir où ils allaient. »

Ces deux vapeurs ravitaillèrent les croiseurs allemands. Ils ne furent pas les seuls.

« Les vapeurs allemands *Negada* et *Luxor*[1] ont quitté à la dérobée, le premier le port de Punta-Arenas (détroit de Magellan), le second celui de Coronel ; ils étaient chargés de charbon et n'avaient pas préalablement obtenu la libre sortie. En raison de ces faits, le gouvernement chilien a interdit l'approvisionnement dans tous les ports de la République, des navires de la Compagnie Kosmos, à laquelle les vapeurs sus-mentionnés appartiennent, et a fait défense à tous navires de quitter les ports chiliens. Cette mesure provisoire deviendra définitive si la sérieuse enquête en cours prouve que, comme on **le** suppose, le charbon transporté par les vapeurs mentionnés devait servir au ravitaillement des navires de guerre allemands. Le gouvernement du Chili est décidé à punir des peines les plus sévères toute atteinte à la neutralité du Chili. »

D'autres encore, **comme** le *Rhakotis* et le *Memphis*, vinrent renouveler les provisions des croiseurs de von Spee, dans les eaux neutres de Juan Fernandez.

Il y aurait long à dire sur les multiples violations de la neutralité du Chili **commises** par les bâtiments allemands[2]. Je ne m'y arrêterai pas davantage.

Le même système de ravitaillement fut pratiqué sur la côte orientale de l'Amérique du Sud.

C'est le paquebot *Blücher* qui, un beau jour, quitte Pernambuco,

---

[1] Communiqué anglais du 22 novembre 1914.

[2] Le trois-mâts français *Valentine*, coulé à un demi-mille du littoral du Chili, en eau neutre.

Le vapeur américain *Sacramento*, amené de vive force à Juan Fernandez, où il est obligé de livrer huit mille tonnes de charbon aux croiseurs allemands.

Le *Dresden*, caché durant plusieurs mois dans les canaux du Chili occidental, etc.

chargé de charbon, et y revient quelque temps après, lège. C'est le *Holger*, parti du même port, qui rejoint le *Kronprinz-Wilhelm*, et revient à son point de départ, après 56 jours de navigation.

C'est le *Macedonia*, échappant à la surveillance des Espagnols, qui, parti de Las Palmas (Canaries), rejoint les corsaires allemands.

Et combien d'autres...

On peut tenir pour certain que tous les vapeurs allemands internés en ports neutres sont des corsaires virtuels, et qu'ils tenteront ou ont déjà tenté, de prendre le large [1].

Ce fait donne tout son sens à la victoire des îles Falkland. En mettant le cap sur les Falkland, von Spee se proposait d'y établir une base navale. De là, ses croiseurs légers auraient rayonné, pratiquant en grand la guerre de course. Les paquebots allemands qui auraient réussi à sortir des ports américains, les auraient rejoints. Et qui sait si, pour soutenir von Spee, l'Amirauté allemande n'aurait pas envoyé dans les eaux sud de l'Atlantique un, et peut-être, deux croiseurs de bataille?

L'amiral Sturdee, en assénant le coup de massue décisif, a empêché toute réalisation de ces projets. Il a nettoyé les mers des corsaires allemands.

---

[1] « Le gouvernement américain possède les preuves indéniables d'une vaste conspiration, ayant pour but de permettre aux navires allemands de s'échapper des ports américains, où ils sont internés... »
Déclaration de M. Peters, secrétaire-adjoint du Département des finances à Washington (25 mars 1915).

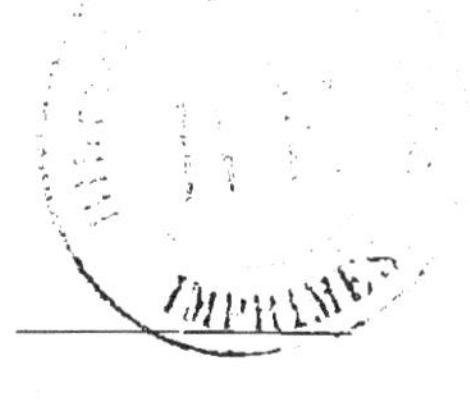

TABLE DES MATIÈRES

QUATRIÈME PARTIE

La guerre de course.

ANNEXES

TABLE DES GRAVURES

LES LETTRES DE SOLDATS !

TOMMY A LA GUERRE ! Lettres de combattants anglais recueillies et traduites par *J. Montvert*. Un volume in-18, avec couverture illustrée . . . . fr. 2.—

LETTRES DE SOLDATS RUSSES recueillies et traduites par *J. Montvert*. Un volume in-18 . . . . fr. 2.—

Voici deux petits livres très intéressants, très curieux, très piquants, très touchants aussi, qui ne sont pas des livres d'auteurs, et c'est bien en les lisant qu'on peut répéter le mot de Pascal : « On s'attendait à trouver un auteur et l'on trouve un homme. »

...TOMMY A LA GUERRE se recommande par cet amour, bien anglais, du petit fait précis et net, morceau de réalité enlevé à l'emporte-pièce, aussi par cette plaisanterie froide et d'air sérieux qu'on appelle l'humour et qui manque rarement dans un livre anglais, et qui encore moins devait manquer dans des lettres non destinées à la publicité.

... LES LETTRES DE SOLDATS RUSSES ne sont pas moins intéres-santes.

... Les narrations sont souvent d'un tour et d'un mouvement excellents. Je vous recommande celle où, errant dans la forêt inextricable, un détachement russe rencontrant un gros d'Allemands est fait prisonnier, puis rencontrant des forces russes devient emprisonneur et ainsi de suite, de sorte que, chaque matin, il pouvait se demander : « Qui est prisonnier aujourd'hui ? » C'est un poème tragi-comique.

Ajoutons que, dans certaines lettres, il y a des « élévations religieuses » d'une beauté imposante et d'une passion communicative.

... Ces deux volumes nous montrent deux âmes de peuples, tous les deux singulièrement sympathiques. ... Ils nous attacheront par les liens de l'estime, de la sympathie, du respect et de l'admiration à nos bons Alliés de l'Est et de l'Ouest, à ces braves gens, qui chacun avec son caractère, combattent avec nous pour la défense de la justice et de la civilisation et pour l'établissement et le maintien de la liberté sur la terre. Trois langues, trois esprits aussi ; mais une seule âme.

EMILE FAGUET.

EN CAPTIVITÉ ! La vie que nous y menons. Lettres et récits de soldats français, belges et anglais, prisonniers en Allemagne, recueillis par *J. Montvert*. Un volume in-18, avec couverture illustrée . . . . fr. 2.—

Ces pages sont faites de lettres authentiques échappées à la censure allemande. Elles tracent un tableau fidèle de la vie des captifs en Allemagne et fixent un des aspects particuliers de la guerre qui n'est pas le moins douloureux. Ce recueil émouvant pose en même temps le problème angoissant de l'existence de milliers d'hommes plus malheureux que les combattants, problème que la conscience du monde civilisé doit s'attacher à résoudre par une inlassable générosité.

SCÈNES DE LA GRANDE GUERRE

par **Luigi Barzini**.

TRADUCTION FRANÇAISE DE JACQUES MESNIL

Un volume in-18. 3 fr. 50.

Ce livre de l'éminent correspondant du grand journal milanais, le *Corriere de la Sera*, embrasse toute la période de la guerre où la lutte fut la plus active et la plus dramatique sur le front occidental.

Avec une puissance d'évocation incomparable, l'auteur nous fait vivre avec lui d'inoubliables heures : l'invasion de la Belgique, Paris après Charleroi, la bataille de la Marne, l'agonie de la Belgique après la chute d'Anvers, la bataille de l'Yser et la destruction d'Ypres.

Vues par un homme qui connaît vraiment la guerre — puisqu'il fait sa septième campagne — les scènes évoquées par M. Barzini forment le premier livre vraiment génial que l'immense conflit européen ait inspiré.

POÈMES DE FRANCE

BULLETIN LYRIQUE DE LA GUERRE (1914-1915)

par **Paul Fort**.

AVEC UNE PRÉFACE DE M. ANATOLE FRANCE

Un volume in-18. 3 fr. 50.

Voici comment M. Anatole France juge ces poèmes en prose rythmée dans sa lettre-préface : « Ces bulletins lyriques de la guerre, il faudrait les graver sur des tablettes de bronze. J'en admire la force et la beauté, l'éloquence tantôt familière, tantôt sublime, rude parfois, toujours vraie et profonde. Vos poèmes vivront pour l'éternel opprobre de l'Allemagne et pour la gloire de la France. »

En effet, un souffle d'une grande puissance anime cette œuvre éminemment française. La fantaisie habituelle de l'auteur donne un charme inattendu à ces strophes guerrières, dont le succès n'a fait que s'affirmer depuis la publication, dans le *Figaro*, de « La Cathédrale de Reims », d'une si magnifique envolée : Paul Fort est rémois ; plus qu'aucun autre il avait le devoir de rompre le silence. — Depuis lors, que d'autres pièces magistrales il nous a fait connaître par la voix de Lucien Guitry et de Suzanne Després, telles que « La victoire de la Marne », « Ce que nous défendons », « Terres de nos exploits », « Les Cosaques », « Dixmude », « La Marseillaise », « Nos belles victoires », « L'Hymne d'amour à l'Angleterre », etc., etc., qui, récitées devant un public enthousiaste, ont rendu plus populaire encore le nom de Paul Fort, élu il y a quelques années Prince des poètes par ses pairs. — L'auteur, dans ce Bulletin lyrique : « Poèmes de France », suit la guerre pas à pas et transpose, en des chants qui réconforteront tous les cœurs français, la tragique et sublime **épopée que vit en ce moment la France.**

LAUSANNE — IMPRIMERIES RÉUNIES

www.ingramcontent.com/pod-product-compliance
Ingram Content Group UK Ltd.
Pitfield, Milton Keynes, MK11 3LW, UK
UKHW022325090726
13658UKWH00001B/80